Schukrana McFadyen
F.-A. Heinen

Die zwei Gesichter der Liebe

BASTEI-LÜBBE-TASCHENBUCH
Band 61420

Originalausgabe
© 1998 by Bastei-Verlag Gustav H. Lübbe GmbH & Co.,
Bergisch Gladbach
Printed in Great Britain, Oktober 1998
Einbandgestaltung: Manfred Peters
Titelfoto: Mechthild Op Gen Oorth
Satz: hanseatenSatz-bremen, Bremen
Druck und Bindung: Cox & Wyman Ltd., Reading
ISBN 3-404-61420-8

Der Preis dieses Bandes versteht sich einschließlich
der gesetzlichen Mehrwertsteuer.

Brahim schlug sofort zu, als ich die Wohnung betrat. Schon im Hausflur trafen mich die ersten Faustschläge im Gesicht. Er schleuderte mich gegen die Garderobe, ein Kleiderhaken riß von der Wand. Während ich wie in Zeitlupe zu Boden rutschte, floß mir ein dünnes Rinnsal Blut ins rechte Auge. Außer sich vor Wut, griff mein Mann zu unserem Staubsauger und schlug mit dem Metallrohr auf mich ein. Sein Gesicht war eine haßverzerrte Fratze. Es war unheimlich still im Haus. Nur Brahims angestrengtes Keuchen war zu hören und das dumpfe Klatschen des Staubsaugerrohres, das immer wieder auf meinen Körper niedersauste. Ich hielt die Luft an, denn meine Hilferufe hätte ohnehin niemand gehört. Ein Treffer an der Stirn ließ meinen Kopf explodieren. Der nächste Schlag zerriß mein Kleid am Oberschenkel, ein dunkler Blutfleck breitete sich in Windeseile an den zerfransten Stoffrändern aus.

Hysterisches Kindergeschrei brach in die Stille. Aus den Augenwinkeln sah ich Sabrije, unsere vierjährige Tochter. Mit beiden Händen hielt sie sich die Ohren zu und brüllte wie am Spieß. Ein Schlag in den Rücken, und dann schlug das Rohr mit einem wuchtigen Hieb in meinen Bauch. Ich war im vierten Monat schwanger, ich krümmte mich und rief verzweifelt: »Brahim, halt! Nicht auf den Bauch, denk an das Kind!«

Doch er tobte weiter wie ein Wahnsinniger. Endlos hagelten die Schläge auf meinen Körper, bis mir schwarz vor Augen wurde und mich gnädig eine Ohnmacht umfing.

Als ich das Bewußtsein wiedererlangte und mich aus verquollenen Augen umschaute, sah ich überall Blut im Flur. Brahim war weg, aber meine Tochter saß neben mir. Alles war rot. Mein Körper war völlig zerschunden, Arme und Beine dick angeschwollen, mein Bauch brannte wie Feuer. Ich hatte starke Blutungen, und da wußte ich: Mein Kind war tot – noch im Mutterleib erschlagen vom eigenen Vater.

Während ich mich mühsam an der Wand hochtastete, versuchte ich nachzudenken. Ich war jetzt 20 Jahre alt, und hinter mir lag die Hölle. Die einzelnen Stationen meines Lebens rasten wie ein Film durch meinen Kopf. Bereits als Kind war ich, Schukrana, zwischen die Mühlsteine zweier Kulturen geraten. Von Anfang an war für mich vieles anders gewesen als für meine Altersgenossen. Sie durften alles, ich durfte nichts. Als mich mein Vater auf dem Balkan zu einer Ehe mit einem völlig unbekannten Mann zwingen wollte, war ich gerade 15 Jahre alt. Ich floh zu dem jungen Kosovo-Albaner Brahim, der mich gegen den Willen unserer beiden Sippen zur Frau nahm. Im Hause seiner Eltern wurde ich gehalten wie eine Sklavin. Er selbst schlug und vergewaltigte mich. Und jetzt hatte er unser Kind getötet.

In dieser Minute stand für mich fest, daß ich mein Leben ändern mußte. Ich würde den Kampf aufnehmen für meine Freiheit und für das Recht, so zu leben wie eine normale Mitteleuropäerin. Nie wieder würde ich es irgend jemandem erlauben, mich zu schlagen. Ich war wild entschlossen, aus der frauenverachtenden Welt des islamischen Kosovo in die moderne Welt meiner eigentlichen Heimat zu wechseln.

*

Mein Vater war in jenem Teil Jugoslawiens an der Grenze zu Albanien aufgewachsen, den man gemeinhin als »tiefsten Balkan« bezeichnet. Dort hatte er die seit Jahrhunderten kaum veränderten Bräuche seiner Väter übernommen, und sie waren ihm auch noch Maß aller Dinge, als er im Jahr 1970 als Gastarbeiter nach Deutschland kam. Seiner Frau und uns Kindern zwang er diese Traditionen ohne Wenn und Aber auf, obwohl sie uns in Deutschland zu Außenseitern stempelten.

Da ich in der Bundesrepublik aufwuchs, hatte ich als junges Mädchen lediglich bei Ferienbesuchen die Gelegenheit, Vaters Heimat kennenzulernen. Aufgewachsen war er in einem kleinen Dorf, sechs Autostunden südlich von Belgrad. Die Leute dort sprachen einen albanischen Dialekt, und sie trugen ärmliche Kleider, die sie von den anderen Jugoslawen unterschieden. Sie lebten ausschließlich von der Landwirtschaft. Angebaut wurden Tabak, Kartoffeln und Weizen, und die Ernte verkauften die Bauern auf einem Markt in der Stadt. Selbst für jugoslawische Verhältnisse war dieser Teil des Landes äußerst hinterwäldlerisch. Es gab weder fließendes Wasser noch Kanalanschluß in den Häusern. Was diese Dörfler jedoch noch mehr von denen anderer Regionen des Landes unterschied, waren ihre althergebrachten Sitten. Sie galten ihnen seit jeher als unumstößliche Gesetze, an denen man auch dann nichts änderte, wenn neue staatliche Verordnungen den Traditionen entgegenstanden. Die Blutrache war sicher nicht mehr alltäglich, aber auch nicht ungewöhnlich. Die Sitten lehnten sich teilweise an muslimische religiöse Regeln an, zum Teil entstammten sie aber auch archaischen Zeiten, in denen die Männer alle Rechte gehabt hatten, während die Frauen vollkommen rechtlos gewesen waren. Die Männer faßten alle wichtigen Beschlüsse, ohne daß ihre Frauen und Töchter ein Mitspracherecht besaßen. Sie waren in die Küche verbannt. Die Männer hatten das unumschränkte Recht, ihre Frauen zu züchtigen, und die Töchter durften sich noch nicht einmal ihre Ehemänner aussuchen, denn die Väter versprachen sie bereits als Kind ihrem künftigen Ehemann.

Mutter stammte aus einer größeren Stadt, wo sie unter sehr viel westlicheren Lebensumständen aufgewachsen war. Sie hatte eine ordentliche Schulbildung genossen, und in ihrer Stadt gab es längst alles, was zu einer modernen Infrastruktur gehört. Mama trug zwar schlichte, aber eher städtisch wirkende Röcke. Auch sie war dazu erzogen worden, Respekt vor Männern zu haben, doch in ihrer Heimat waren die Frauen trotzdem nicht so rechtlos wie in der Gegend, aus der Vater stammte. Zwischen Mutters und Vaters Herkunft lagen Welten, und nach der Hochzeit brauchte sie viel Zeit, um sich an seine völlig anderen Sitten zu gewöhnen.

Nach diesen Sitten hätte meine Mutter eigentlich nach der Hochzeit aus ihrer Stadt zur Familie ihres Mannes auf das Dorf ziehen müssen. Doch in diesem Fall machte man eine Ausnahme, weil die Mutter meiner Mutter allein lebte, wodurch sie auf die Hilfe ihrer Tochter und des Schwiegersohnes angewiesen war. So zog Vater in das winzige Holzhäuschen seiner Schwiegermutter in der Stadt, wo es nur drei Zimmer gab, und selbst die waren nicht groß. Ein Zimmer bewohnte meine Oma, in einer Kammer war die Küche, und Vaters gesamte Familie mußte sich in den letzten Raum zwängen. Meine Eltern bekamen in schneller Folge vier Kinder, und es wurde furchtbar eng.

In dieser Situation ließ sich mein Vater im Sommer 1970 von Anwerbern, die Gastarbeiter für deutsche Fabriken anheuerten, überreden, sein Land zu verlassen. Angesichts der Lebensumstände im Kosovo konnte für Papa in Westdeutschland alles nur besser werden. Er versprach sich und seiner Familie eine goldene Zukunft und wurde Gastarbeiter.

Zunächst verließ mein Vater seine Heimat allein, während Mutter mit vier Kindern zurückblieb. Wenig später, am 17. September 1970, kam ich zur Welt, und meine Eltern gaben mir den Namen Schukrana. Schon im Dezember holte Vater seine gesamte Familie nach Deutschland, wo er es gut getroffen hatte. Er lebte in einem großen Haus mit freundlichen Nachbarn. Vater hatte eine Arbeitsstelle in einem Zementwerk in der Eifel gefunden, wo er mehr Geld verdiente als jemals zuvor in seinem Leben. Die Arbeit war zwar schwer, aber die Kollegen waren nett, und Vater galt als fleißiger Mann.

Im Dorf kannte jeder jeden: Dort gab es einen Metzger, zwei Bäcker, ein Lebensmittelgeschäft und einen Frisör. Die Leute waren streng katholisch, und was der Pfarrer von der Kanzel predigte, galt in diesem Teil der Eifel als Gesetz. Obwohl wir ihnen als Muslims fremd waren, nahmen die Eifeler uns freundlich auf. Meine Erinnerungen an diese Zeit gleichen denen deutscher Kinder. Wir spielten zusammen, freundeten uns an und stritten uns, wie Kinder das eben tun. Einen Spielplatz brauchten wir nicht: Die ganze Gegend mit ihrer bergigen, weitläufigen Natur diente uns als riesiger Abenteuerspielplatz.

Mutter erzählte uns Kindern oft, wie freundlich und hilfsbereit die Nachbarn gewesen waren, als wir in der

Eifel ankamen, denn wir hatten damals praktisch nichts besessen: Tassen und Teller fehlten ebenso wie Tische und Stühle, nicht einmal Betten hatten wir, aber die deutschen Nachbarn gaben uns alles, was wir benötigten.

Wir waren zunächst fünf Geschwister: Orhan, mein ältester Bruder, und Fadmir, der Zweitgeborene; meine ältere Schwester heißt Mevlyde, dann wurde mein Bruder Mehmed geboren, bevor ich schließlich zur Welt kam. Fünf Jahre später kam als kleiner Nachzügler noch meine Schwester Naslije hinzu. Die älteren Geschwister besuchten im nächstgrößeren Nachbarort die Grundschule. Zum Kindergarten mußte ich nicht, denn Vater meinte, daß Mutter genug Zeit hätte, um die Kleinen zu betreuen.

Auch die Brüder meines Vaters lebten mit ihren Frauen und Kindern in der Nähe. Das war wichtig, denn die Sippe entschied alles gemeinsam. Beschlüsse, die Familienmitglieder betrafen, wurden im Familienrat getroffen. Das war so üblich im Kosovo, und diese Tradition behielten alle Landsleute in Deutschland bei, denn so waren sie es gewöhnt: Die Sippe stand immer an erster Stelle. In diesem Familienverbund durften nur die Männer entscheiden, die Frauen hatten noch nicht mal das Recht mitzureden. Man teilte ihnen später die Beschlüsse mit, wenn man fand, das sei nötig. Der Ehemann, der Vater und der Schwiegervater regierten die Frauen der Familie wie absolute Monarchen. Das lernten wir Kinder so von unseren Eltern, und wir fanden es normal.

Für die Familie war klar, daß wir nicht für immer in Deutschland bleiben würden. Vater wollte zurück auf den Balkan, sobald er genügend Geld verdient hätte. Somit hätte es langfristig eher geschadet als genutzt, sich an die Verhältnisse in Deutschland anzupassen. Wir behielten also die althergebrachten Sitten bei, damit wir uns später im Kosovo nicht wieder würden umstellen müssen.

Unsere Nachbarn sahen bei Besuchen sofort, daß wir Muslims waren. Bei uns zu Hause hing ein Bild der Kaaba in Mekka an der Wand, Gebetsketten zierten die Tapete, Schweinefleisch kam nicht auf den Tisch, und die islamische Fastenzeit wurde eingehalten. Allerdings hielt unsere Familie sich nicht an die Vorschrift, fünfmal täglich auf Knien in Richtung Mekka zu beten, und auch das islamische Alkoholverbot nahm niemand ernst.

Die religiösen Unterschiede fielen uns Kindern vor allem Weihnachten auf. Wenn bei unseren Nachbarn das Christkind kam und für alle Familienmitglieder Geschenke brachte, war bei uns zu Hause ein ganz normaler Wochentag. Diesen christlichen Feiertag ignorierten meine Eltern – wie sie es im Kosovo auch getan hatten. Später erzählten die deutschen Kinder ganz stolz, was sie zu Weihnachten bekommen hatten, und ich wurde ganz traurig, weil meine Eltern mir nichts schenkten. Ähnlich war es mit dem Osterhasen, der in den Gärten unserer Nachbarn Eier und Süßigkeiten versteckte. Manchmal sah ich über den Zaun, wie sich drüben die Kinder über die kleinen Geschenke freuten. Selbst Geburtstage wurden in unserer Familie ignoriert, was so weit ging, daß ich als Schülerin gelegentlich erst durch die Glückwünsche von Lehrern oder Schulkameraden darauf aufmerksam gemacht wurde, daß ich wieder ein Jahr älter geworden war.

Sowohl für unsere Eltern und die Onkel als auch für meine Brüder bestand kein Zweifel daran, daß mein Lebensweg und der meiner Schwestern bereits vorgezeichnet war: Spätestens mit 15 Jahren würde ich einen muslimischen Mann aus dem Kosovo heiraten, und bis zum Tod würde mir als Lebensperspektive nur noch die Kindererziehung und die Küche bleiben. Doch darüber machten meine Schwester Mevlyde und ich uns als Kinder noch keine Gedanken.

Einige Jahre nachdem wir in die Eifel gekommen waren, zog unsere Familie um. Vater hatte in einem Dorf, etwa 15 Kilometer entfernt, eine besser bezahlte Arbeitsstelle in einer Glashütte gefunden, wo wir eine billige Firmenwohnung in der Nähe der Fabrik mieten konnten. Papa fuhr inzwischen einen Gebrauchtwagen, womit unsere Familie ein Stück »normaler« geworden war, meinten wir Kinder.

Aber als wir – Mevlyde und später auch ich – zur Schule gingen, da spürten wir sehr deutlich, daß wir anders waren als die Kinder, die wir kennenlernten. Für Vater und Mutter war die Schule die unwichtigste Nebensache der Welt: Lesen und Schreiben sei überflüssig für ein Mädchen, sagten meine Eltern, viel wichtiger sei, daß eine junge Frau den Haushalt ordentlich führen könne. Ein Mädchen müsse kochen, nähen und putzen, und dafür benötige man weder Algebra noch englische Sprachkenntnisse. Die wichtigeren Entscheidungen werde ohnehin der spätere Ehemann treffen.

Nun, in der Schule war man anderer Meinung: Bildung sei wichtig, auch für Mädchen, damit sie später selbständig werden könnten. Wissen sei nötig, um ein guter Staatsbürger zu werden, und ein Lehrer prophezeite mir einmal unter vier Augen eine gute Zukunft: »Du hast Köpfchen, aus dir kann mal was werden.«

Ich sah, daß ich in zwei völlig verschiedenen Welten lebte: Morgens in der Schule war es das Abendland, in dem die westlichen Werte, wie Demokratie und die Gleichheit von Mann und Frau, proklamiert wurden. Nachmittags, zu Hause, fühlte ich mich hingegen auf den Balkan versetzt, wo Frauen nichts galten, und wo nur die Männer entschieden. Als junges Mädchen konnte ich das alles natürlich noch nicht verstehen. Ich spürte nur, daß ich zwischen den Stühlen saß. Mit dem Verstand begriff ich, daß das, was die Lehrer sagten, richtig war, aber im Herzen fühlte ich mich zu meinen Eltern und damit auch zu ihren Sitten hingezogen. Diesen Konflikt konnte ich nicht lösen, und er prägte mein Leben in Deutschland, solange ich zurückdenken konnte. Ich lernte zwar, damit umzugehen, aber oft genug war es doch sehr lästig und auch demütigend, als in Westeuropa erzogenes Mädchen den Gesetzen des Kosovo gerecht werden zu müssen. So hatte ich eine Freistunde, wenn meinen Klassenkameraden Religionsunterricht erteilt wurde, was mich zur Außenseiterin stempelte. War Schwimmunterricht angesagt, konnte ich nicht teilnehmen, weil Vater mir das verboten hatte: »Ein Mädchen zeigt sich nicht halbnackt.« Bei Klassenfahrten durfte ich nicht mitfahren, weil da »wer weiß was« passieren könne. Dauerwelle, ein Strähnchen im Haar, Schminke, Make-up: Das sah ich nur bei meinen deutschen Freundinnen, ich durfte hingegen nur Wasser und Seife an meinen Körper lassen. Auch enge Kleidung hatte Vater als Zeichen westlichen Sittenverfalls untersagt. Ich mußte in weiten, altmodischen Kleidern herumlaufen, die allen, die mich in Deutschland sahen, sofort signalisierten: Das ist das Aschenputtel vom Balkan. Nur selten versuchte ich, diese Verbote zu umgehen. Dann verließ ich beispielsweise unser Haus mit einem Rock, zog mir aber auf dem Weg zur Schule im Hause einer Freundin enge Jeans und ein T-Shirt an. Doch das tat ich eher selten, weil mich nachher doch Schuldgefühle gegenüber meinen Eltern plagten.

Für die in westlichen Augen merkwürdigen Bekleidungsgewohnheiten meiner Familie war hauptsächlich mein Vater verantwortlich. In dem Dorf, aus dem er stammte, trugen die Leute fast alle ihre traditionelle Kleidung. Die älteren Frauen trugen die *Dimija*, eine aus zwölf Metern Stoff gefertigte Pumphose. Eine kräftige Kordel in einem Hohlsaum hielt diese Hose auf der Taille. Jüngere Mädchen besaßen ein ähnliches Kleidungsstück namens *Kulle*, für das nur halb soviel Stoff verwendet wurde. Die Frauen trugen immer Kopftücher, selbst wenn sie zu Hause waren, wo sie die Tücher allerdings hinter dem Kopf zubinden durften, während sie auf der Straße das Tuch immer unter dem Kinn verknoteten, damit ihr Gesicht weitgehend bedeckt war. Im Dorf verbargen die Frauen ihre Körper unter langen Mänteln.

Ein primitives Schuhwerk, das immer dann getragen wurde, wenn man weite Wege vor sich hatte, hieß *Nalle*. Das waren fußgroße Bretter, unter die man vorn und hinten kleine Holzklötze nagelte. Gehalten wurde die *Nalle*, ähnlich wie Sandalen, durch einen Lederriemen um den Fußrücken.

In krassem Gegensatz zu dieser ärmlichen Aufmachung stand der üppige Schmuck der Frauen: Fast alle waren mit Goldringen und Ketten reichlich ausgestattet. Dieses Geschmeide bekamen sie bei der Hochzeit von der Familie ihres künftigen Ehemannes. Die Männer trugen normalerweise Stoffhosen und Hemden, und sie gingen barfuß, wenn sie das Dorf nicht verlassen mußten. Den Kopf bedeckte eine weiße Filzmütze. Die Älteren hatten um diese Mütze zusätzlich einen langen Schal geschlungen, und auch um die Hüfte wickelten sie ein großes Tuch.

Als Vater nach Deutschland kam, sah er natürlich, daß man sich hier anders kleidete, und er suchte nach Kompromissen, aber die endeten für meine Schwestern und mich regelmäßig so, daß uns jedermann sofort als Kinder aus dem Kosovo erkennen konnte.

Als meine ältere Schwester Mevlyde 13 Jahre alt war, änderte sich Vaters Verhalten, denn er sorgte sich um ihre Zukunft. Von entscheidender Bedeutung für die Vermittlung seiner Töchter an einen passenden Ehemann auf dem Balkan war in Vaters Augen deren Unschuld. Eine Tochter, die nicht mehr Jungfrau war, hätte er im Kosovo nicht verheiraten können. Das hieß, Papa mußte unter allen Umständen verhindern, daß wir Mädchen Kontakte zu deutschen Jungen knüpften, weil die Gefahr in seinen Augen einfach zu groß war, daß uns ein deutscher, womöglich auch noch christlicher Junge verführen könnte. Vater hätte dadurch sein Gesicht verloren, seine Tochter die Ehre.

*

Mevlyde fand viele Freunde, und sie schien sehr glücklich zu sein, wenn sie mit den Jungs zusammen war. Als sie in das Alter kam, wo man nicht mehr zu Hause spielt, sondern durch den Ort ziehen möchte, legte Vater ihr unsichtbare Fesseln an. »Ihr bleibt auf dem Hof«, befahl er kurz und bündig. Meine Schwester und ich dachten, daß Vater sich Sorgen um uns machte, wie das alle Väter auf der Welt tun, aber in Wahrheit wollte er uns von den Jungen isolieren, um die drohende »Schande« von seiner Familie fernzuhalten, während unsere Brüder sich frei bewegen durften.

»Vater kommt aus einem kleinen Dorf in Jugoslawien. Dort werden die Mädchen sehr streng erzogen«, erklärte Mutter uns, als meine Schwester sich schluchzend bei ihr beschwerte.

»Bitte, bitte, laß mich zu meinen Freundinnen. Wir tun doch nichts Verbotenes«, flehte Mevlyde Mutter an.

Doch selbst wenn sie gewollt hätte, wäre sie nicht gegen Vaters Sittenstrenge angekommen, und im Lauf der Zeit waren seine Vorstellungen von Moral und Anstand auch die ihren geworden.

Aber Mevlyde wollte sich nicht einsperren lassen, deshalb ging sie einfach weiter mit ihren Freunden weg. Vater schlug sie fürchterlich, als er dahinter kam, denn er fühlte sich von ihr betrogen, und er hatte keinen Zweifel daran, daß die Prügel für seine Tochter gerechtfertigt waren.

»Du weißt, daß du das nicht darfst. Du hast mich hintergangen«, hielt er ihr vor.

Aber Mevlyde wollte so sein wie ihre deutschen Freundinnen. Sie ging trotzdem wieder fort, und Mutter verriet sie nicht, denn sie hatte Mitleid mit ihrer Tochter. Eines Tages kam Vater von der Arbeit, und seine Älteste war nicht da. Völlig außer sich vor Zorn lief er mit meinen Brüdern los, um seine Tochter zu suchen. Sie schlugen Mevlyde, als sie sie nach Hause brachten.

»Warum hast du das getan?« fragte ich sie später, und sie antwortete immer noch schluchzend: »Ich bin bereit, mich für meinen Spaß verprügeln zu lassen.«

Verständnislos sah ich sie an. Ich war zu jung, um zu begreifen, wie schwer es ist, sich Fesseln anlegen zu lassen, wenn man die Freiheit kennt.

Vater war klar, daß er seine 15jährige Tochter in Deutschland auf die Dauer nicht einfach wegsperren konnte.

»Wir müssen sie verheiraten, es geht nicht mehr anders«, verkündete er Mutter eines Tages.

Mama wagte den Einwand: »Aber sie ist noch so jung, was werden die deutschen Behörden sagen?«

»Mir fällt schon was ein«, beruhigte Vater sie. Wenig später hatte Papa einen passenden Bräutigam im Kosovo gefunden, und beide Väter »versprachen« ihre Kinder einander, was etwa die Bedeutung einer Verlobung hatte.

»Das ist bei uns ganz normal«, erklärte Mutter mir. »Immer sucht der Vater einen Mann für seine Tochter. Sie wird ihn nicht kennen, aber sie muß ihn dennoch heiraten. Früher wurden die Mädchen schon als kleines Kind einem Mann versprochen, und mit zwölf Jahren wurde geheiratet.« Mevlyde hatte gesehen, daß das in Deutschland nicht üblich war, und sie wollte noch nicht heiraten, und wenn überhaupt, dann nur einen Mann, den sie sich selbst aussuchte und den sie liebte. Sie ging zum Jugendamt und bat um Hilfe.

Doch ihre Hoffnung, daß die deutschen Behörden sie vor der Zwangsheirat mit einem völlig unbekannten Mann auf dem Balkan schützen könnten, war vergeblich. Vater fuhr in den Sommerferien mit uns nach Jugoslawien, angeblich um Urlaub zu machen. So war die Familie dem Einfluß deutscher Behörden entzogen. Wir wohnten in einem Haus in der Stadt, aus der meine Mutter stammte.

Vater blieb bei seinem Entschluß, Mevlyde in diesem Urlaub zu verheiraten. »Das ist meine Pflicht«, erklärte er. Mama weinte jedesmal, wenn das Gespräch auf die Hochzeit kam, denn sie wußte, was ihrer kleinen Tochter bevorstand, aber sie konnte nichts verhindern, denn ihr Mann und dessen Brüder hatten längst und endgültig entschieden. Mevlyde war erst 15 Jahre jung, und sie wehrte sich mit dem Mut der Verzweiflung dagegen, die Ehefrau irgendeines Fremden zu werden.

»Hilf mir, Mutter«, bat sie. »Ich bin so jung, ich will leben wie die Frauen in Deutschland, ich will mir meinen Mann selbst aussuchen.« Doch Mutter konnte nicht helfen. »Es ist nun mal so. Alle Mädchen müssen heiraten«, tröstete sie ihre Tochter.

Eine Woche später begannen die Hochzeitsfeiern. Fremde Männer kamen in das Haus, das meinen Eltern in der Kleinstadt gehörte. Sie schleppten in Koffern Sachen herbei, die sie in einem Zimmer, in dem meine Schwester schlafen mußte, an die Wände hängten, und Mutter erklärte mir, wie eine traditionelle Hochzeit im Kosovo abläuft: »Wenn eine Frau heiratet, darf sie nichts aus ihrem früheren Leben mit in die Ehe nehmen. Der künftige Mann muß alles neu kaufen, was sehr teuer wird, denn die Braut braucht Trachtenkleider, normale Alltagskleidung und natürlich ein Hochzeitskleid. Dazu kommt noch Schmuck, und meistens bekommt die Braut vier goldene Armbänder, eine kleine goldene Kette und eine zwei Meter lange Kette, acht goldene Ringe und zwei Paar Ohrringe. Oft verlangt der Vater der Braut noch mehr für seine Tochter. Manchmal wird der Brautpreis auch in Bargeld bezahlt, wobei die Kaufsumme zwischen einigen hundert und zigtausend Mark schwanken kann. Wenn der Vater des Ehemannes bestreitet, daß die Braut den Preis wert ist, muß man mit ihrem Vater verhandeln. Wird man sich nicht einig, dann gibt es keine Hochzeit.«

Doch Vater brach mit dieser Tradition. Er sagte, er wolle seine Tochter nicht verkaufen, vielmehr solle die Familie seines Schwiegersohnes das anschaffen, was sie für richtig halte. Papa wollte Mevlyde mit dieser Großzügigkeit helfen: Wenn er einen Preis für sie festgesetzt hätte, dann wäre es in Zukunft ihrem Mann oder ihrem Schwiegervater ein leichtes gewesen, Mevlyde zu allem Erdenklichen zu zwingen – das alles mit dem Hinweis, sie hätten für Mevlyde Geld bezahlt. So war der Handel perfekt: Vater hatte für seine Tochter einen Bräutigam bestimmt, den sie noch nie gesehen hatte.

Am nächsten Morgen, einem Donnerstag, kamen nur Frauen zu uns. Mevlyde mußte baden, und ihr schönes langes Haar wurde zu einem Zopf gedreht, dann mußte sie mit anderen Mädchen in einem Zimmer warten. Mittags kam eine ältere Verwandte in den Raum, und als Mevlyde kurz abgelenkt war, warf die Frau meiner Schwester ein rotes Tuch über den Kopf. Mevlyde weinte und wehrte sich, denn das war so Brauch: Sie sollte bei dieser Prozedur zeigen, daß sie nicht heiraten wollte, was ihr nicht schwerfiel.

Im Nebenzimmer weinte meine Schwester noch lange. Die Frauen versuchten, sie zu trösten, und alle nahmen Mevlyde in die Arme. Sie sangen Lieder im typischen albanischen Dialekt des Kosovo, die davon handelten, daß nach dem Ende der Jungfräulichkeit das harte Leben beginnt. Andere Gesänge beschrieben die Trennung von der alten Familie und den Gehorsam, den Mevlyde künftig ihrem Schwiegervater schuldete. Mama konnte die Tränen nicht zurückhalten, denn sie wußte genau, daß ihrer kleinen Tochter ein hartes Schicksal widerfahren würde.

Am Samstag, einen Tag vor der eigentlichen Hochzeit, tanzten alle Frauen einzeln. Die Mädchen saßen um den typischen runden Tisch, der statt Beinen nur ganz kurze Stützen hatte und *Sofer* genannt wurde. Sie machten mit Handtrommeln Musik, während meine Schwester mehrfach umgezogen wurde. Sie mußte alle Kleider anprobieren, die ihr Mann für sie gekauft hatte. Später wurde Mevlydes Hand in einen Topf mit Henna getaucht, dann mußte sie ihre Fingerabdrücke für jedes Familienmitglied auf einem Karton hinterlassen, als symbolisches Zeichen des Abschieds.

Am Sonntag wurde meine Schwester schließlich schön zurechtgemacht: Man zog ihr das Hochzeitskleid an und richtete ihre Frisur, und sie wurde zum ersten Mal in ihrem Leben geschminkt, denn zuvor hatte sie weder Lippenstift noch Nagellack benutzen dürfen. Dann kam die Familie des Bräutigams mit vielen geschmückten Autos. Meine Schwester wurde in den Raum geführt, wo die Gäste warteten. Dort mußte sie langsam auf und ab schreiten und sich dabei aufrecht halten. In diesem Moment durfte sie auch nicht weinen.

Sie zitterte am ganzen Leib, als stünde sie unter Strom, denn Mevlyde fürchtete sich davor, mit wildfremden Menschen mitzugehen und abends mit einem Mann, den sie noch nie gesehen hatte, das Bett zu teilen. Sie hatte Angst davor, weil sie in dieser Nacht ihre Jungfräulichkeit verlieren würde. Mevlyde wurde vor die älteste Frau der Familie ihres Bräutigams gestellt, und sie machte eine Handbewegung zur Begrüßung. Dann nahm die Frau ein rotes Tuch, das die Gäste über meiner Schwester ausbreiteten und das vier Frauen an den Ecken festhielten. Die ältere Frau legte an jede Seite einige Bonbons: Die sollten ein Symbol sein für das süße Leben, das die Braut erwartete. Schließlich mußte Mevlyde rückwärts den Raum verlassen, denn als junge Braut durfte sie der Familie ihres Mannes nicht den Rücken zukehren, und wenig später stieg die ganze Hochzeitsgesellschaft in die Autos.

Mevlyde wurde der Familie ihres Mannes übergeben. Alle waren ihr wildfremd, doch mußte sie mit ihnen in eine völlig ungewisse Zukunft fahren. Mutter und Vater weinten.

Später erzählte mir meine Schwester, wie die Hochzeit weitergegangen war. Den restlichen Tag über mußte sie in der Ecke eines Zimmers im Hause ihres Schwiegervaters stehen, wo sie sich nicht von der Stelle rühren durfte, denn laufend kamen Freunde und Verwandte, um sich davon zu überzeugen, wie schön die Braut war. Abends sollte Mevlyde ihre Jungfräulichkeit unter Beweis stellen, denn das war so üblich im Kosovo. Man brachte sie in ein Zimmer, wo sie auf ihren Mann warten mußte. Hier sollten sie sich zum ersten Mal lieben.

Die Gäste warteten vor der Tür, wie es am Hochzeitstag üblich war, auf ein Zeichen des Ehemannes. Als Beweis für die Jungfräulichkeit der Braut mußte das Bettlaken mit Blut verschmiert sein, erst dann galt die Braut als

Ehefrau. Traditionell holte der Bräutigam nach dem Verkehr seine Mutter ins Zimmer und übergab ihr das blutige Laken, damit sie es den anderen gespannt wartenden Gästen als Beweis der bis dahin intakten Jungfernschaft präsentieren konnte.

Mutter erzählte mir einmal, daß früher bei uns im Dorf Mädchen, die den Jungfräulichkeitsbeweis nicht erbringen konnten, auf einen Esel gesetzt und zu ihren Eltern zurückgebracht wurden. Alle Leute, die sie so sahen, warfen mit Steinen nach ihr. »Heute ist es nicht mehr so schlimm. Wenn die Braut ihre Unschuld nicht mehr beweisen kann, muß der Vater sie zurücknehmen und die Hochzeit sowie eine Entschädigung bezahlen, aber solche Mädchen werden ihr Leben lang nicht mehr froh. Man sagt ihnen immer nach, sie seien Huren.«

Gegen Mitternacht rief Mevlydes Schwiegervater bei uns an und verkündete: »Es ist alles in Ordnung.« Das Laken war blutig, der Unschuldsbeweis erbracht. Damit hatte Mevlyde gezeigt, daß unser Vater sie auch in Deutschland gemäß den Sitten des Kosovo erzogen hatte, und meine Schwester war nach diesem Ehevollzug rechtmäßig verheiratet. Papa strahlte vor Glück.

*

Auf der Rückfahrt nach Deutschland schwor ich mir, niemals den gleichen »Fehler« zu machen wie meine Schwester. »Ich will immer brav Vaters Anordnungen befolgen, dann wird er mich erst später verheiraten«, dachte ich. Die Kinder in der Schule fingen an, mich zu verspotten, denn sie hatten erfahren, wie es Mevlyde ergangen war. Sie wußten, daß meine Schwester mit 15 Jahren zwangsverheiratet worden war, und sie prophezeiten: »Du bist als nächste dran.«

»Dein Vater ist ein Menschenhändler« war noch so ziemlich die harmloseste Beschimpfung, die meine Mitschüler mir entgegenschleuderten, weil sie nicht verstanden, daß mein Vater gar nicht anders handeln konnte. Seine Sitten hatten ihn dazu verpflichtet, Mevlyde zu verheiraten. Die Nachbarskinder mieden mich nun, zumal ich unser Haus nicht verlassen durfte, und so hatte ich bald keine Freunde mehr. Anfangs machte es mir nichts aus, aber rasch fühlte ich mich als Ausgestoßene: Ich war anders als die anderen Mädchen, und das bedrückte mich.

Wieder spürte ich, deutlicher denn je, daß ich in zwei Welten lebte. Zu welchem Kulturkreis ich mich mehr hingezogen fühlte, konnte ich nicht sagen. Meine Eltern liebten mich, und ich liebte sie, auch wenn ich viele ihrer Anordnungen nicht verstehen konnte. Andererseits war da die Freiheit, die meine Schulkameradinnen genossen: Sie bummelten in Gruppen durch die Stadt, tranken im Eiscafé einen Cappuccino, sie gingen ins Kino, sie tanzten oder hörten Musik. Und natürlich durften sie mit Jungen zusammensein, sooft sie wollten, während all das mir verboten war.

Ich war einsam, weil niemand mit mir bei uns zu Hause spielen wollte. Da kam eines Tages Sonja, ein Mädchen aus der Nachbarschaft. Ich hängte gerade im Garten die Wäsche auf die Leine, als sie mich ansprach: »Ich weiß alles über dich, und ich möchte gerne deine Freundin sein.« Ich freute mich riesig, und meine Mutter war über dieses Freundschaftsangebot nicht weniger glücklich als ich, weil sie gesehen hatte, daß ich einsam war.

Sonja war allerdings ein Luder, das mich schamlos ausnutzte. Sie forderte von mir Geschenke, und meinen Eltern gegenüber trat sie hochnäsig auf, was mich sehr störte. Dennoch: Sie war meine einzige Freundin, und die wollte ich um nichts auf der Welt verlieren. Eines Tages stellte sie mich vor die Wahl: Entweder ich würde meinem Vater eine Packung Zigaretten stehlen, oder sie würde mir die Freundschaft aufkündigen. Ich ging ins Haus, und als meine Mutter nicht aufpaßte, stahl ich ein Päckchen Camel. Niemals zuvor hatte ich meine Eltern oder sonst jemanden bestohlen, und nun schämte ich mich dafür, aber meine Sehnsucht nach einer Freundin war stärker als meine Scham. Sonja und ich gingen zu einem Holzschuppen hinter dem Haus, wo wir öfter spielten. Meine Freundin riß die Packung auf und holte zwei Zigaretten heraus. »Jetzt wird gepafft«, prahlte sie. Ich hatte noch nicht geraucht, und ich verspürte auch nicht die geringste Lust, damit anzufangen. »Mit zehn Jahren doch noch nicht«, wehrte ich ab. »Ich bin auch nicht älter und rauche trotzdem«, konterte Sonja. Zuerst zog ich viel zu heftig, so daß ich husten mußte. Sonja lachte mich aus. »Du bist noch zu blöde zum Rauchen.« Das ärgerte mich, und bei den nächsten Zügen klappte es schon besser. Ich sog den Rauch vorsichtiger ein, und ein paar Wochen später rauchte ich auf Lunge. Ich übte immer wieder, es schmeckte mir, und es gab mir das Gefühl, groß und meinen deutschen Altersgenossinnen ebenbürtig zu sein.

Damals erlaubte mir meine Mutter gelegentlich, das Haus zu verlassen. »Aber paß auf, daß dich keiner sieht«, warnte sie mich. Vater und meine Brüder durften von meinen Ausflügen natürlich nichts wissen. Sie hätten mich – genau wie vorher Mevlyde – nach Hause geprügelt. So lernte ich beim Spielen auch andere Kinder kennen. Sie wußten nichts von den Verhältnissen bei uns zu Hause. Niemand ahnte, daß ich nur heimlich das Haus verlassen konnte, aber allmählich begriff ich, was meine ältere Schwester gemeint hatte, als sie sagte: »Es lohnt sich, so viel zu riskieren. Es ist schön, Freunde zu haben, es ist die Freiheit.«

Im fünften Schuljahr lernte ich meine ersten echten Freundinnen kennen. Sie verstanden meine Probleme, wir redeten darüber, und sie halfen mir, wo es nur ging. Meine Mutter lernte sie kennen und fand sie nett, nachdem sie öfter zu uns gekommen waren. Manchmal aßen sie auch mit uns die typischen jugoslawischen Gerichte, die meine Mutter so vorzüglich zubereiten konnte. Besonders begeistert waren die Mädchen beispielsweise von einem *Pasull*, einem einfachen Bohneneintopf. Dazu kochte Mutter einen ganzen Tag lang weiße Bohnen mit Rindfleisch. Dann erhitzte sie sehr viel Öl in einer Pfanne und briet darin Zwiebeln an. Dazu gab sie Mehl und reichlich Paprika-Pulver. Nach wenigen Minuten goß sie den Pfanneninhalt in die Bohnen-Rindfleisch-Suppe, die sofort dickflüssig und rot wurde. Die Mädchen schwärmten von diesem Eintopf.

Meine Freundinnen wohnten in einem etwas größeren Ort, der drei Kilometer entfernt war, was unsere Treffen kompliziert machte. Ich brauchte Zeit, um sie zu besuchen, und Zeit hatte ich ja gerade nicht, denn ich mußte stets damit rechnen, daß Vater überraschend zu Hause auftauchte. Wenig später zogen wir in die Nachbarstadt, und das Problem erledigte sich von selbst. Fortan konnten wir noch häufiger spielen als bisher.

Unser Haus war ein Altbau in einer ehemaligen Kreisstadt. Im Ort gab es mehrere große Schulen, ein Schwimmbad, ein Schloß, Cafés und Gaststätten sowie eine nette Einkaufsstraße, in der viel Betrieb herrschte. Das Städtchen gefiel mir ausgesprochen gut, zumal jetzt auch der Schulweg kürzer war und fast alle meine Freundinnen in unmittelbarer Nähe wohnten.

*

In den Ferien fuhren wir wieder nach Jugoslawien in Urlaub. Erst im Kosovo erfuhr ich, daß mein Bruder Fadmir dort heiraten würde. Er selbst war darüber gar nicht erfreut, denn er hatte einfach noch keine Lust, die Rolle eines Ehemannes einzunehmen, aber Vater hatte es so angeordnet. Die Verhandlungen zwischen den Familien waren bereits erfolgreich beendet, und bei uns herrschte beste Laune. Schließlich ist die Hochzeit eines Sohnes, im Gegensatz zur Heirat einer Tochter, ein freudiges Ereignis. Durch seine Frau kommt eine zusätzliche junge Arbeitskraft ins Elternhaus des Mannes.

Entsprechend angenehmer als bei meiner Schwester waren diesmal die Hochzeitszeremonien. Es gab nur fröhliche Lieder, und die Jungfrauen trommelten und sangen davon, daß die Braut es künftig im Hause ihres Mannes gut haben werde. Sie bekomme den schönsten Mann der Welt, und die ganze Familie werde sich liebevoll um sie kümmern. Später wurde Mehl für ein spezielles Hochzeitsbrot gesiebt. Mehrere Tage wurde getanzt und gefeiert, bevor wir die Autos schmückten und zur Wohnung der Braut fuhren, um sie unter lautem Hupen abzuholen. Mein Bruder erwartete seine künftige Ehefrau traditionsgemäß auf dem Dach unseres Hauses, von wo er sie mit Zuckerklümpchen bewerfen mußte. An der Türschwelle steckte man der Braut unter jeden Arm einen Laib Brot. In eine Schüssel mit süßem Wasser mußte die Braut ihre Fingerspitzen tauchen, bevor sie je dreimal die Oberkante des Türrahmens innen und außen berührte.

Die junge Frau lächelte nicht und blickte auch niemanden an. Statt dessen zitterte sie, denn sie hatte Angst vor dem, was auf sie zukommen würde. Dann gab man ihr einen Hammer und einen Nagel, den sie in die Türschwelle schlagen sollte. Dieser symbolische Akt bedeutete, daß sie von da an im Haus bleiben mußte, so wie der Nagel in der Schwelle. Drinnen setzte sich die junge Frau dreimal kurz auf den Schoß meiner Mutter, womit sie ausdrücken wollte, daß sie ihr zukünftig wie eine eigene Tochter sein werde.

Am Abend mußte die Braut ihre Jungfräulichkeit nachweisen. Über das normale Bettuch wurde zusätzlich ein besticktes weißes Tuch gelegt. An der Tür stand ein mit Wasser gefüllter Becher. Wir sahen vom Nebenraum aus, wie Fadmir ins Schlafzimmer ging, wo die Braut bereits wartete. Mit einem heftigen Fußtritt schleuderte der Bräutigam den Wasserbecher in die gegenüberliegende Ecke des Zimmers. Die Braut erschrak sichtlich, sie zuckte zusammen, doch dieses Vorgehen war allgemein üblich: So zeigte im Kosovo der Mann der Frau, wer Herr im Hause war. Er hatte künftig das Sagen, und sie hatte ihn zu fürchten. Wir Kinder mußten dann in einen Nebenraum gehen, weil das, was folgte, nicht für unsere Augen und Ohren bestimmt war.

Sowohl die Braut als auch der Bräutigam waren notdürftig von ihren Familien aufgeklärt worden. Sexualität war ansonsten ein Tabuthema: Bei uns zu Hause wurde schon dann ein anderer Sender gewählt, wenn im Fernsehen auch nur geknutscht wurde. »Das gehört sich nicht, über Sex wird nicht geredet«, befand Papa. In Deutschland lernten wir Kinder allerdings die biologischen Zusammenhänge von Zeugung und Geburt in der Schule.

Jahre später erfuhr ich von meiner Schwägerin, wie die Hochzeitsnacht verlaufen war. Im Schlafzimmer hatte das Brautpaar sich gegenseitig ausgezogen, während vor der Schlafzimmertür schon die Frauen ungeduldig auf ein Zeichen meines Bruders warteten. Fadmir sei recht behutsam vorgegangen, um seiner Frau nicht unnötig weh zu tun, wodurch sich alles so lange hinausgezögert habe, daß eine ältere Frau anklopfte und um beschleunigten

»Vollzug« bat. Die Braut zuckte allerdings immer wieder zurück, wenn ihr Mann in sie eindringen wollte.

Im Kosovo ist es Tradition, daß die Braut unmittelbar nach der Zerstörung der Jungfernhaut in die Hocke geht, damit das Blut ungehindert auf das weiße Tuch tropfen kann. Danach muß sich die frischgebackene Gattin mit dem Tuch abwischen, das der Bräutigam nun als Beweismittel an seine Mutter weitergibt.

Mama schaute sich den Lappen mit dem Blut ihrer Schwiegertochter an, dann kamen auch die anderen Frauen ins Zimmer. Am Morgen nach der Hochzeitsnacht brachen die Brautleute in Anwesenheit aller Gäste feierlich das einige Tage zuvor gebackene Hochzeitsbrot und verspeisten es, und erst danach waren sie offiziell Mann und Frau.

Eine Woche später traten wir die lange Heimreise nach Deutschland an. Tatsächlich war die Eifel meine Heimat, denn den Kosovo kannte ich nur vom Urlaub. Er war mir fast so fremd wie die Antarktis, und ich freute mich auf meine Freundinnen.

*

Wir hatten viel zu bereden. Meine Schulkameradinnen hatten inzwischen fast alle einen festen Freund, und sie erzählten mir begeistert davon. An diesem ersten Abend nach der Rückkehr in die Eifel fragte ich mich abends im Bett, wieso meine deutschen Freundinnen alles machen konnten, was sie wollten. Wieso hatten sie Freunde, und weshalb durfte ich mich nicht mit einem Jungen anfreunden? Neid stellte sich bei mir ein, als ich die Freunde meiner Mitschülerinnen kennenlernte.

Als ich 14 Jahre alt war, interessierte ich mich für einen Jungen, und ich spürte jenes merkwürdige Kribbeln im Bauch, das ich anfangs nicht deuten konnte. Irgendwann begriff ich, daß ich mich in ihn verliebt hatte, und offenbar fand er mich auch attraktiv. Ich war ein aufgeschlossenes, hübsches Mädchen mit schulterlangen schwarzen Haaren, braunen Augen und einem freundlichen Gesicht. Unter dem Pullover zeichneten sich schon deutlich weibliche Formen ab, und da ich jeden Blödsinn mitmachte, war ich auch recht beliebt. »Gehen wir zusammen?« fragte der blonde Junge mich etwas unbeholfen, und ohne zu überlegen nickte ich. Im gleichen Augenblick wußte ich, daß ich im Begriff stand, einen Fehler zu machen, doch das war mir egal. Ich hatte es satt, als Außenseiterin dazustehen. »Wir müssen das geheimhalten«, sagte ich, und er stellte keine weiteren Fragen. Wir sind nie miteinander ins Bett gegangen, denn davor hatte ich viel zuviel Angst. Das Thema Sex beschränkte sich zwischen uns auf eine Diskussion über die Frage, ob man vom Küssen schwanger werden könne.

Mir stand deutlich vor Augen, daß genau das passierte, was mein Vater und meine Brüder um alles in der Welt verhindern wollten: Ich hatte einen Freund vor der Ehe, noch dazu war er christlich und deutsch. In Zukunft würde ich noch mehr aufpassen müssen als bisher, damit mein Vater nichts merkte. Meinen Freundinnen gegenüber spielte ich die große Geheimnisvolle, denn ich hatte gemerkt, daß sie nicht verstanden, in welcher Zwickmühle ich steckte. Die meisten erfuhren trotzdem, was mit mir los war, aber die Hauptsache war, sie sprachen mich nicht darauf an, so daß ich meine Verlegenheit verbergen konnte.

Vater fand die Mädchen nett, als sie mich zu Hause besuchten, er hielt sie für ziemlich unschuldige Engel. Tatsächlich trieben wir uns ohne sein Wissen in Parks herum, wir rauchten und wir tranken auch schon mal Alkohol. In der Schule war ich der Hansdampf in allen Gassen, bei jedem Unsinn mischte ich mit. Sogar eine anonyme Bombendrohung, woraufhin die Schule geräumt werden mußte, ging auf das Konto unserer Clique: Es gab schulfrei wegen unseres Bombenalarms. Ich trieb als mittlerweile 14jährige genau das, was deutsche Jugendliche in der Pubertät auch taten.

*

»Schukrana, kommst du mal?« Als Mutter mich ins Haus rief, nahm ich an, ich sollte einkaufen gehen oder eine Hausarbeit übernehmen. Es war ein schöner Frühsommertag in der Eifel, und eigentlich wäre ich lieber zu meinen Freundinnen gegangen. Drinnen eröffnete sie mir: »Wir fahren in den Sommerferien nach Jugoslawien. Aber diesmal wird es anders sein als sonst. Vater hat beschlossen, daß wir für immer im Kosovo bleiben werden.«

Ich stand da wie vom Donner gerührt. »Wieso das? Es geht uns doch gut hier. Vater hat Arbeit und verdient viel Geld, wir haben das Haus, ich gehe zur Schule. Was sollen wir in Jugoslawien, wo ich keinen kenne?«

»Vater hat es so beschlossen, und wir haben uns zu fügen«, antwortete Mutter. Damit war jede Diskussion beendet.

Ich war todunglücklich, als ich meinen Freundinnen von Vaters Entschluß berichtete. »Wir zerstechen ihm die Autoreifen«, boten sie mir an. Statt dessen bereiteten sie für mich eine Abschiedsfeier vor. Da das Fest am Nachmittag begann, als Vater noch arbeitete, durfte ich hingehen. So etwas hatte ich noch nie erlebt: Ich war sehr glücklich über diese Feier, es war das Schönste, was mir bis dahin in meinem Leben passiert war. Meine Mitschülerinnen hatten mich gern, sie würden mich vermissen, und als der Abschied kam, flossen viele Tränen.

*

Wir fuhren nach Jugoslawien, ohne daß mein Vater seine Arbeit gekündigt hatte. Deshalb hatte ich insgeheim die Hoffnung noch nicht restlos aufgegeben, daß wir vielleicht doch wieder nach Deutschland zurückkehren würden.

Im Kosovo lernte ich die Schwester meiner Schwägerin, Lule, kennen. Sie nahm sich sehr viel mehr Freiheiten heraus, als meine Eltern mir erlaubten. In ihrem Dorf, einige Kilometer von unserer Urlaubswohnung entfernt, nannte man sie eine Hure, aber trotzdem durfte ich bei ihr schlafen und meine Zeit mit ihr verbringen. Auch ihre Freunde lernte ich bald kennen.

Schnell merkte ich, daß die Einhaltung der althergebrachten Sitten im Kosovo bei weitem nicht so streng durch die Sippen überwacht wurde, wie dies bei den Auslands-Jugoslawen in Deutschland der Fall war. Die Gastarbeiter hatten Angst, daß ihre Kinder durch den Umgang mit deutschen Jugendlichen die alten Traditionen vergessen würden, während die Mädchen im Kosovo viel mehr Freiheiten genossen.

Lule hatte sogar – entgegen aller Gebräuche – einen christlichen Freund, und das war nachgerade ein Skandal. Sie liebte ihn, und sie wußte, daß sie ihn niemals würde heiraten können, denn er war kein Muslim, und ein Ehemann mußte nun einmal den Geboten gemäß beschnitten sein.

Bei den Muslims wird den Jungen im Alter zwischen drei und zehn Jahren die Vorhaut abgeschnitten, so verlangt es der Koran. Den Schnitt übernimmt im Kosovo kein Arzt, sondern ein islamischer Priester, ein *Hodscha*.

Die kleine Operation wird ohne Narkose vorgenommen, obwohl der Schnitt schmerzhaft ist. Zwar haben die Eltern Mitleid mit ihrem Jungen, aber für sie ist die Beschneidung so selbstverständlich wie die Geburt. Der Knabe wird zu diesem Anlaß mit einem besonderen Anzug ausgestattet, und ein Bett wird so aufgestellt, daß alle Familienangehörigen den Jungen sehen können. Jeder Gast legt einen Geldschein auf das Bett, mit dem die Eltern später das Fest bezahlen.

Eines Tages wollte Lule mit mir zu einer Beschneidungsfeier in der Nachbarschaft gehen. Ich war sehr neugierig, weil ich so etwas noch nie gesehen hatte, denn als meine Brüder beschnitten wurden, war ich noch zu jung gewesen. An diesem Tag hatte ich eine Trägerhose angezogen, und mein langes schwarzes Haar fiel offen über den Rücken. Lule und ihre Freunde tanzten im Kreis. Das sah so ähnlich aus wie bei den Griechen der Sirtaki. Ich schaute lange unschlüssig zu, denn solche Tänze beherrschte ich nicht. In Deutschland hatten wir ganz anders getanzt und andere Musik gehört: Wir hörten damals begeistert Rap und die Rhythmen der »Neuen Deutschen Welle«. Von dieser Art »Ringelreigen«, den die Festgesellschaft aufführte, hatte ich keine Ahnung, doch Lule schleppte mich zu den anderen. »Laß mich los«, rief ich, denn ich hatte Angst, mich zu blamieren. »Tanz einfach genauso wie wir«, rief Lule, während sie mich mit sich zog. Es gab jede Menge Gelächter, und ich lachte mit.

Aus heiterem Himmel traf mich ein kalter Wasserstrahl im Genick. Ich merkte, daß ein Junge mich aus seiner Wasserpistole bespritzte, und als er nicht aufhörte, platzte mir der Kragen: »Was fällt dir ein«, fauchte ich ihn an. »Ich bin schließlich keine Zielscheibe für kleine Jungs!« Der Kerl grinste mich breit an und sagte seelenruhig: »Schimpf ruhig weiter. Aber ich habe mich in deine Stimme verliebt.« Mir reichte es. Ich verabschiedete mich und wollte gehen, aber Lule folgte mir. »Er ist ein netter Junge. Ich würde mich freuen, wenn er mir solche Angebote machen würde.« Ich verstand nicht, was sie damit meinte, außerdem fand ich den Burschen überhaupt nicht nett.

Nun hatte ich keine Ruhe mehr vor ihm. Er belästigte mich zwar nicht, aber er stand immer hinter mir, und nach einiger Zeit wandelte sich meine anfängliche Abneigung in vorsichtige Sympathie. Mir gefiel besonders die Hartnäckigkeit, mit der er mir nachstellte. Außerdem sah er wirklich nicht schlecht aus: Er hatte ein schmales Gesicht, kurzgeschnittenes dunkles Haar und strahlend weiße Zähne, und seine Augenbrauen waren sehr dicht. Nur sein Blick irritierte mich anfangs: er war etwas stechend. Natürlich hatte Lule längst gemerkt, daß ich mich von dem Jungen angezogen fühlte, und sie zog mich damit auf, doch ich stritt alles ab. Irgendwie war mir das unangenehm.

Einige Tage später war ich mit Lule zur Hochzeit einer ihrer Freundinnen eingeladen. Dort gab es reichlich Bier, und davon trank ich wohl mehr, als ich vertrug. Mit rauschendem Kopf und glühendem Herzen erzählte ich an diesem Abend jedem, daß ich heftig in den Jungen verknallt sei. Da er selbst anwesend war, sagte ich es ihm auch ins Gesicht. Er antwortete nichts, sondern zog mir nur seine Jacke über, denn inzwischen war es empfindlich kalt geworden und ich trug nur ein dünnes Kleid. Später hatte Lule alle Mühe, mich unauffällig nach Hause zu schleppen. Sie warf mich komplett angezogen aufs Bett, wo ich am nächsten Morgen mit einem heftigen Brummschädel erwachte.

»Wo kommt die Jacke her?« fragte ich Lule. »Von deinem Freund«, erwiderte sie lachend, und ich war wie vom

Blitz getroffen. »Was redest du für dummes Zeug?« wollte ich von ihr wissen. Ich hatte keinen blassen Schimmer, was am Abend vorgefallen war und löcherte sie mit Fragen. »Du hast doch jedem erzählt, daß du in Brahim verknallt bist«, sagte Lule lachend. Bis dahin wußte ich nicht einmal, daß sein Name Brahim war. Immerhin tröstete sie mich mit dem Hinweis, daß sonst nichts passiert sei.

An diesem Tag hatte Lule mit ihrem Freund eine Verabredung an einer einsamen Stelle, und sie forderte mich auf mitzukommen, da noch andere Bekannte kommen würden. Tatsächlich trafen wir außer ihrem Freund nur noch einen einzigen jungen Mann dort. Während Lule mit ihrem Geliebten im nahen Gebüsch verschwand, blieb ich mit dem Fremden allein auf der Wiese zurück. Ich war verwirrt, denn ich empfand es als widerwärtig, was die beiden da offensichtlich trieben.

Der etwa 20 Jahre alte fremde Junge setzte sich neben mich, und ich erzählte ihm von meiner Jugend in Deutschland, und auch, daß mein Leben wegen der unterschiedlichen Sitten nicht immer einfach sei. Plötzlich rückte er näher an mich heran. Ich setzte mich ein Stück weiter weg, doch er ließ sich nicht abhalten. Er legte mit festem Griff einen Arm um mich, die Finger seiner anderen Hand glitten durch mein Haar. Ich war wie gelähmt. »Laß das!« fuhr ich ihn an, doch er hörte nicht. Statt dessen preßte er mich noch fester an sich. Ich bekam panische Angst, die Tränen schossen mir in die Augen, dann spürte ich, wie er seine Hand in meine Hose zwängte. »Tu nicht so, als ob du das nicht wolltest«, keuchte der Kerl, dessen Namen ich noch nicht einmal kannte. »Schließlich machen das doch alle Mädchen in Deutschland so.«

»Hilfe, Lule!«, schrie ich, so laut ich konnte, gleichzeitig wehrte ich seine Hand in meiner Hose so gut ab, wie ich konnte. Es dauerte nur Sekunden, bis Lule auftauchte, aber mir kam es vor wie eine Ewigkeit. Als der Junge sie bemerkte, ließ er von mir ab und lief davon. Ich fühlte mich verletzt und beschimpfte Lule: »Hast du nicht mehr alle Tassen im Schrank, mich mit einem allein zu lassen, der nicht ganz richtig im Kopf ist?«

Sie registrierte erstaunt, daß ich anders war als sie. Meine Eltern würden hart durchgreifen, wenn sie erführen, was passiert war, und ich hatte ganz einfach Angst um meine Unschuld. Später begegnete ich dem Jungen noch öfter, und jedesmal lief mir ein kalter Schauer den Rücken hinunter.

Tage danach sollte ich Lule erneut zu einem Stelldichein mit ihrem Freund begleiten. »Du glaubst doch nicht im Ernst, daß ich mich noch mal auf so ein Wagnis einlasse«, entrüstete ich mich und lehnte ihre Einladung ab. »Der verrückte Junge wird nicht da sein«, beruhigte Lule mich. Doch ich traute ihr nicht. »Ich schwöre es auf den Koran«, bekräftigte sie ihre Behauptung, und so ging ich mit. Der Verrückte war wirklich nicht am Treffpunkt, statt dessen erwartete uns dort Brahim. Lule verschwand wieder mit ihrem Freund im Gebüsch. Brahim legte sich auf die Wiese und starrte zum Himmel. Er war nur wenige Monate älter als ich. Seine Nähe machte mich glücklich.

»Wovor hast du eigentlich Angst?« wollte er unvermittelt wissen. »Ich will nicht so enden wie Lule«, antwortete ich entschieden. »Wie meinst du das?« hakte Brahim scheinheilig nach, und ich stellte die Gegenfrage: »Was glaubst du, was die beiden da hinten im Gebüsch treiben?«

»Darf ich meinen Kopf auf deinen Schoß legen?« wollte Brahim statt einer Antwort wissen. Ich hatte nichts dagegen, aber als ich das Gewicht seines Kopfes auf meinen Oberschenkeln und auf meinem Bauch spürte, zuckte ich doch zusammen.

Brahim schien anders zu sein als die Muslims, die ich kannte. Er erzählte, daß er nicht mitansehen könne, wie die meisten Frauen von ihren Männern unterdrückt würden, und er endete mit den Worten: »Wenn ich dich erst mal geheiratet habe, wirst du es gut haben.«

»Wieso geheiratet?« fragte ich perplex, und er fuhr fort: »Du kannst darüber lachen, aber ich werde dich heiraten.«

Damals konnte ich nicht ahnen, daß ausgerechnet Brahim in Wahrheit genauso an den überkommenen Sitten des Kosovo festhielt wie meine Familie. Das sollte ich später auf grausame Weise erfahren: Kein anderer Mensch hat mich jemals so gedemütigt und geschändet wie er.

*

Für mich ergab sich dann eine überraschende Wende. Nachdem wir vier Wochen in Jugoslawien verbracht hatten, erklärte Vater, daß wir doch wieder nach Deutschland fahren würden. Ich war überglücklich und freute mich auf die Eifel. Brahim betrachtete ich als harmlosen Urlaubs-Flirt, und in Deutschland vergaß ich ihn schnell wieder.

Ein Jahr ging vorüber, und inzwischen hatte ich heimlich meinen 15. Geburtstag gefeiert. Meine Eltern hätten mir nie eine Geburtstagsfeier erlaubt, aber meine Freundinnen hatten eine Fete für mich organisiert. In der Schule lief alles normal, und wie früher traf ich mich heimlich mit Freundinnen und Freunden, und wir flirteten harmlos. Vater merkte nichts, Mutter tat, als ob sie nichts gesehen hätte. Wir hatten viel Spaß, und während sich die Katastrophe schon über meinem Kopf zusammenbraute, lebte ich unbeschwert in den Tag hinein, ohne mir große Gedanken über die Zukunft zu machen. Ich war glücklich, fast fühlte ich mich als Deutsche unter Deutschen. Daß mir das gleiche furchtbare Schicksal einer Zwangsehe drohen könnte wie meiner Schwester Mevlyde, verdrängte ich. Obwohl ich es hätte besser wissen müssen, denn mein Vater achtete mit der Zeit immer unnachgiebiger auf die Einhaltung der Kosovo-Gebräuche.

*

Im Sommer 1985 fuhren wir wieder nach Jugoslawien in die Ferien. Gleich am ersten Tag besuchte ich Lule. »Der Kerl hat mich deinetwegen das ganze Jahr über genervt«, sagte sie, als wir unter uns waren. Ich verstand nichts. »Welcher Kerl, wieso genervt?« fragte ich völlig ahnungslos. »Brahim natürlich. Er hat fast jeden Tag nachgefragt, wann du endlich wieder nach Jugoslawien kommst.« Draußen hörten wir jemanden pfeifen. Es war Brahim. Er hatte unser Auto gesehen und stand nun draußen im Regen – in der Hoffnung, mich zu treffen. Doch an eine Begrüßung war nicht zu denken, denn in diesem Augenblick rief mein Vater nach mir.

Am nächsten Tag spazierte er auf der Straße vor unserem Haus auf und ab. Da meine Eltern Brahim nicht kannten, brauchte er keine Angst vor seiner Entdeckung zu haben. Als er mich am Fenster sah, zeigte er mir mit einer Handbewegung, daß ich nach draußen kommen sollte, doch das ging nicht, denn ich mußte meiner Mutter beim Hausputz helfen.

»Es muß schnell saubergemacht werden«, drängte Mutter, »wir bekommen heute Besuch.«

»Wer ist denn so wichtig, daß wir dafür das ganze Haus

auf Hochglanz polieren müssen?« fragte ich, nichts Böses ahnend.

»Es kommen ein paar Leute deinetwegen. Sie wollen bei Vater um deine Hand anhalten.« Mutter sagte das so ruhig, als ob wir über das Wetter gesprochen hätten.

Ich war fassungslos, wie gelähmt, einen Augenblick lang dachte ich, ich würde ohnmächtig. Gähnende Leere machte sich in meinem Kopf breit, meine Knie wurden weich. Dann schrie ich auf: »Nein! Für solche Leute fege ich doch nicht das Haus«, aber es half nichts.

»Schrei nicht 'rum, sonst wird dein Vater wütend. Er ist sowieso schlecht gelaunt«, wies mich Mutter zurecht. »Mach keinen Aufstand und putz weiter.«

»Aber ich will doch noch gar nicht heiraten«, wagte ich einen neuen Einwand.

»Das mußt du auch nicht. Wenn ihr euch jetzt verlobt, könnt ihr mit der Hochzeit noch ein paar Monate warten. Andererseits bist du schon 15 Jahre alt und damit heiratsfähig«, beendete Mutter die Diskussion.

Für mich brach eine Welt zusammen. Natürlich hatte ich tief im Innersten schon lange befürchtet, daß dieser Augenblick eines Tages kommen würde, aber ich hatte den Gedanken daran immer unterdrückt. Vielmehr hatte ich von einem Leben geträumt, von dem alle meine deutschen Freundinnen auch träumten: Irgendwann würde ein netter junger Mann kommen und sagen: »Ich liebe dich«, und wir würden heiraten und Kinder bekommen und glücklich sein. Und nun diese Katastrophe, das Ende aller Sehnsüchte und Hoffnungen, die ich als 15jährige in mir trug. Die drohende Zwangsverheiratung im Kosovo holte mich von einer Sekunde auf die andere auf den Boden der Tatsachen zurück. Vater würde sich um nichts auf der Welt von seinem Plan abbringen lassen, und mit Argumenten würde ich die Hochzeit nicht verhindern können, das war mir klar. Ich grübelte verzweifelt über einen Ausweg nach, aber ich konnte keinen klaren Gedanken fassen.

Da fiel mein Blick auf Brahim. Er ging immer noch die Straße auf und ab. Ich überlegte, daß mein Vater mich ganz bestimmt auf der Stelle verheiraten würde, wenn er merkte, daß Brahim auf mich wartete. Das hätte die ganze Sache nur noch verschlimmert, deshalb nahm ich den Mülleimer als Vorwand, um nach draußen zu gehen. Dort wollte ich dem Jungen sagen, er solle verschwinden.

Er gab mir durch Zeichen zu verstehen, daß ich ihm zu einer etwas abgelegenen Stelle folgen sollte. Dort berichtete ich ihm, was passiert war: »Ich soll heute verlobt werden, aber ich will keinen heiraten, den ich noch nie vorher gesehen habe.« Brahim verstand mich. »Ich habe die Lösung deines Problems«, sagte er nach einer Weile. »Wir brennen einfach durch.« Als ich ihn zweifelnd anschaute, so, als ob ich an seinem Verstand zweifelte, und sagte: »Dann schlägt mein Vater mich tot«, beruhigte er mich. »Viele junge Paare laufen von zu Hause weg, um zu heiraten, mein Bruder hat es auch getan. Wenn wir erst bei meiner Familie sind, kann uns nichts passieren. Dein Vater kann dich nicht zurückholen, weil wir dann schon Mann und Frau sein werden.«

Ich überlegte kurz. Vielleicht hatte er ja recht. Er würde wohl besser wissen als ich, was man in so einer Situation im Kosovo tun konnte. So verzweifelt und durcheinander, wie ich war, würde mir bestimmt nicht anderes einfallen, und über die Konsequenzen einer Flucht vor meinen Eltern dachte ich keine Sekunde nach. Ohne zu zögern entschloß ich mich. »Lieber heirate ich einen netten Jungen, den ich ein wenig kenne, als einen, den ich noch nie gesehen habe.« Den Abfalleimer hatte ich immer noch in der Hand, als ich mit Brahim vor der Zwangshochzeit davonlief – und mit ihm vom Regen in die Traufe kam.

*

»Wir fahren mit einem Taxi zu einem Freund und übernachten dort«, schlug Brahim vor. »Morgen sehen wir weiter.« Er wollte am nächsten Tag zu Hause Geld holen, damit wir zu seiner entfernt wohnenden Tante fahren könnten, die uns weiterhelfen würde. »Du wirst schon am besten wissen, wie es dein Bruder damals gemacht hat«, sagte ich und setzte meine ganze Hoffnung auf Brahim.

Sein Freund war allein zu Hause und überließ uns für die Nacht ein Zimmer. Der Raum, in dem wir schlafen sollten, war mit Kalkmilch weiß getüncht, wie es im Kosovo üblich war. An einer Wand stand eine Couch, daneben ein Schrank, und auf dem Fußboden lag ein Teppich, sonst war der Raum völlig schmucklos und kahl. Wir waren müde und wollten sofort schlafen gehen. Da fiel mir ein, daß ich nichts bei mir hatte als mein dünnes Kleid und ein paar Sandalen. Warme Sachen oder gar einen Pyjama hatte ich bei der überstürzten Flucht natürlich nicht mitnehmen können. So legte ich mich angezogen unter die Decke auf der Couch.

Brahim streifte sich neben mir hastig die Kleidung vom Körper. Außer im Film hatte ich noch nie einen nackten Mann gesehen. Obwohl ich meine Blicke schamhaft zur Seite richtete und dann die Augen schloß, hatte ich nicht übersehen, daß Brahim sexuell erregt war. Plötzlich war mir klar, was er plante: Er wollte mich entjungfern, damit uns unsere Familien nicht mehr trennen konnten. Sie würden unsere Verbindung hinnehmen müssen.

Er schien seinerseits überhaupt keine Scham zu spüren. »Wieso ziehst du dich nicht aus?« flüsterte er. »Schließlich sind wir ein Ehepaar.« Brahim legte sich neben mich, ich rutschte weiter weg, er folgte mir. »Zieh dich aus!« forderte er jetzt entschieden. Als ich mich sträubte und meine Arme fest um meinen Körper verschränkte, sagte er ärgerlich: »Stell dich nicht so an. Du bist jetzt meine Frau und hast nichts zu befürchten. Oder bist du etwa keine Jungfrau mehr?«

Er schien wirklich zu glauben, ich sei nicht mehr unschuldig, und mir wurde klar, daß es keinen Ausweg gab. Es war meine Pflicht, mich ihm hinzugeben und den Beweis für meine Unberührtheit zu liefern. Allerdings hatte ich keine Ahnung, was ich nun machen sollte, und ich schämte mich, aber ich zog mir mit klopfendem Herzen unter der Decke sehr langsam den Slip aus.

»Du mußt dich entspannen«, sagte Brahim, während er sich auf mich legte. Ich hatte furchtbare Angst vor dem, was kommen würde. »Du mußt nur die Beine spreizen, den Rest mache ich«, flüsterte er mir hastig atmend ins Ohr, und plötzlich waren seine Hände überall an meinem Körper. Ich spürte sein erregtes Glied am Oberschenkel. Es machte mir angst, und ich merkte, daß dies nicht mehr der Brahim war, den ich zu kennen glaubte. Ich zitterte wie Espenlaub, doch das störte ihn nicht. Als er versuchte, in mich zu dringen, hatte ich große Schmerzen, und ich verspannte mich völlig. »Das macht alles nur noch schlimmer«, sagte Brahim. Ich weinte und bat ihn aufzuhören. Als mein Bitten und Betteln nichts nützte, versuchte ich ihn wegzustoßen, doch er war stärker.

Brahim war unerreichbar für mein Flehen: Er war wie im Rausch. Dann, endlich, glitt sein Körper von meinem. »Du mußt dich setzen, damit das Blut herauslaufen kann«, keuchte Brahim, noch ganz außer Atem. Ich blieb einfach liegen, mir war gleichgültig, was er sagte. Alles mögliche tat mir weh, die Tränen liefen mir immer noch über das Gesicht.

»Ich mußte es tun«, sagte Brahim, drehte sich um und schlief ein. Nach einiger Zeit setzte ich mich auf den Fußboden. Ich bereute bitterlich, was ich getan hatte. Irgendwann schlief ich vor Erschöpfung ein. Brahim weckte mich am anderen Morgen ungehalten. »Schnell, schnell! Wir müssen sofort weg, die Eltern meines Freundes kommen gleich.« Ohne mich zu waschen lief ich hinter ihm her aus dem Haus. »Beim ersten Mal tut es immer weh«, sagte er draußen, beinahe entschuldigend.

Wir gingen zu einem in der Nähe gelegenen Fluß, um dort in Ruhe zu überlegen, wie es weitergehen sollte. Kaum hatten wir uns hingesetzt, da hörten wir vom anderen Flußufer eine wütende Frauenstimme rufen: »Du Hure, du willst wohl meinen Sohn verführen!« Es war Brahims Mutter, und sie schimpfte, so laut sie nur konnte. »Das ist doch keine Frau für dich, geh sofort heim!« brüllte sie Brahim an.

»Warte hier, ich hole zu Hause Geld und komme danach zurück«, flüsterte Brahim, bevor er verschwand. Als ich alleine war, dachte ich fieberhaft nach. Wenn seine Mutter uns hier gefunden hatte, dann konnte auch jeden Moment mein Vater auftauchen, und in diesem Fall wäre es um mich geschehen gewesen, denn er hätte mich totgeschlagen. Ich beschloß, so rasch wie möglich zu einer befreundeten Familie zu gehen.

Nachdem ich dort meine Situation geschildert hatte, bot mir ein Sohn der Familie an, nach Brahim zu suchen, um ihn zu mir zu bringen, und wenig später kamen beide ins Haus. »Wir haben nicht viel Zeit, wir müssen sofort fahren«, drängte Brahim. Als wir im Taxi saßen, fragte ich nach dem Fahrtziel. »Ich bringe dich zu deinen Eltern, denn es ist mir nicht gelungen, meinen Vater zu überzeugen. Er akzeptiert dich einfach nicht als Schwiegertochter.«

Grenzenlose Verzweiflung überfiel mich, und ich bekam einen Weinkrampf. Nach Hause konnte ich auf gar keinen Fall. Vater hätte mich nach der Nacht mit Brahim auf der Stelle getötet, weil ich seine Ehre verspielt hatte. So stiegen wir am Bahnhof aus und gingen ziellos weiter durch die Stadt. Ich zitterte. Da sah ich ein Hochhaus, auf dessen Dach Kinder spielten. Wenn ich mich von dort in die Tiefe stürzte, wäre ich alle Sorgen los, dachte ich, denn angesichts der Schande, die ich über meine Eltern gebracht hatte, war mein Leben sinnlos geworden. Der Gedanke, mich vom Dach des Hauses zu stürzen, ließ mich nicht mehr los, und wie in Trance steuerte ich auf das Treppenhaus des Hochhauses zu. Ich spürte, daß Brahim mir folgte. Als ich über einen Stein stolperte, packte er mich und hielt mich so fest, daß es schmerzte.

»Laß mich los, ich will zu einer Freundin«, log ich. Doch Brahim hatte begriffen, daß ich mich töten wollte. Ich warf ihm vor, an meiner ganzen Misere schuld zu sein: »Nur durch dich bin ich in diese ausweglose Situation geraten!« Darauf brach er in Tränen aus. »Ich weiß, daß du dich umbringen willst«, sagte er. »Aber damit machst du alles noch viel schlimmer. Wenn dir etwas zustößt, gibt es ein Blutbad. Irgendwann wird dein Vater herausfinden, daß wir zusammen waren, dann wird er mich umbringen. Aus Rache wird mein Vater wiederum einen deiner Brüder töten, und so wird es weitergehen.«

Brahim hatte recht. Er wußte, daß er sich schuldig gemacht hatte, weil er mir meine Unberührtheit genommen hatte, und er sah keinen Ausweg. Ich merkte, wie verzweifelt er war, und daß er ebenfalls große Angst hatte: Erstens fürchtete er nicht ohne Grund, daß mein Vater ihn ermorden würde, wenn er erführe, was geschehen war, zweitens hatte er mir meine Unschuld genommen und mich damit an sich gebunden. Da seine Eltern mich als Schwiegertochter ablehnten, stand er ratlos vor einem nicht lösbaren Problem. Seine Eltern hatten ihn offenbar sehr unter Druck gesetzt. Brahim kündigte an, er werde am folgenden Tag bis zum Mittag auf dem Markt Obst verkaufen, und mit den Tageseinnahmen könnten wir danach endgültig durchbrennen. Ich sollte inzwischen bei einer gemeinsamen Bekannten übernachten, wo er mich am folgenden Tag abholen wollte. Was blieb mir anderes übrig, als ihm zu glauben, schließlich war er hier zu Hause, und er würde schon wissen, was für uns das beste wäre.

Auf dem Weg zu der Freundin blieb ich vor einer Moschee stehen und betete. Das hatte ich noch nie getan, aber jetzt sprach ich inbrünstig zu Gott. »Hilf mir!« flehte ich. »Was habe ich getan, daß du mich so bestrafst?« Mittlerweile war es Abend geworden, und diese Gegend war selbst am Tage nicht ungefährlich. Frauen, die ohne Begleitung durch dieses Viertel gingen, mußten immer damit rechnen, daß ein Mann sie überfiel. Ich schloß mich drei Zigeunerinnen an, die zu ihrer Wohngegend gingen. Dort lebte eine junge Frau, die ich von früheren Besuchen kannte, und die mich tatsächlich die Nacht über beherbergte. Am nächsten Morgen gab sie mir sogar Geld für die Busfahrt in die nächste Stadt, wo Brahim seinen Marktstand hatte. Dort fand ich nur seinen Bruder, aber der war offensichtlich eingeweiht. »Brahim kommt heute nicht. Sein Vater weicht ihm keinen Schritt von der Seite, er bewacht ihn und paßt auf, daß er dich nicht mehr trifft. Am besten gehst du nach Hause.« Er meinte, meine Eltern wüßten sowieso, daß ich mit Brahim die Nacht verbracht hatte, und sie würden mich vermutlich zu seiner Familie bringen.

Ich war mit den Nerven völlig am Ende und zudem

hungrig und erschöpft. Wahrscheinlich hatte Brahims Bruder recht, und so fuhr ich mit dem Bus zurück zum Haus meiner Eltern. Ich hatte schon die Türklinke in der Hand, als ich drinnen meinen Vater toben hörte. Er gab Mutter die Schuld an seinem Unglück. Sie habe mich falsch erzogen, schrie er. Durch die Tür hörte ich, wie er verzweifelt rief: »Wenn ich sie finde, werde ich sie töten!« Ich ließ die Klinke los und rannte so schnell wie noch nie in meinem Leben weg, von panischer Angst vor der unberechenbaren Wut meines Vaters getrieben.

Atemlos, verzweifelt und hungrig fand ich mich auf einem Hügel wieder, setzte mich und weinte völlig hemmungslos. Ich selbst hatte mich in diese ausweglose Lage manövriert. Hätte ich doch nur auf meine Eltern gehört! Ich wünschte, ich hätte die Zeit zurückdrehen können, dann hätte ich alles getan, was Vater verlangte, und sei es, daß ich einen wildfremden Kosovo-Bauern geheiratet hätte. Unfähig, einen klaren Gedanken zu fassen, blickte ich den Hang hinunter auf ein Bahngleis. An dieser Stelle ging es sehr steil bergab. Ohne nachzudenken, fast wie von selbst, ließ ich mich kopfüber nach vorne rollen und stürzte, mich überschlagend, ins Tal. Als ich zu mir kam, hatte ich eine Platzwunde am Kopf, ein verstauchtes Bein und Schrammen am ganzen Körper, aber ich lebte.

Ich humpelte die Schienen entlang, ohne Plan, ohne Ziel, ohne Hoffnung. Da lag eine Taube mit gebrochenem Flügel auf dem Gleis. Ich nahm sie vorsichtig hoch und brachte sie in Sicherheit. Genau in diesem Augenblick ratterte ein Zug an mir vorbei. Die Taube hatte mir das Leben gerettet: Wenn sie nicht gewesen wäre, hätte die Lok mich überrollt.

Inzwischen war es wieder Abend geworden, und ich kam an einen Bahnhof, wo ich eine Freundin Lules traf, die mich sofort erkannte. »Du siehst nicht gut aus. Jeder im Dorf weiß, daß du von zu Hause weggelaufen bist. Manche sagen, du wärst mit einem Jungen weg, andere behaupten, du wärst tot.« Mir war ziemlich egal, wer was glaubte, in mir war nur noch Verzweiflung und Hoffnungslosigkeit. Das Mädchen bot mir an, mit ihm zu seinen Eltern zu gehen, um dort ein wenig auszuruhen. Unterwegs erzählte ich ihr meine Geschichte, und sie wunderte sich überhaupt nicht, denn sie kannte Brahim. »Dem darf man kein Wort glauben. Er lügt, wenn er den Mund aufmacht.« Sie war offenbar sehr wütend auf ihn, und sie wird wohl ihren Grund dafür gehabt haben. Das Mädchen schien ihn regelrecht zu hassen. Ich war auch wütend, aber Haß auf Brahim verspürte ich nicht, noch nicht. Als wir angekommen waren, schickte das Mädchen seinen Bruder los, um Brahim zu suchen, während ihre Mutter mir anbot, ein Bad zu nehmen und meine Kleidung zu waschen. Außerdem gaben sie mir zu Essen, und am Tisch sahen mich alle ganz traurig an.

Dann kam Brahim, und ich vergaß sofort alles, was ich ihm eigentlich vorhalten wollte. Ich sprang auf und umarmte ihn vor allen Leuten. »Brahim«, rief ich, »wie habe ich mich nach dir gesehnt!«

»Bleib ganz ruhig, alles wird wieder gut«, flüsterte er mir ins Ohr. »Ich habe einen Weg gefunden, um alle unsere Probleme zu lösen. Wir gehen zur Polizei«, sagte er. »Die Miliz wird meinen Eltern befehlen, dich aufzunehmen. Dann haben sie gar keine andere Wahl mehr, sie müssen dich als Schwiegertochter akzeptieren.«

Während wir zur Polizeistation gingen, trafen wir einen Pferdewagen, der in die gleiche Richtung fuhr. Der Kutscher war nett und nahm uns auf der Ladefläche mit. Während der Fahrt schilderte ich Brahim, was passiert war, und er beteuerte, er habe mich die ganze Zeit über gesucht. »Am besten ist es, wenn du bei der Polizei nicht zu viele Einzelheiten berichtest«, riet er mir.

An einer kleinen Straßenkreuzung stoppte der Kutscher und erklärte: »Die Polizeistation ist gleich um die Ecke.« Kaum waren wir um die Kurve gebogen, da erblickte ich meinen Vater. Er trank vor der Wache mit einem Polizisten Tee, und meine erste Reaktion war: weglaufen, so schnell es ging. Brahim rief laut hinter mir her – was ein großer Fehler war, denn dadurch wurde der Polizist auf uns aufmerksam. Er spurtete los, und nach wenigen Metern hatte er mich eingeholt. Der Beamte packte mich am Arm und zerrte mich zur Wache.

Brahim hatte mir doch versprochen, alles werde gut, aber nun war er wie vom Erdboden verschluckt. Statt dessen stand ich völlig hilflos im Büro des Polizisten und hatte keine Ahnung, was nun mit mir geschehen würde. Der Raum war kahl und weiß, in einer Ecke stand ein kleiner Tisch mit einem Stuhl, und davor eine Bank, auf die ich mich setzen mußte. »Du brauchst keine Angst zu haben, hier kann dein Vater dir nichts tun«, beruhigte mich der Polizist. Ich hatte das deutliche Gefühl, daß die Betonung auf »hier« lag.

»Dein Vater hat Brahim gezwungen, dich zu suchen. Hätte er dich nicht entdeckt, dann hätte es ein Unglück gegeben«, erklärte der Beamte. »Natürlich konnte Brahim dir nicht sagen, daß dein Vater hier sein würde, sonst wärst du ja nicht mitgekommen.« Damit hatte er recht. In diesem Augenblick machte ich mir keine Gedanken darüber, wieso Brahim mich nicht freiwillig aufgespürt hatte. Ich mußte vor allem sehen, wie ich lebend aus dieser Situation herauskam.

Durch das Bürofenster konnte ich draußen nicht nur meinen Vater sehen, sondern die ganze Familie: Alle meine Onkel und mein älterer Bruder waren gekommen. An ihren Gesichtern sah ich, daß sie zornig waren, was mir noch mehr Angst machte. Ich saß da wie ein Häuflein Elend in mich zusammengesunken.

Dann kam ein Mann in den Raum, den ich nicht kannte. Ein Polizist war er offenbar nicht. Es war Brahims Vater, wie sich bald herausstellte. Er war relativ kleinwüchsig, hatte ein rundes Gesicht, und wie sein Sohn trug er die Haare kurz geschnitten. Auch Brahims Großvater war da, ein sehr alt aussehender Mann, der ständig weinte. Ich hatte noch nie einen Mann weinen sehen. Der Alte kam zu mir und versuchte, mich zu trösten. Er sagte, daß alles gut werden würde, und ich schloß ihn sofort ins Herz.

Der Polizist wollte nun alles ganz genau von mir wissen: »Wer von euch ist auf die Idee gekommen, wegzulaufen? Habt ihr zusammen geschlafen?« Ich erzählte die ganze Geschichte von Anfang bis Ende, dann holte der Beamte meinen Freund herein, und der bestätigte meine Version. »Liebst du Schukrana?« wollte der Polizist schließlich wissen, und Brahim nickte wieder. Sein Vater stand auf und gab ihm eine schallende Ohrfeige. Der Polizist ging dazwischen. »In diesem Zimmer haben Sie nicht das Recht, jemanden zu schlagen, dieses Recht ist mir ganz allein vorbehalten.« Tatsächlich prügelten in dieser Gegend die Polizisten manchmal jemanden derart, daß er sich anschließend nicht mehr bewegen konnte.

Brahims Vater blieb bei seiner Weigerung. »Ich bin nicht bereit, Schukrana als meine Schwiegertochter aufzunehmen«, sagte er. »Erst wenn mein Sohn die Schule beendet hat, kommt vielleicht eine Hochzeit in Frage, vorher erlaube ich allenfalls eine Verlobung.« Ich erkannte sofort, daß das nur eine Ausrede war, denn die Schulbildung eines der Ehepartner war im Kosovo noch nie ein Hinderungsgrund für eine Hochzeit gewesen. In diesem Moment wurde meine Wut größer als meine Angst, es platzte aus mir heraus: »Das können Sie doch nicht mit mir machen. Sie wissen doch, was passiert, wenn ich jetzt nach Hause gehen muß. Ihr Sohn hat mit mir geschlafen, an ihn habe ich meine Jungfräulichkeit verloren. Wenn ich jetzt zu meinem Vater gehe, bin ich dem sicheren Tode geweiht!«

»Das stimmt«, sagte der Polizist zu Brahims Vater. »Ihr Sohn hat diese Beziehung angefangen, jetzt muß er sie mit Anstand zu Ende bringen.« Doch der Vater weigerte sich beharrlich, an eine Ehe auch nur zu denken.

Brahim und ich mußten das Zimmer verlassen, meine Familie wurde hereingerufen. Als ich an meinem Vater vorüberging, lief mir ein Schauer über den Rücken: Er würdigte mich keines Blickes. Wir setzten uns im Flur auf Stühle, und ich war sehr wütend auf Brahim. Da kam sein Großvater und sagte, immer noch weinend: »Es tut mir leid, einen solchen Sohn zu haben.« Mir fiel auf, daß diese Familie nicht so war wie unsere. Bei uns hätte der ältere Mann entscheiden müssen, in diesem Fall also der Großvater, doch der hatte in Brahims Familie offenbar nichts zu melden. Schweigend kam meine Familie aus dem Büro, wenig später folgten Brahims Vater und der Polizist. »Herzlichen Glückwunsch, du bist jetzt verheiratet«, sagte der Milizionär zu mir. »Aber glaube nicht, daß dies ein besseres Leben sein wird als dein bisheriges. Du mußt gehorchen und darfst keine Widerworte geben, andernfalls werde ich dir persönlich alle Knochen brechen.«

Von meiner Familie sah ich nach dieser hastigen Eheschließung niemanden mehr. Brahims Vater holte das Auto, dann fuhren wir gemeinsam los. Ich war nun offiziell Brahims Braut.

*

Was mit dieser Hochzeit auf mich zukam, wußte ich natürlich noch nicht, aber ich hatte große Angst vor der Zukunft. Weder kannte ich meine neue Familie, noch wußte ich, wie sie lebte. Immerhin hatte ich nun wieder ein Dach über dem Kopf, und vorerst war ich der Wut meines Vaters nicht mehr ausgeliefert. Schwiegervater fuhr aus dem Ort hinaus auf einen unbefestigten schmalen Weg. Sein Haus lag etwa drei Kilometer außerhalb des Dorfes. Das Anwesen war von einer hohen Mauer umgeben, und ein stabiles Eisengitter riegelte den Hof zur Straße hin ab. Als der Schwiegervater anhielt, um es zu öffnen, kam mir der Gedanke, daß dieses Gittertor nicht nur verhinderte, daß man ins Haus hinein kam, sondern auch, daß man wieder herausging.

Wir stiegen aus und gingen schweigend auf einen Balkon zu, als eine relativ kleine, korpulente Frau aus dem Gebäude trat. Sie hatte knallrotes, langes Haar, das nach hinten zu einem strengen Knoten gebunden war. Rechts und links neben ihrem Gesicht schaukelten lange, gewellte Haarsträhnen im Wind. Ich erkannte sie sofort, denn ich hatte sie bereits am Fluß gesehen: Es war Brahims Mutter, meine neue Schwiegermutter. Als sie mich sah, fiel sie wortlos in Ohnmacht. Alle liefen hin, um ihr zu helfen, während ich wie versteinert stehen blieb. Man trug sie in ein Nebengebäude, und eine junge Frau kam aus dem Haus, um mich in mein neues Heim zu bringen.

Im Inneren befanden sich sehr viele Leute. Ich wußte nicht, ob sie alle dort wohnten oder ob sie nur aus Neugierde gekommen waren. »Am besten hältst du den Mund«, raunte mir die junge Frau zu, die mich hereingeholt hatte. Sie brachte mich in einen Nebenraum, und wenig später kam Brahim, setzte sich auf den Boden und forderte die Frau auf, Essen zu bringen, worauf sie wortlos verschwand.

»Das ist meine Schwägerin Fatime«, erläuterte Brahim. »Mein Bruder ist damals mit ihr abgehauen. Die vielen Besucher im Nebenraum sind Nachbarn, die gekommen sind, um dich zu sehen und um meine Eltern zu beglückwünschen.« Im Kosovo wünschte man nicht dem Brautpaar, sondern den Eltern viel Glück, da man die Braut allgemein als Ware ansah. Der Glückwunsch war verbunden mit der Hoffnung, daß die Eltern einen guten Fang gemacht hatten, daß die Braut fleißig und gehorsam war.

Brahims Schwägerin brachte mir das Essen, doch ich hatte keinen Hunger. In meinem Hals steckte ein dicker Kloß. Mein Mann schlang die Mahlzeit in sich hinein. »Komm ins Zimmer«, forderte Fatime mich auf, »die Leute wollen dich sehen.« Wortlos und zitternd folgte ich ihr. Sie deutete auf einen Stuhl, auf dem ich Platz nahm, während sie sich mit zwei anderen jungen Frauen auf den Boden setzte. Die Mädchen schienen recht nett zu sein: Sie fragten mich wenigstens nach meinem Namen. Mein Schwiegervater saß mit anderen Männern am Tisch. Alle tranken Schnaps, und sie schienen sich gut zu amüsieren. Von Schwiegermutter war nichts zu sehen, und es schien sich auch keiner Gedanken um sie zu machen, jedenfalls wurde nicht über sie gesprochen.

Mein Hals war ganz trocken. Nach einiger Zeit hielt ich den Durst nicht mehr aus und fragte eines der Mädchen nach einem Glas Wasser. Wenig später kam das Getränk, aber man sagte mir, ich solle mich beim Trinken mit dem Gesicht zur Wand drehen, denn es gehöre sich nicht für eine Frau, zu trinken, wenn jemand zusehe.

Während ich so auf dem Stuhl saß und mich von den Gästen begaffen ließ, kam ich erstmals seit Tagen dazu, halbwegs in Ruhe nachzudenken, obwohl ich immer noch große Angst verspürte. Innerhalb weniger Stunden und Tage war mein bisheriges Leben vollkommen auf den

Kopf gestellt worden. Aus einer 15jährigen, die mitten in Deutschland aufgewachsen war und die dort wohl noch einige Jahre zur Schule gegangen wäre, war von jetzt auf gleich die Ehefrau eines Kosovo-Albaners geworden. Vermutlich würde ich weder Deutschland noch die Schule oder meine Freunde jemals wiedersehen. Und was hier auf mich zukommen würde, ahnte ich allenfalls. An den fehlenden Komfort im Hause meiner Schwiegereltern würde ich mich schnell gewöhnen, aber ob ich auch mit der Familie klarkommen würde, blieb abzuwarten.

»Komm mit nach draußen«, unterbrach Fatime meine Gedanken. Am Ende des Hofes öffnete sie die Tür eines Bretterverschlages. Das war die Toilette. Sie war unmittelbar neben dem Tor zum Hof installiert, und im Inneren gab es einen Wasserhahn und einen Betonfußboden mit einem Loch in der Mitte. Obwohl mir eigentlich nicht danach zumute war, mußte ich lachen, als ich diese merkwürdige Version eines jugoslawischen »Herzhäuschens« zum ersten Mal sah. Fatime verriegelte die Holztür hinter uns. »Rauchst du?« fragte sie. Ich nickte, sie nahm zwei Zigaretten aus einer Packung und zündete sie an. Während wir rauchten, erklärte sie: »Nur mein Mann weiß, daß ich rauche. Es ist besser, wenn du niemandem davon erzählst, daß du ebenfalls rauchst, sonst gibt es großen Ärger mit der Familie, weil sich das für eine Braut nicht gehört.« Bevor wir wieder ins Haus zurückkehrten, riet sie mir, einen Maiskolben zu essen. »Dann riecht man den Tabak nicht so sehr.«

Drinnen wurde gegessen und reichlich getrunken, und einige tanzten, auch mein Schwiegervater. Der Mann war mir ein Rätsel. Bei der Polizei hatte er sich mit Händen und Füßen gegen die Ehe seines Sohnes mit mir gewehrt, und jetzt feierte er scheinbar ausgelassen unsere Hochzeit.

Ich mußte noch sehr lange abseits auf dem Stuhl sitzen. Nachdem mich alle Familienmitglieder hinlänglich beglotzt hatten, nahm irgendwann niemand mehr Notiz von mir, und von der Feier war ich vollkommen ausgeschlossen. Alle tranken bis spät in die Nacht hinein. Als die Gäste gegen 3.00 Uhr morgens endlich nach Hause gingen, machte Fatime die Schlafplätze fertig. Betten gab es nicht, alle schliefen auf dünnen Matratzen auf dem Fußboden. Meine Schwiegereltern hatten ein eigenes Zimmer, und mein noch nicht verheirateter Schwager nächtigte auf einer Couch im Flur. Ein Nebengebäude im Hof stand leer, und ich ging zunächst davon aus, daß Brahim und ich diese Räume beziehen könnten, doch es kam anders. Fatime sagte mir, ich solle nebenan im Haus von Brahims Onkel schlafen, was ich tat, ohne weitere Fragen zu stellen.

Meine Schwiegermutter hatte ich seit ihrem Ohnmachtsanfall nicht mehr gesehen. Ich traf sie erst wieder am folgenden Morgen. Sie hatte den gleichen stechenden Blick wie Brahim: Aus ihren Augen sprach eine enorme Strenge. Sie redete kein Wort mit mir, obwohl ich versuchte, mit ihr ins Gespräch zu kommen, und ich ahnte, daß sie mir hier das Leben zur Hölle machen würde. Dennoch wollte ich mein Bestes geben, um mit ihr klarzukommen. Alle anderen waren recht freundlich zu mir. Die gesamte Familie, mit Ausnahme von Fatime, fuhr wenig später mit dem Wagen zum Markt. Dort hatten Brahims Eltern einen Stand, an dem sie mit allen möglichen Waren handelten. Mein Bräutigam ging währenddessen zur Schule.

»Hast du eigentlich mit Brahim geschlafen?« Fatime fragte mich ohne Umschweife danach, als wir alleine waren. Ich erzählte ihr von der Nacht in der Wohnung von Brahims Freund. »Dann hast du sicher das blutige Laken mitgenommen«, folgerte sie, aber ich schüttelte den Kopf. »Das wird Ärger geben«, sagte sie, »du hättest das Tuch auf jeden Fall mitnehmen sollen. Wie willst du jetzt beweisen, daß du noch Jungfrau warst?« Ich sah sie ratlos an. »Vielleicht reicht Brahims Wort als Beweis aus«, fuhr sie fort, »aber sicher ist das nicht. Bis zur endgültigen Klärung wirst du beim Onkel schlafen müssen. Brahim darf erst zu dir, wenn die Sache mit der Unschuld geklärt ist.«

Dann kümmerten wir uns gemeinsam um den Haushalt, und da war nun wirklich alles wesentlich primitiver und umständlicher, als ich es von Deutschland her kannte. Wir spülten beispielsweise auf dem Hof. Dazu benutzten wir zwei Schüsseln: eine mit heißem und eine mit kaltem Wasser. Es gab auch einen Vorraum mit einer Spüle, doch Schwiegermutter hatte verboten, daß wir dort das Geschirr reinigten.

Im Lauf des Tages kehrte auch mein Mann heim. »Kommt ins Haus, ich habe das Essen mitgebracht«, rief er. Fatime sah mich erstaunt an. »Es ist das erste Mal, daß er das Essen serviert«, sagte meine Schwägerin verwundert, doch Brahim gab sich großzügig. »Es ist doch selbstverständlich, daß ein Mann für seine Frau sorgt. Schließlich sind wir jetzt verheiratet.«

Fatime erzählte mir beim Essen ihre Lebensgeschichte in Kurzfassung. »Ich war gerade zwölf Jahre alt, als ich mit Brahims Bruder verheiratet wurde. Jetzt bin ich fünfzehn Jahre und im dritten Monat schwanger. Ich freue mich auf das Kind.« Für sie war das alles im Gegensatz zu mir ganz selbstverständlich, denn sie kannte kein anderes Leben.

Als Brahim wieder fort war, bot Fatime mir an, ein Bad zu nehmen. In einer Zimmerecke lag ein Teppich, den sie entfernte, darunter kamen Bretter zum Vorschein. Ich blickte sie unschlüssig an und fragte: »Was soll das sein?« Fatime lachte und räumte die Bretter weg, so daß darunter ein betoniertes Loch mit einem Abfluß sichtbar wurde. »Das ist das Bad«, erklärte sie. »Das Wasser müssen wir noch holen.« Gemeinsam schleppten wir das Wasser, das auf einem großen Holzofen im Schuppen erwärmt wurde, ins Haus. Später erfuhr ich, daß auf diesem Ofen immer ein Kessel mit heißem Wasser stehen mußte, denn im Haus gab es keine Möglichkeit, Wasser zu erhitzen.

Gemeinsam nahmen Fatime und ich den schweren Kessel vom Herd. Wir schleppten ihn zum »Bad« und gossen anschließend kaltes Wasser zu dem heißem, bis es eine angenehme Temperatur erreicht hatte. Das Baden war schon irgendwie interessant: In einem Loch hatte ich mich schließlich noch nie gewaschen.

Abends mußte ich Fatime und einer Tante noch einmal ganz detailliert erzählen, wie ich mit Brahim geschlafen hatte. Ich wußte inzwischen, daß ich in den Augen dieser Familie einen unverzeihlichen Fehler begangen hatte, denn letztlich konnte ich meine Unschuld nicht beweisen, zumal ich meine Unterhose inzwischen gewaschen hatte. »Frag doch Brahim, ob er das Blut gesehen hat«, forderte ich Fatime auf. Das hatte sie bereits getan, und er hatte allen Ernstes behauptet, er habe kein Blut gesehen. Wieder befiel mich große Angst. Ich wußte genau, daß ich vorher noch nie mit einem Jungen ins Bett gegangen war, und natürlich hatte ich auch geblutet, als Brahim mir meine Jungfräulichkeit genommen hatte. Ich war sicher, daß er es gesehen hatte. Wie konnte er das jetzt nur abstreiten? Wieso log er, obwohl er doch wissen mußte, daß mich seine Lüge in große Schwierigkeiten bringen würde?

Dann kam mir Brahims Unterhose in den Sinn. Vielleicht haftete daran noch Blut, denn er hatte sie unmittelbar nach dem Beischlaf angezogen. Ich fragte Fatime, wo die Schmutzwäsche im Haus aufbewahrt würde. »Was willst du denn damit?« entgegnete sie ziemlich erstaunt. Ich erzählte ihr, was ich suchte, und sie sagte, ich hätte großes Glück. Es sei in den letzten Tagen soviel Trubel gewesen, daß man nicht zum Waschen gekommen sei. Fatime durchstöberte für mich die Schmutzwäsche nach Brahims Unterhose und fand sie tatsächlich. »Ich bin gerettet«, jubelte ich, denn an dem Slip fanden sich deutliche Blutspuren. Es war zwar nicht viel, aber immerhin genug, um notfalls als Beweis zu dienen. Fatime und Brahims Tante umarmten mich, und wir dachten, nun würde alles gut werden.

Doch meine Schwiegermutter glaubte mir kein Wort. Sie unterstellte mir, ich hätte das »Beweisstück« gefälscht, und forderte mich äußerst unfreundlich auf, zum Arzt zu gehen, der klären sollte, ob ich erst einige Tage zuvor entjungfert worden war oder doch schon früher.

Dazu kam es jedoch nicht, denn plötzlich sprach mich niemand mehr auf dieses Thema an, es schien nicht mehr von Belang zu sein. Woher dieser Meinungsumschwung kam, habe ich nie in Erfahrung bringen können.

*

Mein Schwiegervater war ein recht kleiner Mann mit einem freundlichen Gesicht. Er behandelte mich anständig, obwohl er Alkoholiker war. Er zechte jeden Tag, und zwar zu Hause. Sein bevorzugtes Getränk war importierter Whisky, und während er trank, verlangte er regelmäßig nach Salat und Fleisch. Am liebsten ließ Schwiegervater sich die Speisen von seiner Frau zubereiten, die eine sehr gute Köchin war.

Das Verhältnis zwischen Schwiegermutter – sie hieß

Sabrije – und mir besserte sich nicht, obwohl ich mir alle erdenkliche Mühe gab, ihr Wohlwollen zu erlangen. Immerhin mußte ich davon ausgehen, den Rest meines Lebens mit ihr unter einem Dach zu wohnen. Fatime kam recht gut mit ihr aus, aber wenn ihr etwas nicht paßte, sagte sie der Schwiegermutter unverhohlen ihre Meinung. Das konnte sie, weil ihr Mann ihr den Rücken stärkte. Fatime stammte aus einer sehr reichen Familie, die in Jugoslawien so ähnlich lebte wie wir vorher in Deutschland. Ihre recht lockeren Sitten paßten Brahims Eltern zwar nicht, aber sie konnten nichts daran ändern.

Sabrije ließ mich vollkommen links liegen. Ich lief nach wie vor in dem alten Kleid herum, das ich bei meiner Flucht vor der Zwangshochzeit getragen hatte. Meine Eltern weigerten sich, mich zu besuchen oder mir andere Kleidungsstücke zu schicken. Irgendwelche Geschenke zur Hochzeit oder neue Kleider von Brahims Familie hatte es nicht gegeben, und so sah ich aus wie Aschenputtels Schwester.

Brahims Bruder hingegen hatte mich offenbar ins Herz geschlossen. Er brachte mir gelegentlich Schokolade mit und schimpfte mit seiner Mutter, weil sie mich so schlecht behandelte. Er setzte sich auch dafür ein, daß ich endlich wie eine richtige Ehefrau in Brahims Zimmer ziehen sollte.

Zwei Wochen nach unserer Flucht versöhnten sich Brahims Sippe und meine Familie. Sie trafen sich bei Zucker und Kaffee im Haus meines Vaters. Zucker gilt bei uns als Symbol des süßen Lebens, Kaffee als Zeichen der Freundschaft. Ich hatte damit gerechnet, daß mein Vater Geld für mich fordern würde. Auch Schwiegervater hatte das angenommen, denn so war es bei uns üblich, aber mein Vater verzichtete, wie bei Mevlyde, auf alles. »Ich will meine Kinder nicht verkaufen«, beteuerte er auch gegenüber meinen Schwiegereltern. Ich war stolz, einen solchen Vater zu haben. Zu mir kam er jedoch nicht, und allen anderen Familienmitgliedern hatte Vater verboten, mich zu besuchen. Er war zu tief gekränkt, wofür ich sogar ein gewisses Verständnis hatte, denn ich hatte sein starkes Ehrgefühl ja tatsächlich sehr verletzt.

Nach einem Monat hatte ich mich im Haus meiner Schwiegereltern einigermaßen eingelebt. Man hatte Brahim und mir ein Zimmer zugewiesen. Sabrije teilte die Arbeit auf: Fatime war fürs Kochen zuständig, ich für die restliche Hausarbeit. So mußte ich jeden Morgen um 5.00 Uhr aufstehen. Anfangs fiel mir der neue Lebensrhythmus schwer, denn eine solche Arbeit war ich nicht gewöhnt. Die gesamte Wäsche der Großfamilie mußte von Hand gewaschen werden. In Deutschland war es für mich selbstverständlich gewesen, eine Waschmaschine zu benutzen, aber hier mußte ich die Kochwäsche in einem großen Kessel auf dem Hof kochen. Der Rest wurde in einer Wanne mit einer Bürste sauber geschrubbt, anschließend spülte ich alles in klarem Wasser, bis kein Waschpulver mehr an den Kleidern haftete. Zum Schluß wurde die nasse Wäsche ausgewrungen und der Größe nach aufgehängt. Anfangs bekam ich die Wäsche nicht immer ganz sauber. Sabrije entging das nicht, da sie die Wäschestücke auf der Leine peinlich genau kontrollierte. Bemerkte sie einen kleinen Fleck, riß sie alles auf den Boden, und ich mußte wieder von vorne anfangen. So war ich manchmal den ganzen Tag mit der Wäsche beschäftigt.

Schwiegermutter sprach nur das Allernötigste mit mir. Es schien ihr Spaß zu machen, mich zu schikanieren, kurzum: Sie behandelte mich wie ein Stück Dreck. Meine Furcht vor ihr war so groß, daß ich sogar einmal ein angebackenes Brot vergrub, damit Sabrije mich nicht für den Fehler beim Backen bestrafte. Wenn Besuch kam, mußte ich immer erst den Tee servieren, dann hatte ich draußen die Schuhe der Gäste zu putzen. Mich deswegen bei Brahim zu beschweren hätte nichts geändert, denn er hätte nichts gegen die Schikanen seiner Mutter tun können. Außerdem hing mein Mann sehr an ihr. Ich entdeckte, daß er ein echtes Muttersöhnchen war.

Oft übermannte mich große Trauer, denn seit meinem Einzug war ich praktisch eine Gefangene der Familie. Ich durfte das Grundstück nicht verlassen, Sabrije nahm mich nirgends mit hin, und auch Brahim durfte ich nicht begleiten, weil das unschicklich gewesen wäre. Ich hatte Sehnsucht nach meinen Eltern und Geschwistern. Oft dachte ich an mein früheres Leben in Deutschland zurück. Dort war ich zwar nie so frei gewesen wie meine deutschen Freundinnen, aber gemessen an meinem jetzigen Dasein war es das Paradies gewesen. Bei meinen Eltern hatte ich mich geborgen gefühlt, und ich mußte nicht mehr arbeiten als die anderen auch. Damals hatte ich auch noch von einer glücklichen Zukunft träumen können, die nichts mit dem Leben gemein hatte, das ich nun zu führen gezwungen war. Wenn Fatime mich nicht getröstet hätte, wäre ich kaum fähig gewesen, es länger zu ertragen. Manchmal, wenn ich allein war, kam wie ein Wesen aus einer besseren Welt auch eine ältere Tante, die sich rührend um mich kümmerte.

Einmal erwischte Schwiegermutter Fatime und mich, als wir uns nachmittags ein wenig ausruhen. Sie brüllte mich so laut an, daß man das Gezeter im ganzen Dorf hören konnte, aber sie schrie nur mich an, nicht jedoch Fatime. Ich weinte und schwieg.

Immer öfter war ich allein im Haus. Brahim ging meistens seiner eigenen Wege, Fatime war mit Sabrije unterwegs. Jeden Abend verkroch ich mich in mein Zimmer und weinte. Eines Tages fand Brahim mich dort in Tränen aufgelöst.

»Ich habe gute Nachrichten. Heute habe ich deine Mutter gesehen, sie wird dich bestimmt besuchen kommen.« Ich glaubte Brahim kein Wort, doch er blieb dabei. »Ich habe sie mit einem bärtigen Mann gesehen, den ich nicht kenne.« Mit wem sollte Mutter nach Jugoslawien gekommen sein? Und wieso? Ich wußte nicht mehr, was ich glauben sollte. Die ganze Nacht über blieb ich wach. Am nächsten Tag lief ich alle naselang auf den Hof, immer in der Hoffnung, meine Mutter zu sehen, doch jedesmal wurde ich enttäuscht: Sie kam nicht. Vieles ging mir durch den Kopf, aber ich war sicher: Meine Mutter hatte kein Herz aus Stein. Wenn sie in der Nähe war, würde sie mich besuchen. Abends hatte ich die Hoffnung bereits aufgegeben, als ich im Nachbarzimmer die Stimme meiner Mutter hörte, die sich mit Fatime unterhielt. Ich konnte es nicht fassen, sie war tatsächlich gekommen. Mein Körper wurde schwer wie Blei, ich konnte nicht aufstehen, zitterte am ganzen Körper. Was würde sie zu mir sagen? Würde Mutter überhaupt mit mir sprechen? Ich hatte meine Eltern verletzt, wie es für sie schlimmer nicht denkbar war, und dafür haßte ich mich. Zugleich sehnte ich mich aber auch nach einer Aussöhnung mit meiner Familie.

Brahims Cousine kam, um mich aus meinem Zimmer zu holen. Als ich nur hilflos mit den Schultern zuckte, packte sie mich und schob mich sanft, aber bestimmt in den Raum, wo meine Mutter und eine Tante saßen. Ich fiel ihr um den Hals, und wir ließen uns nicht mehr los. Mama und ich weinten beide völlig hemmungslos, sogar meiner Tante flossen die Tränen übers Gesicht. Mutter küßte mich. »Du hast mir sehr gefehlt, Kind«, sagte sie voller Wärme. »Warum bist du nach Jugoslawien gekommen?« wollte ich wissen. »Ich habe in Deutschland gehört, daß du sehr krank bist, deshalb bin ich sofort losgefahren.« Ich spürte, daß sie sich sehr große Sorgen um mich gemacht hatte, und das machte mich überglücklich.

Sabrije hatte sich mißmutig aus dem Staub gemacht, um meiner Mutter nicht über den Weg zu laufen. Fatime bereitete uns einen Tee, während ich Mutter drängte, mir von den anderen Familienmitgliedern zu erzählen. »Wie geht es Papa, was macht Orhans Kind?« Von jedem einzelnen wollte ich alles ganz genau wissen. Mutter bot an, mich eine Woche zur Erholung zu sich ins Haus zu holen, doch so ohne weiteres ging das nicht. Weder Schwiegervater noch Schwiegermutter waren da, um ihre Zustimmung zu geben. Ohne deren Erlaubnis hätte ich das Haus nicht einmal für ein paar Stunden, geschweige denn ein paar Tage, verlassen dürfen.

Fatime schlug vor, mich am nächsten Tag zu meiner Mutter zu bringen, wenn Sabrije ihren Segen dazu gegeben hätte. So blieb ich vorerst, wo ich war. Kaum waren Mutter und Tante gegangen, da erschienen meine Schwiegereltern. Zum ersten Mal sprach Brahims Mutter mich in normalem Tonfall an. »Wenn ich hiergeblieben wäre, hätte es Krach mit deiner Tante gegeben. Als ihr damals weggelaufen seid, kam sie und machte mir die Hölle heiß, seitdem hasse ich sie.« Eingeschüchtert schwieg ich.

Schwiegervater drückte mir einen Karton in die Hand. »Zieh das mal an.« In meinem Zimmer öffnete ich das Paket und fand ein schönes rosafarbenes Kleid. Es war ganz lang, mit lauter Rüschen verziert, und es gefiel mir ausgezeichnet. Außerdem lagen in dem Karton noch eine goldene Kette, zwei Ringe und ein Paar Ohrringe sowie neue Schuhe, und alles paßte wie angegossen. Noch niemals vorher hatte ich auf hochhackigen Schuhen gestanden, ich konnte kaum darin laufen. Als ich mich mit den

Sachen dem Schwiegervater präsentierte, war er zufrieden. Natürlich war es kein Zufall, daß sie mir die neuen Kleider ausgerechnet an dem Tag brachten, an dem meine Mutter gekommen war. Sie wollten verhindern, daß Mama sah, wie schlecht sie mich behandelten.

In diesem Augenblick kam Brahim ins Zimmer und schaute mich ganz erstaunt an. »Guck nicht so dämlich«, fuhr Sabrije ihn an, »schließlich mußt du die Sachen bezahlen.« Darauf lachte Brahim und sagte: »Wofür habe ich einen Vater, für den ich täglich schufte?« Ich schämte mich für Brahims Worte. Wie konnte er nur so mit seinem Vater reden.

Sabrije fragte nach meiner Mutter, und ich erzählte ihr mit strahlendem Gesicht, warum sie gekommen war. Schwiegervater kündigte an, mich am folgenden Tag zu meiner Mutter zu bringen, als seine Frau ihn unterbrach: »Das wird nichts, ich bin dagegen.« Mir schossen schon die Tränen in die Augen, als Sabrije fortfuhr: »Wir warten nicht bis morgen, du kannst schon heute zu deiner Mutter.«

Die Tasche war schnell gepackt, weil ich fast gar nichts besaß. Fatime kam mit, mein Mann blieb zu Hause, als die Schwiegereltern mich zu Mutter fuhren. Sie hatte die Nacht im Hause eines Onkels verbracht. Es war nicht weit weg, aber ich konnte wegen des langen Kleides nicht zu Fuß gehen. Nach endlosen Monaten war es das erste Mal, daß ich das Haus verlassen durfte. Mein Onkel begrüßte uns herzlich, dann unterhielten wir uns noch ziemlich lange. Als Brahims Eltern das Haus verließen, erkundigte Mutter sich, wann sie mich wieder zurückbringen solle. »Sie kann so lange bei dir bleiben, bis du wieder nach Deutschland fährst«, erklärte Sabrije überaus freundlich. Ich war glücklich.

Mama war regelrecht beeindruckt von Sabrije, und ich

klärte sie nicht darüber auf, was für eine niederträchtige Tyrannin meine Schwiegermutter normalerweise war. In dieser Nacht schliefen wir nicht viel, schließlich gab es reichlich Gesprächsstoff. Mama erzählte stundenlang, was sich in Deutschland inzwischen zugetragen hatte, und ich lauschte gespannt. Am nächsten Tag fuhren wir mit dem Taxi bis zum Heimatort meiner Mutter.

Während Mama zur Post ging, war ich allein im Haus. Ich nutzte die Gelegenheit, um auf der Terrasse hastig eine Zigarette zu rauchen, da flog die Tür auf, und ich traute meinen Augen kaum: Herein stürzte meine ältere Schwester Mevlyde, die in Budwa wohnte, und die ich nun schon seit Jahren nicht mehr gesehen hatte. Sie war rund 600 Kilometer gefahren, um unsere Mutter hier zu treffen.

Mama hatte natürlich gewußt, daß sie kam, aber sie hatte das für sich behalten, um mich zu überraschen. Meine Schwester war im sechsten Monat schwanger und sah nicht besonders gut aus, doch sie freute sich auf ihr erstes Kind. Bei dieser Gelegenheit lernte ich auch ihren Mann kennen, und ich mochte ihn vom ersten Augenblick an nicht, was ich jedoch für mich behielt. Meine Schwester konnte schließlich nichts für diesen Partner, denn sie hatte sich ihren Gatten ja nicht selbst ausgesucht. Ihr Mann verschwand schon bald, um seine Verwandtschaft zu besuchen, und so hatten wir Schwestern Zeit, uns in Ruhe zu unterhalten. Bald vergaß ich, daß ich verheiratet war. Ich war zum ersten Mal seit meiner überstürzten Eheschließung entspannt und glücklich.

Am nächsten Morgen wollte Mutter zum Markt, um mir ein paar Sachen zu kaufen, denn sie hatte gesehen, daß ich fast nichts besaß. »Prima, da komme ich mit«, sagte ich erfreut. Doch Mama hatte Bedenken. »Ich weiß nicht, ob du das darfst. Jede Familie ist anders, und du bist jetzt Eigentum einer neuen Familie.« Sie hatte keine Ahnung, ob sie mich ohne Kopftuch und ohne langen Mantel mit nach draußen nehmen konnte, aber nach langem Hin und Her nahm sie mich schließlich doch mit zum Einkauf.

Unglücklicherweise trafen wir auf dem Markt Sabrije. Als Mama sich sofort dafür entschuldigte, mich ohne ihre Einwilligung mitgenommen zu haben, tat sie ganz freundlich. »Das macht doch nichts. Wenn ihr wollt, dürft ihr sogar in einer Gaststätte essen gehen«, beteuerte sie scheinheilig. Ich war fassungslos angesichts ihrer Schauspielerei, doch bei Mama verstärkte sich dadurch der gute Eindruck noch, den sie von Brahims Mutter hatte.

Mutter kleidete mich an diesem Tag ganz neu ein. Zwei Wochen durfte ich bei ihr bleiben, wir hatten viel Spaß, und Mama verwöhnte mich sehr. Dann kam der Tag des Abschieds, und die Trennung tat uns beiden furchtbar weh. Mutter riet mir, keine Dummheiten zu machen. »Ich erwarte, daß du auf deine Schwiegereltern hörst – egal was sie von dir verlangen.« Ich versprach es ihr schweren Herzens. Sie wollte, daß Sabrije an meiner Folgsamkeit erkannte, daß sie ihre Tochter korrekt nach den Landessitten erzogen hatte.

Mit meiner Schwester verabredete ich, daß wir uns immer schreiben würden, was wir später wirklich taten. Auch Mutter schrieb mir oft, und manchmal steckte in ihren Briefen Geld, aber das mußte ich der Schwiegermutter abliefern. Sie war der Meinung, daß ich kein Geld brauchte, was insofern zutraf, als ich kein Geld ausgeben konnte, weil ich im Haus eingesperrt war. Also gehorchte ich.

Im November 1985, vier Monate nachdem ich nach Jugoslawien gekommen war, wurde ich krank. Immer wieder mußte ich mich übergeben, aber niemand brachte mich zum Arzt. Brahim beruhigte mich. »Das wird schon wieder werden.« Das habe seine Mutter auch gesagt, und der könne er nicht widersprechen. Wie ich schon mehrfach vorher erleben mußte, schlug er sich im Zweifelsfall immer auf die Seite seiner Mutter, meine Interessen berücksichtigte er höchstens dann, wenn sie zufällig auch im Sinne Sabrijes waren, was äußerst selten der Fall war.

Brahims Tante äußerte allerdings einen konkreten Verdacht. »Vielleicht bist du schwanger.« Das war natürlich möglich, denn ein Verhütungsmittel hatten wir nicht zur Verfügung. Brahim hätte es auch abgelehnt, Präservative zu verwenden, weil dadurch sein Ehrgefühl verletzt worden wäre.

Mein Mann hatte einen ausgeprägten Sexualtrieb. Anfangs war er nur gelegentlich zu mir ins Bett gekommen, doch nach einigen Wochen kam er fast jede Nacht. Er fragte gar nicht erst, ob ich auch Lust hatte, statt dessen kam er einfach und tat, was ihm Spaß machte. Ich haßte es, mit ihm zu schlafen, denn es tat mir immer weh. Sexualität hatte für ihn nichts mit Zärtlichkeiten zu tun, er kam nur ins Bett, legte sich auf mich und versuchte, sein Glied möglichst schnell in meine Scheide zu schieben. Niemals empfand ich dabei irgendwelche Lustgefühle. Beischlaf war für mich nichts weiter als Schmerz, den ich jedoch mit zusammengebissenen Zähnen ertrug, weil ich das als meine Pflicht ansah. Daß Sex mit Lust verbunden sein könnte, ahnte ich damals nicht einmal.

Als ich mich immer öfter übergeben mußte, bat Brahims Onkel meinen Schwiegervater, mich zum Arzt zu schicken. Die Tante unterstützte ihn, doch Sabrije wetterte dagegen. »Die braucht nicht zum Arzt. Ich weiß auch so, daß sie ein Kind erwartet. Aber daraus wird nichts: Das Balg muß weg, von der will ich kein Kind in meinem Haus haben!«

Ich war wie versteinert, das konnte doch nicht ihr Ernst sein. Schwiegermutter verließ wütend den Raum. Ich weinte über ihren aggressiven Widerstand, und auch Brahims Tante kamen die Tränen. Ich ging auf mein Zimmer, um auf meinen Mann zu warten. Er mußte etwas dagegen unternehmen, daß man mir das Ungeborene nehmen wollte, schließlich war es doch auch sein Kind. »Laß meine Mutter in Ruhe«, antwortete Brahim auf meine Bitte. »Sie wird wissen, was richtig ist. Sie ist eine erwachsene und erfahrene Frau, und du hast zu gehorchen. Wenn nicht, dann passiert was«, drohte er ganz unverhohlen. Dann ging er weg und ließ mich allein mit meinen quälenden Gedanken. Ich wollte dieses Kind zur Welt bringen, das nahm ich mir ganz fest vor.

Schwiegermutter bürdete mir immer mehr Aufgaben auf. Es war schwere Knochenarbeit, die man einer Schwangeren normalerweise nicht zumuten würde. So mußte ich beispielsweise täglich den 40 Kilo schweren Wasserkessel alleine durch den Hof schleppen, und häufig erkundigte Sabrije sich höhnisch, ob ich endlich Blutungen hätte. Immer antwortete ich wahrheitsgemäß: »Nein, kein Blut.« Schließlich beauftragte Brahims Mutter eine Tante, mit mir am folgenden Tag zur Abtreibung zu einem Arzt zu gehen, und die Tante sagte mir vorher die Wahrheit. Zwar war sie gegen diese Abtreibung, aber auch sie hatte zu gehorchen. Meine Schwiegermutter war die ältere Frau und hatte als solche in diesem Haus über alle Frauen zu entscheiden. Inzwischen spürte ich deutlich, daß ich schwanger war, denn meine Brüste spannten.

Abends versuchte ich noch einmal, Brahim umzustimmen. »Denk nicht an mich, denk an das Kind! Du kannst doch nicht zulassen, daß man dein Kind tötet! Ich flehe dich an, sprich mit deiner Mutter.« Doch er ließ sich nicht erweichen. »Gegen meine Mutter komme ich nicht an«, sagte Brahim.

»Du Feigling!« schrie ich. Da hob er die Hand und schlug sie mir mit voller Wucht ins Gesicht. Ich war sprachlos. Geschlagen hatte er mich noch nie. »Wenn du jetzt nicht das Maul hältst, gibt es noch mehr als eine Ohrfeige«, brüllte er und verschwand. Ihm schien alles egal zu sein, und ich hatte keine Ahnung, was in ihn gefahren war. Allein und verzweifelt brach ich in Tränen aus.

Hilfe hatte ich von keinem zu erwarten, auch nicht von meiner Familie. Vater und Mutter würden – mit Recht – sagen, daß ich mir diese Suppe selbst eingebrockt hätte, und daß ich sie auch alleine auslöffeln müsse. Ich müsse eben den Preis dafür bezahlen, daß ich meinen Vater hintergangen hatte. Nur meiner Schwester schrieb ich noch an diesem Abend einen Brief und schilderte ihr alles. Ich sah keinen Ausweg mehr, nachdem Schwiegermutter entschieden hatte und da klar war, auf welche Seite sich mein Mann stellte.

In dieser Nacht zerbrach ich mir einmal mehr den Kopf über die Frage, warum Sabrije mir hier das Leben zur Hölle machte. Was hatte ich ihr getan, daß sie mich so abgrundtief haßte, daß sie nun sogar das Kind ihres eigenen Sohnes töten wollte, nur um mich zu quälen? An meinem Verhalten konnte es nicht liegen, das stand fest. Ich hatte mir seit der ersten Minute in diesem Haus wirklich die allergrößte Mühe gegeben, um ihre Zuneigung zu erringen. Ich hatte versucht, meine alten Gewohnheiten so weit wie irgend möglich abzulegen und mich den Gepflogenheiten des Kosovo anzupassen. Doch je mehr ich mich bemühte, um so größer wurde ihr Haß auf mich.

Womöglich, so kam mir in den Sinn, hatte sie große Pläne mit Brahim gehabt, bevor ich wie ein Blitz aus heiterem Himmel ihre Zukunftspläne zunichte machte. Meine Schwiegereltern waren durchaus wohlhabend, so daß sie für Brahim eine bessere Ehefrau als mich hätten finden können. Er war Sabrijes Lieblingssohn, und sie war bereit, alles für ihn zu tun. Ich entsprach sicher nicht ihren Vorstellungen von einer geeigneten Schwiegertochter. Gegen mich sprach schon die Tatsache, daß ich im Ausland erzogen worden war und somit zu westliche Vorstellungen von der Rolle einer Ehefrau haben könnte. Auch die Art und Weise, wie Brahim und ich zum Ehepaar geworden waren, schien kaum geeignet, sie für mich zu gewinnen. In ihren Augen hatte ich ihr Lieblingssöhnchen Brahim verführt und ins Bett gelockt, somit betrachtete sie mich als Hure, woraus sie ja schon bei unserem ersten Zusammentreffen am Fluß keinen Hehl gemacht hatte. Und schließlich war ich gegen Sabrijes erklärten Willen in ihre Domäne, in ihr Haus, eingedrungen, weil der Polizist ihren Mann praktisch gezwungen hatte, mich mitzunehmen.

In Deutschland hätte Sabrijes Haß für mich keinerlei Folgen gehabt. Aber im Kosovo, in ihrem Haus, hatte sie als Mutter meines Mannes absolute Macht über mich. Das gab ihr die Möglichkeit, ihre Enttäuschung über die ungeliebte Schwiegertochter in ungezügeltem Haß auszutoben. Daß sie dabei, auch nach den Maßstäben ihrer Landsleute, weit über jedes erträgliche Maß hinausging, störte anscheinend niemanden, Hilfe durfte ich jedenfalls von keinem erwarten. Ich mußte Schwiegermutter voraussichtlich bis zu ihrem oder meinem Tod ertragen, und diese vollkommene Aussichtslosigkeit bedrückte mich am meisten.

Am nächsten Morgen ging ich voller Verzweiflung und

Angst vor der Abtreibung mit Brahims Tante zum Arzt. Dort mußte ich mich sehr zusammenreißen. Der Arzt bestätigte, was ich längst wußte. »Du bist schwanger.« Zwar hatte er kaum medizinische Geräte zur Verfügung, aber durch Abtasten stellte er sicher fest, daß ich ein Kind erwartete. »Sie braucht ein Mittel gegen Erbrechen«, erklärte Brahims Tante. Ich blickte sie erstaunt an, da sie nicht von Abtreibung sprach.

»Was sagen wir der Schwiegermutter?« fragte ich später vorsichtig. »Der Arzt wollte es nicht, und damit basta«, sagte Brahims Tante. Ich umarmte sie und sagte erleichtert: »Danke.«

»Der Arzt hat behauptet, es sei schon zu spät für einen Schwangerschaftsabbruch«, verkündete die Tante, als wir wieder zu Hause waren. Schwiegermutter kochte vor Wut. Sie rannte zu einem Schrank und kam mit einer Handvoll Tabletten zurück. Es waren Antibabypillen, wie ich später erfuhr. Acht Stück davon sollte ich auf einmal mit einem Glas Wasser herunterspülen. Ich mußte die Tabletten sofort schlucken, und Sabrije beobachtete mich dabei, damit ich die Pillen nicht irgendwo verschwinden lassen konnte. Sie hoffte, mit Hilfe dieser Medikamente doch noch rasch einen Abbruch herbeizuführen, doch nichts geschah. Einige Tage später fragte Schwiegermutter, wie es mir gehe. »Dein Wunsch wird sich wohl nicht erfüllen«, sagte ich gehässig. Da gab sie mir eine Flasche Bier, in die sie sehr viel Hefe gefüllt hatte. Sie hatte gehört, daß man auch damit eine Abtreibung auslösen könne. Ich trank widerstandslos und völlig erschöpft die Flasche aus und hoffte, daß nun bald alles ein Ende haben würde. Sabrije stand neben mir, um sich zu vergewissern, daß ich die widerliche Flüssigkeit wirklich trank. Ich mußte mich sofort übergeben, und sie schrie, ich solle das Zeug bei mir behalten. »Schluck es wieder runter!« Man hörte ihr hysterischen Gezeter bis auf die Straße. »Du bist ein Monstrum! Was bist du für eine Frau, die nicht mal in der Lage ist, ein Getränk bei sich zu behalten!« Dann stürzte sie aus dem Zimmer und ließ mich schluchzend zurück. Eine kurze Zeit später kam Brahim und fragte, was los sei. Ich hatte Angst, daß er mich wieder schlagen würde, deshalb erwiderte ich: »Nichts ist los, laß mich in Ruhe.«

Alle Versuche Sabrijes, meine Schwangerschaft zu beenden, scheiterten letztlich. Schließlich gab sie es auf, als der erste Schnee jenes Winters vom Himmel fiel. In meinem Zimmer stand kein Ofen, und es wurde bitterkalt. Brahim schlief meistens oben im Haus, wo es beheizt war. Dorthin durfte ich nicht, weil angeblich nicht für alle Platz sei. Brahim kam nur noch zu mir, wenn er Sex wollte, was allerdings häufig der Fall war, wobei er auf meine Schwangerschaft überhaupt keine Rücksicht nahm. Wenn er fertig war, schlich er einfach wieder hoch, ohne sich um mein Befinden zu kümmern.

Der Koran schreibt vor, daß man sich nach jedem Geschlechtsverkehr mit Wasser waschen muß. Es muß eine ganz bestimmte rituelle Reinigung sein, bei der man sich zunächst gründlich wäscht, dann muß man sich dreimal an jedem Arm Wasser von der Hand zum Ellenbogen laufen lassen. Danach gießt man neues Wasser in die Hand und fährt mit einem Finger von innen nach außen über das Ohr. Dann muß man dreimal um den Bauchnabel wischen, bevor man endgültig rein ist. So hatte es mir Fatime erklärt.

Ich hielt mich nicht immer an diese Vorschrift, denn oft war das Wasser einfach zu kalt. Die Fensterscheiben waren zur Hälfte zugefroren. Aber ich beschwere mich nicht, sondern ich ertrug mein Schicksal ergeben, denn ich fühlte mich schuldig an meinem Unglück.

Nur Brahims Tante erzählte ich, wie schlecht es mir ging, und daß Schwiegermutter mich übel tyrannisierte. »Sie will dich umbringen«, bestätigte sie, und erzählte ihrem Mann davon. Der redete mit Brahims Vater. Mir war klar, daß er im Bilde war, als er eines Tages wutentbrannt nach Hause kam und völlig außer sich seine Frau anschrie. »Du bist eine Hexe!« brüllte er, und drosch ungehemmt auf sie ein. Ich versuchte ihn zurückzuhalten, doch er stieß mich beiseite und schrie auch mich an. »Warum machst du das?« wollte er von seiner Frau wissen. »Sie hat dir nichts getan, und sie erledigt ihre Arbeiten ordentlich.« So etwas dürfe nie wieder geschehen, befahl er, und sie müsse mir sofort einen Ofen aufs Zimmer stellen. »Und außerdem soll dieser Schweinehund von einem Sohn bei seiner Frau schlafen«, rief er, bevor er ging und die Zimmertüre zuknallte.

Mir hatte es die Sprache verschlagen, und ich hatte ein schlechtes Gewissen, denn schließlich wurde Brahims Mutter meinetwegen geschlagen. Ihr Haß auf mich würde nur noch wachsen, und das war nicht eben das, was ich jetzt brauchen konnte. Sie sagte jedoch nichts, sondern verschwand für mehrere Tage in ihrem Zimmer. Brahim stellte einen Ofen in meinem Zimmer auf und schlief nun auch bei mir. Er verlor kein Wort über das, was geschehen war, und er benahm sich sogar merkwürdigerweise freundlicher als vorher.

Brahim verließ frühmorgens das Haus und kehrte meistens erst am späten Abend zurück. Es machte mir nichts aus, denn wenn er bei mir war, war er nett. Ich hoffte inständig, seine früheren Ausfälle seien nur Ausrutscher gewesen, und sie würden sich nie wiederholen. Ich mußte oft an das Kind denken, das ich unter dem Herzen trug. Dieses Kind würde mir das Leben später viel leichter machen, glaubte ich, denn mit ihm wäre ich nicht mehr allein.

Einen Tag vor Silvester stand plötzlich und gänzlich

unerwartet mein ältester Bruder Orhan im Hof. Er hatte beschlossen, mit seiner Frau Silvester in Jugoslawien zu feiern, und Mutter hatte die Gelegenheit genutzt, mit ihm zu kommen. Orhan erwähnte mit keinem Wort, was ich Vater angetan hatte. Er freute sich, mich zu sehen, und offenbar hatte auch er mir verziehen. Das gab ein großes Hallo. Ich lief hinaus und fiel allen um den Hals: »Wie froh bin ich, euch alle wiederzusehen«, jubelte ich, »mit eurem Besuch hatte ich überhaupt nicht gerechnet.« Sie wollten eine Woche bleiben. Schwiegervater war nicht da, und Sabrije gab sich einmal mehr aalglatt und freundlich.

»Mach dich fertig, wir fahren zu deinem Bruder«, sagte Brahim am nächsten Tag, »der Bus kommt gleich.« Ich verstand nicht recht, was passierte, denn vorher war mein Mann noch nie mit mir aus dem Haus gegangen. »Vater hat erlaubt, daß wir Silvester bei deinem Bruder feiern«, begründete Brahim meinen unverhofften »Freigang« aus diesem Gefängnis.

Mein Mann machte auf meine Familie einen ausgesprochen schüchternen Eindruck. Er trank keinen Alkohol und hielt sich sehr zurück. Der Abend war schön, und am Neujahrstag fuhr mein Bruder uns wieder nach Hause, wo er sich noch einige Zeit mit Schwiegervater unterhielt.

Während ich den Tee servierte, glaubte ich, nicht richtig zu hören, als Orhan zu Brahims Vater sagte: »Schukranas Schule macht uns riesige Schwierigkeiten. In unserer Stadt gehen Gerüchte um, daß sie gegen ihren Willen in den Kosovo verschleppt und verheiratet worden sei. Eine Kriminalbeamtin schnüffelt herum, und die Presse stellt angeblich auch schon Fragen. Da meine Schwester erst sechzehn Jahre alt ist, können die deutschen Behörden uns viele Scherereien machen. Sie muß persönlich nach Deutschland kommen, um alles aufzuklären.«

»Meinetwegen soll dein Vater keine Schwierigkeiten

haben«, räumte Schwiegervater sofort ein. »Von mir aus kann Schukrana mit euch nach Deutschland fahren. Allerdings hätte ich nicht geglaubt, daß ihr Vater sie noch einmal um etwas bitten würde nach allem, was sie ihm angetan hat.«

Innerlich jubelte ich: Zurück nach Deutschland! Ich konnte es kaum glauben. Ich war davon ausgegangen, daß ich dieses Land nie wiedersehen würde. Die fünf Tage bis zur »Heimreise« – genauso habe ich das damals empfunden – vergingen im Schneckentempo. Auch Sabrije schien sich über mein Verschwinden zu freuen. Im stillen mag sie gehofft haben, daß ich vielleicht für immer wegbleiben würde. Von anderen hatte ich ohnehin schon gehört, daß sie ihrem Sohn eine neue Frau besorgen wollte, was Sabrije mir kurz vor meiner Abreise ausdrücklich bestätigte. »Ich werde für Brahim eine bessere Frau finden als dich. Im Islam ist das nämlich möglich, und du wirst schon bald dein Zimmer mit einer anderen teilen müssen.« Ich antwortete nichts, aber ich bezweifelte, daß Schwiegervater das zulassen würde. Brahim schwieg wie immer, wenn seine Mutter so mit mir redete.

Mir war alles egal, sollte sie doch machen was sie wollte: Hauptsache, ich war sie vorerst los. Dann kam der Tag der Abreise, und alle verabschiedeten sich freundlich von mir. Ich weiß nicht, wie sie eine solche Heuchelei bewerkstelligte: Sogar Schwiegermutter liefen ein paar Krokodilstränen über die Wangen. Von Brahim verabschiedete ich mich nicht, denn das schickte sich nicht, weil die Frau sich nach den Landessitten immer vom Ehemann fernhalten mußte. Am liebsten hätte ich Brahim mitgenommen. Ich wußte, daß er mir fehlen würde. Erst im Augenblick der Abreise wurde mir klar, daß ich ihn wohl längere Zeit nicht mehr sehen würde.

Auf der Fahrt sorgte mein Bruder für gute Laune. Er

sang Lieder über Schukranas Heimkehr nach Deutschland, und wir waren sehr vergnügt. Als die anderen schliefen, holte mein Bruder mich nach vorne und fragte, wie mich Brahims Familie behandelt, worauf ich log, daß sich die Balken bogen. »Es geht mir gut«, beteuerte ich. Doch er glaubte mir nicht. Meine Familie hatte nämlich gehört, wie schäbig ich im Kosovo behandelt wurde, auch deshalb hätten sie mich abgeholt. »Du sollst in der Eifel einige Monate entspannen.« Ich freute mich auf ein Wiedersehen mit meinem Vater. Gleichzeitig hatte ich aber auch große Angst vor dem Zusammentreffen. Was würde er sagen? Wie würde er sich verhalten?

Die Schwangerschaft machte mir während der Reise sehr zu schaffen, immer wieder mußte ich mich übergeben. Mein Bruder glaubte, ich sei krank. »Sobald wir in Deutschland sind, gehst du zum Arzt.« Er wußte nicht, daß ich ein Kind erwartete, und ich schwieg. In unserer Familie redete man über so etwas nicht mit einem Mann.

Nach zwei Tagen waren wir endlich im Rheinland. In Koblenz hielt mein Bruder kurz an, um telefonisch unsere baldige Ankunft in der Eifel anzukündigen. Wir erfuhren, daß Vater wegen eines Wirbelsäulenleidens im Krankenhaus lag. Er hatte schon immer Probleme mit dem Rücken gehabt. Als wir im Krankenhaus vor dem endlos langsamen Aufzug warteten, befiel mich wieder die Angst vor unserer ersten Begegnung seit dem letzten Zusammentreffen auf der Polizeistation im Kosovo. Ich fürchtete mich vor dem, was Vater mir vorhalten würde. Mein Bruder merkte, daß ich zitterte. »Mach dir keine Sorgen«, sagte er beruhigend, aber es gelang mir nicht, meine Angst abzuschütteln.

Vater lag im Bett und freute sich sehr über den Familienbesuch, mit dem er noch gar nicht gerechnet hatte. Ich blieb hinten alleine stehen. Vater nahm einen nach dem anderen in die Arme, dann blickte er mich lange ernst an. Er sagte, daß ich ihn sehr enttäuscht hätte. »Ich werde nie vergessen, was du mir angetan hast. Nie wieder werde ich dich wie meine Tochter behandeln, denn du hast mir sehr weh getan.« Schweigend und mit gesenktem Kopf blieb ich hinten stehen, das Krankenzimmer sah ich nur noch durch einen Schleier aus Tränen.

Orhan nahm mich an der Hand und führte mich nach draußen. »Du hast ihn verletzt, und er braucht seine Zeit, bis er das überwunden hat.« Ich zitterte, als stünde ich unter Strom, und am Aufzug wurde mir schwarz vor Augen. Als ich wieder wach wurde, lag ich im Bett meiner Mutter, sie und mein Bruder saßen neben mir. »Wie geht es dir?« fragten sie besorgt. Ich wußte nicht mehr, was passiert war. Sie erzählten, ich sei ohnmächtig geworden, und mein Bruder habe mich sofort nach Hause gebracht. »Vater hat sich gefreut, dich zu sehen. Er konnte das nur nicht zeigen«, beruhigte mich Mutter. »Er hat von deinem Zusammenbruch gehört und macht sich jetzt große Sorgen um dich. Ruf ihn doch an und sag, daß es dir besser geht.« Ich winkte ab, denn dafür war ich noch zu schwach. »Erledige du das für mich«, bat ich Mutter. »Morgen werde ich Papa besuchen.«

Bei meinem nächsten Besuch freute Vater sich wirklich, mich zu sehen. Er schimpfte nicht und nahm mich sogar in seine Arme. Vater merkte, daß ich zitterte. »Hast du etwa Angst?« Ich schüttelte den Kopf und erwiderte: »Draußen ist es kalt.« Erst da sah Vater, daß ich einen von Mutters Mänteln trug. Ich selbst besaß keine Winterkleidung. »Wenn ich aus dem Krankenhaus komme, werden wir dich ganz neu einkleiden«, kündigte er an. Dann wollte er wissen, was Brahims Familie mir gekauft habe. Ich berichtete wahrheitsgemäß: »Fast nichts«, worauf Vater den Kopf schüttelte. »Das hätte ich nicht gedacht, denn dein

Schwiegervater hat genug Geld. Vielleicht wäre es doch besser gewesen, vor der Hochzeit eine Liste mit Geschenken aufzustellen, die Schwiegervater dir hätte kaufen müssen.« Doch diese Chance war nun einmal vertan. Ich wollte nicht, daß Vater sich aufregte, deshalb log ich: »Es geht mir trotzdem gut.«

Er schien mir wirklich verziehen zu haben, denn er war überaus freundlich. »Du solltest alle deine Freunde hier besuchen, und komm bloß nicht auf die Idee, zu Hause irgendwelche Arbeiten zu übernehmen. Du sollst hier nur eins: dich erholen.« Auf dem Heimweg umarmte Mutter mich. Sie freute sich darüber, daß auch Vater mir verziehen hatte. Keiner sprach mehr darüber, was gewesen war, nur der ältere Bruder meines Vaters wollte nicht mit mir reden. Aber das machte nichts, denn ich konnte ihm aus dem Weg gehen.

Wie glücklich war ich, als Mutter mir zu Hause meine alten Sachen zum Anziehen gab. Die schon etwas zerschlissene Jeanshose paßte noch wie angegossen, weil ich in den vergangenen Monaten zu Beginn der Schwangerschaft einige Pfunde abgenommen hatte. Ich hatte mich schon lange danach gesehnt, endlich wieder eine Hose tragen zu dürfen wie fast alle meine früheren Freundinnen. Endlich fühlte ich mich so gekleidet wie ein normaler Mensch. Im Hause meiner Schwiegereltern besaß ich überhaupt keine Hose, denn dort durften die Frauen solche Männerkleidung nicht anziehen. Und selbst wenn ich das gewollt hätte: Ich hätte mangels Geld keine Möglichkeit gehabt, mir Jeans zu kaufen.

Ich trat vor den Spiegel, um mich zu schminken. Ganz schwach, so daß Mutter es nicht sofort bemerken konnte, zog ich meine Lippen mit einem hellem Lippenstift nach. In den letzten Monaten war ich sehr blaß geworden, obwohl ich eigentlich einen eher dunklen Teint habe. Mit etwas Farbe auf den Wangen sah ich schließlich entschieden besser aus, und ich wollte gut aussehen, wenn meine Freundinnen mich erstmals seit über einem halben Jahr wiedersehen würden.

Gabi war nicht zu Hause, als ich bei ihren Eltern klingelte. Aber wenig später traf ich sie auf der Straße. Sie ging auf der anderen Seite und erkannte mich im ersten Augenblick gar nicht, doch dann flog ihr Kopf zur Seite, ungläubiges Staunen war ihr im Gesicht abzulesen. »Schukrana?« fragte sie zögernd. Ich nickte wortlos, und sie fiel mir in die Arme. Gabi konnte gar nicht glauben, daß ich wirklich und leibhaftig nach Deutschland zurückgekehrt war. »Du siehst so erwachsen aus, du bist richtig alt geworden«, sagte sie so verlegen, als ob sie sich dafür entschuldigen müßte, daß sie mich nicht sofort erkannt hatte. Ich lachte und verstellte mich zunächst, denn auch wenn sie meine Freundin war, so bezweifelte ich doch, daß sie meine Lage wirklich verstehen würde. »Als verheiratete Frau muß ich so aussehen«, trällerte ich scheinbar ganz sorglos daher.

Später trommelten wir alle Freundinnen zusammen, und es begann ein großes Palaver. Sie platzten natürlich vor Neugierde, denn kurz nach meinem Verschwinden war im Städtchen viel über mein Schicksal geredet worden. Die Gerüchte schwirrten nur so durch die Gassen, doch niemand wußte Genaues. So faßte ich kurz und bündig zusammen: »Ich bin wirklich glücklich verheiratet, und wir erwarten unser erstes Kind.« Sie konnten es nicht fassen. »Du und schwanger? Im Leben nicht!« platzte Gabi heraus. Sie glaubte mir ebensowenig wie meine anderen Freundinnen, denn früher hatte ich öfter behauptet, schwanger zu sein. Damals hatte ich ihre Aufmerksamkeit mit der Behauptung auf mich lenken wollen, daß ich mit einem Jungen geschlafen hätte, obwohl das in Wirklichkeit nie der Fall gewesen war. Davor hätte ich viel zuviel Angst gehabt. Ich wollte mich nur wichtig machen und allen zeigen, daß ich genauso war wie sie. Jedenfalls hatte ich damals angenommen, sie wären so. Diesmal war es anders. Ich schob meinen Pullover hoch und bat sie, ihre Hände auf meinen Bauch zu legen. Er wölbte sich bereits und war rund und fest geworden, und man konnte deutlich fühlen, daß ich ein Kind erwartete.

Alle waren total aus dem Häuschen. »In deinem Alter und schon schwanger«, staunten die Mädchen. »Wir dachten immer, daß deine Eltern dich so streng erziehen würden. Und jetzt bekommst du ein Kind und wohnst bei einem Mann.« Sie beneideten mich dafür, daß ich nicht mehr bei meinen Eltern wohnen mußte. Zwar träumten sie auch alle den Jungmädchentraum von Eheglück und Kinderkriegen; daß mir mit meinen 16 Jahren die Schwangerschaft Alpträume bereiten könnte, bedachten sie nicht. Sie hatten keine Ahnung, und als ich behauptete, daß es nichts Schöneres gäbe, als bei den Eltern zu wohnen, lachten sie und hielten das für einen Scherz. Wir plauderten noch lange, meistens über gemeinsame Erlebnisse aus der Schulzeit. Das Gespräch mit meinen Freundinnen schob die düsteren Gedanken an die Zukunft im Kosovo in den Hintergrund. Die Stimmung war gelöst, und ich fühlte mich nach langer Zeit wieder einmal sehr entspannt.

In den nächsten Tagen besuchten sie mich oft zu Hause. Die Mädchen brachten Geschenke mit, und einige hatten auch schon Sachen für mein Baby gekauft. Jetzt hatte auch niemand mehr etwas dagegen, daß ich meine Freundinnen zu Hause besuchte. Ich hatte plötzlich Freiheiten, von denen ich früher nicht zu träumen gewagt hätte. Alle verwöhnten mich, und keiner aus der Familie machte mir Vorhaltungen wegen meines Verhaltens in Jugoslawien. Allerdings nutzte ich meine neu gewonnenen Freiheiten nicht dazu aus, über die Stränge zu schlagen, denn schließlich wollte ich das derzeit gute Verhältnis zu meiner Familie nicht aufs Spiel setzen. Außerdem war ich jetzt eine verheiratete Frau, und da hält man sich zurück.

Mutter hatte mir schon unmittelbar nach der Ankunft in der Eifel einen Termin beim Gynäkologen im Nachbarort vormerken lassen. Wie jede Mutter war sie um das Wohlergehen ihrer Tochter und ihres noch ungeborenen Enkelkindes besorgt. Durch die Untersuchung wollte sie auf Nummer Sicher gehen, daß mit uns alles in Ordnung war. Zu Dr. Bredow hatte meine Mutter Vertrauen, denn sie selbst zählte schon seit vielen Jahren zu seinen Patientinnen. Mein jüngerer Bruder fuhr uns in den Nachbarort, weswegen ich mich ein bißchen schämte, denn so erfuhr er zwangsläufig, daß ich ein Kind erwartete. Während Dr. Bredow mich untersuchte, wartete Mutter im Aufenthaltsraum. »Ich bin etwas beunruhigt«, sagte der Arzt mit ruhiger Stimme. »Das kleine Herz will wohl nicht so schlagen, wie es eigentlich sollte.« Meine Knie wurden ganz weich, und mein eigenes Herz verkrampfte sich. Ganz plötzlich befiel mich Angst um mein Kind. Bis dahin hatte ich nie daran gedacht, daß etwas schiefgehen könnte bei der Schwangerschaft, aber Dr. Bredow versuchte, mich zu beruhigen. »Machen Sie sich keine Sorgen. Ich verschreibe Ihnen jetzt ein Medikament, und Sie müssen jede Aufregung vermeiden, dann wird alles gut werden«, beruhigte der Gynäkologe mich.

Während ich mich anzog, dachte ich fieberhaft über den Beginn meiner Schwangerschaft nach. Mir fiel wieder ein, daß meine Schwiegermutter mir die Antibabypillen gegeben hatte. Sicher hing es damit zusammen, daß das Herz meines Kindes nicht richtig schlug. Ich nahm mir vor, in den nächsten Monaten sehr vorsichtig zu sein, gesund zu leben und viel frische Luft zu tanken. Das Rauchen hatte ich sowieso schon aufgegeben, in letzter Zeit ekelte ich mich geradezu vor Tabakrauch. Später berichtete ich meiner Mutter, was der Arzt gesagt hatte. Sie machte sich Sorgen, aber ich merkte, daß sie versuchte, mir ihre Gefühle nicht offen zu zeigen. »Alles liegt in Allahs Hand. Wir müssen uns nur auf ihn verlassen«, sagte sie mir. Die nächsten Tage vergingen wie im Fluge. Mit Mutter ging ich viel spazieren, und ich lebte richtig auf. Ich spürte, wie es mir stetig besser ging.

Von meinem Mann hatte ich seit der Abreise in Jugoslawien nichts mehr gehört. Er hatte weder geschrieben noch angerufen, und meine Gefühle deswegen waren zwiespältig: Einerseits vermißte ich seine Nähe, andererseits war ich heilfroh, seinem sexuellen Verlangen und seiner Mutter entkommen zu sein. Inzwischen war Vater aus dem Krankenhaus entlassen worden, und er sorgte sich rührend um mich. Sobald er konnte, ging er mit mir in ein Textilgeschäft und kaufte mir neue Kleidung. »Solange ich lebe, soll es dir gutgehen«, sagte er anschließend. Ich spürte deutlich, daß er mir die Flucht in Jugoslawien vergeben hatte. Er liebte mich wieder genauso wie seine übrigen Kinder, und das machte mich glücklich.

Auch meine Mutter mußte für einige Tage ins Krankenhaus, da sie dringend am Bein operiert werden sollte. Sie tat mir so leid, aber ich konnte ihr nur durch meine täglichen Besuche im Krankenhaus zur Seite stehen. Die langen Fußmärsche bis zum Hospital taten mir gut. Als Vater mich zur zweiten Untersuchung zu Dr. Bredow brachte, freute der Arzt sich mit mir: »Es ist alles in Ordnung. Das Herz Ihres Kindes schlägt jetzt normal.«

Die Zeit verging rasend schnell. Ich war inzwischen

im sechsten Monat schwanger. »Ich fahre bald nach Jugoslawien, und du kommst mit mir. Es wird Zeit, daß du wieder zu deinem Mann zurück kommst«, befand eines Tages ein in der Nähe wohnender Onkel. Ich fiel aus allen Wolken, denn zurück zur Schwiegermutter wollte ich unter keinen Umständen. Die drohende Abreise, die erneute Trennung von meiner Familie und den Eifeler Freunden machte mich ganz traurig. Auch Mutter war fassungslos, als ich ihr wenig später vom Plan des Onkels erzählte. »Das kannst du nicht machen«, versuchte sie meinen Vater umzustimmen. »Du weißt doch, wie die Ärzte und Krankenhäuser in Jugoslawien sind. In ihrem Zustand kannst du Schukrana das nicht antun. Besser wäre es, wenn wir ihren Mann nach Deutschland holen könnten.«

»Was soll ich machen?« entgegnete Vater. »Brahim ist der jüngste Sohn seiner Familie, und deshalb hat er die Pflicht, bei seinen Eltern zu bleiben. Schukranas Schwiegervater wird niemals dulden, daß er das Haus verläßt.«

»Du könntest wenigstens mal mit ihm reden«, erwiderte meine Mutter. Ich fühlte mich erleichtert, als Vater nachgab und den Versuch wagen wollte. Schon der Gedanke, daß ich wieder zur Sklavin meiner Schwiegermutter werden würde, hatte mir angst gemacht. So klammerte ich mich verzweifelt an die vage Hoffnung, daß Brahim in die Eifel kommen würde. Was ich selbst wollte, sagte ich nicht. Falls mein Mann doch nicht kommen konnte, sollten meine Eltern sich keine Sorgen machen.

Dann ging alles unerwartet schnell. Vater rief bei einem Nachbarn von Brahims Familie an und bat darum, den Schwiegervater ans Telefon zu holen. »Man kann in Deutschland gutes Geld verdienen«, erzählte Papa nach einigen freundlichen Fragen nach dem Wohlergehen der Familie. »Brahim könnte sich hier ein neues Leben aufbauen, und zwar ein gutes Leben«, argumentierte er. »Dein Sohn hätte die Chance, hier zu arbeiten.« Überraschenderweise sah mein Schwiegervater das auch so, und er stimmte zu. »Wenn dein Bruder in einigen Wochen zurück nach Deutschland fährt, wird Brahim mitkommen.«

Das war die beste Nachricht seit langem. Ich brauchte nicht mehr zurück ins Haus meiner Schwiegermutter, ich blieb bei meinen Freundinnen, und mein Mann würde bei der Geburt unseres Kindes in der Nähe sein. Das waren rosige Aussichten, und am liebsten hätte ich Luftsprünge gemacht. Aber die verkniff ich mir angesichts der Schwangerschaft. Mir liefen die Tränen übers Gesicht vor lauter Freude, und meine Mutter weinte mit mir. Sie verstand mich besser als alle anderen in der Familie, denn sie wußte, wie schlecht es mir in Jugoslawien ergangen wäre.

Einige Verwandte kritisierten meinen Vater. »Das ist ein schwerer Fehler. Man holt sich keinen Schwiegersohn ins Haus«, behaupteten sie. »Eine Frau gehört zu ihrem Mann, und der gehört zu seiner Familie.« Doch Vater ließ sich nicht beirren, obwohl er es sehr schwer hatte, sich durchzusetzen, denn er war der jüngste von vier Brüdern, von denen zwei in der Nähe lebten. Er hielt fest zu mir, zumal er selbst früher einige Zeit bei seiner Schwiegermutter gelebt hatte. »Übrigens«, antwortete Vater seinen Brüdern, »wird Schukrana nicht für alle Zeit in meinem Haus bleiben. Sie wird irgendwann ihren eigenen Haushalt gründen.« Auch mein Bruder fand es gut, daß ich in der Eifel blieb. Die Verwandten ließen sich jedoch nicht von ihrer Meinung abbringen. Sie sagten, Vater werde diesen Entschluß eines Tages bitter bereuen.

Als mein Onkel nach Jugoslawien fuhr, freute ich mich

auf das baldige Wiedersehen mit Brahim. Immerhin hatte er mich seit über drei Monaten nicht mehr in die Arme genommen.

*

Brahim hatte sich äußerlich überhaupt nicht verändert, während ich schon einen runden Bauch bekommen hatte. Als er an der Haustür stand, wäre ich ihm am liebsten um den Hals gefallen. Ich wollte ihn liebkosen, ihn in meinen Händen spüren, doch das ging nicht. Ich mußte mich zurückhalten, weil wir nicht allein waren. Den ganzen Tag über kamen Verwandte, um meinen Mann zu begrüßen. Der zeigte großen Respekt vor meiner Familie. In Anwesenheit meines Vaters rauchte er noch nicht einmal, und als Geschenk hatte Brahim zwei Flaschen Slibowitz mitgebracht. Abends zeigte Vater ihm unser Badezimmer: »Nimm ein Bad, und dann gehst du in meinem Bett schlafen«, bestimmte er. Schließlich hatte Brahim eine lange Fahrt vom Kosovo bis in die Eifel hinter sich, und es schien, als könne er es nicht erwarten, endlich ins Bett zu kommen. Ich mußte auch in dieser Nacht im Zimmer meiner Schwester schlafen, denn bei uns war es nicht üblich, daß Mann und Frau im Haus der Familie ein Zimmer teilten. So hatte ich die ganze Zeit über keine Gelegenheit, mit ihm allein zu sein. Dabei hätte ich mir seine Nähe gerade an diesem Abend so sehr gewünscht.

Letztlich hatte ich jedoch Verständnis für diese Trennung. Ich haßte es oft, eine Jugoslawin zu sein. Andererseits verstand ich nicht, wie junge Deutsche sich in Anwesenheit ihrer Eltern küssen konnten. Ich hätte mich vor Vater und Mutter geschämt. Auch an den folgenden Tagen hielt ich deutlichen Abstand von Brahim: Ich wollte nicht neben ihm sitzen und auch nicht in Gegenwart meiner Eltern mit ihm reden. So war ich erzogen worden, und so fand ich es normal, obwohl mich immer häufiger Zweifel befielen. In solchen Augenblicken wußte ich nicht, wohin ich lieber gehören wollte: in die Welt meiner Eltern oder in die Welt meiner deutschen Freunde, die mit allem viel lockerer umgehen konnten.

Dann, endlich, fuhren meine Eltern für einen Tag weg, und Brahim und ich waren allein im Haus. »Du hast mir gefehlt«, behauptete er. Das konnte ich nicht glauben. »Wieso hast du nicht wenigstens mal angerufen?« wollte ich wissen. »Dafür hatte ich kein Geld«, gab Brahim vor, und ich stellte ihm keine weiteren Fragen. Ich war ganz einfach froh, ihn bei mir zu haben, obwohl er ganz offensichtlich log, denn genügend Geld für ein Telefonat besaß er allemal.

Brahim hatte große Pläne. »Wir fangen in Deutschland ein ganz neues Leben an, und wir bleiben für immer hier«, verkündete er. Ich träumte mit ihm von einer glücklichen Zeit ohne die beständige Gegenwart der Schwiegermutter. Wir schmiedeten Zukunftspläne. »Klar, daß wir nicht mehr lange bei deinen Eltern bleiben können. Wir werden ganz neu anfangen.«

»Ja genau«, nahm ich den Faden auf. »Wir brauchen Möbel und alles andere, was man für einen Hausstand benötigt. Wir suchen uns eine Arbeitsstelle und bauen uns ein eigenes Nest.« Brahim unterbrach meinen Redeschwall: »Vorerst brauche nur ich einen Job, denn du mit deinem Bauch und dazu bald mit dem Baby wirst keine Stelle annehmen können.« Ich wußte, daß Brahim sehr fleißig war, deshalb glaubte ich, daß er schnell Arbeit finden würde.

Später, als meine Eltern zurückgekommen waren, unterhielten wir uns gemeinsam noch einmal über unsere Zukunft. »Wenn du dich korrekt verhältst, hast du die

Chance auf ein gutes Leben in Deutschland«, erklärte Vater Brahim. »Du kannst viel erreichen, du mußt es nur wollen.« Vater selbst hoffte jedenfalls inständig, daß mein Mann hier einen Neubeginn schaffen würde, denn das hätte seinen Standpunkt auch gegenüber der Sippe bestätigt, die immer noch Brahims Anwesenheit in seinem Haus kritisierte. »Du mußt beweisen, daß ich keinen Fehler gemacht habe«, sagte Vater abschließend. »Du wirst stolz auf mich sein«, versprach Brahim, »du wirst nichts bereuen.« Da lachte Vater und nahm ihn in die Arme. »Ich glaube, wir werden gute Freunde.« Mir wurde ganz froh ums Herz, denn ich war mir nicht sicher gewesen, wie die beiden miteinander auskommen würden.

Dann kam mein großer Bruder. Er wollte uns mit zu seiner Familie nehmen, und darauf freute ich mich sehr, denn ich hatte ihn gern, weil er recht humorvoll war. Das war er allerdings erst, seitdem ich verheiratet war, vorher war er immer sehr streng mit mir gewesen. Früher konnte ich meine Brüder nicht ausstehen, denn sie standen immer auf der Seite meiner Eltern, wenn es darum ging, daß meine Schwester und ich nicht aus dem Haus durften. Inzwischen war mir klar, was dahintersteckte: Auch sie hatten Angst, die Familienehre zu verlieren. An diesem Abend fuhren Brahim und Orhan gemeinsam fort, und erst weit nach Mitternacht kehrten die beiden gut gelaunt zurück. Sie sahen glücklich aus, und das machte auch mich froh.

*

»Das wird nicht einfach«, sagte am nächsten Tag eine Mitarbeiterin des Ausländeramtes in der 30 Kilometer entfernten Kreisstadt. »Erst müssen Sie standesamtlich heiraten, dann brauchen Sie eine Wohnung. Und schließlich brauchen Sie eine feste Arbeitsstelle, bevor Ihr Bräutigam eine Aufenthaltserlaubnis in Deutschland bekommen kann.« Innerhalb weniger Minuten platzten unsere Träume von einer glücklichen Zukunft wie eine Seifenblase. Ich konnte im Augenblick nicht arbeiten, weil ich bald unser Kind erwartete. Da ich keinen Job hatte, bekam Brahim keine Aufenthaltserlaubnis und damit automatisch auch keine Arbeitserlaubnis. Ein kleines Trostpflaster hatte die Frau vom Ausländeramt jedoch: »Ihr Mann kann zunächst mit einem Touristenvisum in Deutschland bleiben«, erklärte sie nicht unfreundlich. »Allerdings muß er nach spätestens drei Monaten das Land wieder verlassen. Nach einem Vierteljahr in Jugoslawien kann er wieder für drei Monate nach Deutschland kommen.«

Brahim hatte auf der Stelle aller Mut verlassen: »Dann müssen wir eben nach Jugoslawien zurückkehren und dort leben«, sagte er resigniert. Genau das wollte ich angesichts der Aussicht, wieder unter die Knute meiner Schwiegermutter zu geraten, auf gar keinen Fall. Andererseits würde ich auch nicht auf Dauer allein in Deutschland bleiben können. Die Nachbarn würden sich die Mäuler zerreißen, und meine Eltern konnten das ohnehin nicht zulassen, denn sie würden von der Verwandtschaft unter Druck gesetzt werden. Ich war wieder einmal verzweifelt. Auf der Fahrt nach Hause erzählte ich Vater deprimiert, was wir bei der Kreisverwaltung erfahren hatten, aber er lachte nur und tröstete uns. »Ihr habt euch alles zu einfach vorgestellt, aber nichts wird so heiß gegessen, wie es gekocht wird. Vielleicht findet sich doch noch eine Lösung, aber zunächst müßt ihr euch gedulden.« Vater riet mir, gleich am nächsten Tag in unserem Wohnort zum Sozialamt zu gehen und zu fragen, welche Hilfen ich dort bekommen könne. Schließlich sei ich in dem Städtchen aufgewachsen und hätte auch einige Rechte.

»Du hast hier gar keine Ansprüche«, wies mich die unfreundliche Frau im Sozialamt kurz und bündig zurecht. »Was stellst du dir eigentlich vor?« keifte sie hinter ihrem Schreibtisch. »In deinem Alter schon ein Kind erwarten und dann auf Hilfe von Vater Staat hoffen.« Ich drehte mich wortlos um und verließ das Zimmer. Nach dieser Abfuhr war ich fast sicher, nicht mehr in Deutschland bleiben zu können. Schließlich wollte ich meinen Eltern nicht ewig auf der Tasche liegen, doch Vater sah das anders. »Mach dir mal keine Sorgen. In unserem Haus ist genügend Platz, und ob wir einen mehr oder weniger durchfüttern, spielt keine Rolle. Außerdem bist du doch unsere Tochter.« In mir sträubte sich alles dagegen, meinem Vater noch länger zur Last zu fallen. Das wollte ich ihm nicht zumuten, denn er würde sich mit der Zeit zum Gespött seiner Familie machen. Außerdem verdiente er nicht so viel, daß er Brahim und mich dauernd hätte unterstützen können. Doch schließlich überzeugte er mich, und ich beschloß, vorerst in der Eifel zu bleiben und abzuwarten.

Wieder kam alles anders als erwartet. Es gab Streit zwischen einem meiner Onkel und meinem Vater, weil Brahim und ich in seinem Haus lebten. »Das kannst du nicht zulassen«, entrüstete sich mein Onkel. Vater konterte: »Ich habe doch gar keine andere Wahl, wenn wir Schukranas Aufenthaltserlaubnis nicht verfallen lassen wollen. Andere würden alles tun, nur um nach Deutschland zu kommen, und meine Tochter hat die Gelegenheit zu bleiben. Findet euch endlich damit ab, daß Schukrana hier ist!«

Doch nicht nur mein Onkel, sondern die gesamte Verwandtschaft regte sich auf, und zwar mit den abenteuerlichsten Begründungen: Mein Mann könne sich an meine Schwester oder an seine Schwägerin heranmachen. Mein Vater hatte einen schweren Stand, doch er blieb fest.

Unser familiäres Zusammenleben funktionierte recht gut. Mutter kochte für alle, Vater gab uns Geld, und wir kamen ganz gut zurecht. Vater behandelte Brahim genauso wie seine Söhne, und wenn er etwas kaufte, schloß er seinen Schwiegersohn niemals aus. Inzwischen hatten meine Eltern uns ein kleines Zimmer frei gemacht, wo Brahim und ich tun und lassen konnten, was wir wollten. Anfangs hatte ich Hemmungen, mit meinem Mann in einem Zimmer zu schlafen, aber ich gewöhnte mich schnell daran, obwohl es den Sitten widersprach.

Seit Brahim in Deutschland war, waren alle Kontakte zu meinen Freundinnen eingeschlafen. Ich traf sie nicht mehr, weil ich das Haus nicht mehr verlassen durfte. Nur Monika besuchte mich gelegentlich noch. Sie war eine gebürtige Serbin und kannte unsere strengen Sitten.

Zu den Vorsorgeuntersuchungen bei Dr. Bredow ging ich regelmäßig. Krankenversichert war ich noch über meinen Vater. Zwar freute ich mich sehr auf das Kind, aber gleichzeitig hatte ich Angst vor der Geburt. Die Riesenportion Antibabypillen und das Hefebier, mit dem mich meine Schwiegermutter traktiert hatte, gingen mir nicht aus dem Sinn. Womöglich hatte die Gesundheit des Kindes unter diesen Torturen doch gelitten.

Eines Tages besuchte mich meine Freundin Monika. Ich erzählte ihr, wie es mir beim Sozialamt ergangen sei, woraufhin sie mir den Tip gab, es mal nebenan bei der Caritas zu versuchen. Dort gebe es Leute, die werdenden Müttern helfen könnten. Tatsächlich erkundigte ich mich gleich am nächsten Tag, und ich wurde sehr freundlich aufgenommen. Nachdem die zuständige Sachbearbeiterin meinen Mutterpaß gesehen hatte, schrieb sie mir eine

Liste von Dingen auf, die ich bald sehr gut gebrauchen konnte. Von der Caritas bekam ich Geld für Babysachen, Umstandskleidung und Wäsche für meinen Krankenhausaufenthalt nach der Geburt. Ich war froh, endlich etwas eigenes Geld in der Tasche zu haben. So konnte ich wenigstens einen Teil der Kosten, die wir meinen Eltern verursachten, zurückzahlen. Doch Vater lehnte ab: »Leg' das Geld beiseite, und wenn das Kind da ist, kaufst du dafür Babykleidung.«

Beim Standesamt erkundigten Brahim und ich uns, ob wir in Deutschland heiraten konnten. Das erwies sich als unmöglich: »Erstens sind Sie noch nicht volljährig, und zweitens kann Brahim in Deutschland nicht heiraten.« Die Bürokratie schien sich wieder einmal gegen uns verschworen zu haben. »Wir müssen Geduld haben«, tröstete ich den Vater meines Kindes, und er gab mir recht.

*

In der 28. Schwangerschaftswoche ging ich wieder zur Vorsorgeuntersuchung. Dr. Bredow runzelte die Stirn unter seiner Halbglatze. »Der Muttermund hat sich bereits ein Stück weit geöffnet, und wir müssen damit rechnen, daß das Kind schon bald kommt. Sicherheitshalber überweise ich Sie ins Krankenhaus.« Mir wurde ganz schwindlig bei dem Gedanken, daß die Geburt schon so schnell auf mich zukommen sollte. »Ich habe überhaupt keine Wehen, und ich glaube nicht, daß es jetzt schon losgeht. Außerdem fühle ich mich gut«, sagte ich, um Dr. Bredow umzustimmen. Ins Krankenhaus wollte ich jedenfalls nicht. Schließlich überzeugte der Arzt mich aber doch. »Keine Widerrede, es ist zu gefährlich für Sie und Ihr Kind, wenn Sie nicht ins Krankenhaus gehen.« Meine Mutter hatte mich im Bus bis zum Gynäkologen im Nachbarstädtchen begleitet. Ich fragte Dr. Bredow, ob es reiche, wenn mein Vater mich nach 14.00 Uhr ins 20 Kilometer entfernte Hospital brächte, nachdem er von der Frühschicht zurückgekommen sei. Doch der Arzt lehnte ganz entschieden ab. »Bis dahin ist das Kind vielleicht schon geboren. Es wird sicher zehn Wochen zu früh kommen.«

So rief ich bei der Arbeitsstelle meines Bruders Fadmir an. »Ich muß dringend ins Krankenhaus, und es ist niemand da, der mich fahren kann«, erklärte ich, und er kam sofort. Mutter verstand erst gar nicht, wieso ich so aufgeregt war. Wir hatten nie darüber gesprochen, in welchem Schwangerschaftsmonat ich war, daher ahnte sie nicht, daß es eine Frühgeburt werden würde. Jetzt hatte ich allerdings weder Zeit noch Ruhe, ihr die Details zu erklären. Dazu war ich viel zu aufgeregt.

Im Krankenhaus mußten wir einige Minuten warten. Mutter riet mir, im Flur auf und ab zu gehen. Wehen spürte ich immer noch nicht, und bis auf eine unbestimmte Furcht und Unruhe fühlte ich mich ganz gut. Dann mußte ich zur Toilette, und dort merkte ich, daß Blutungen eingesetzt hatten, wodurch meine Angst noch wuchs. Mutter machte mir Mut. »Bleib ganz ruhig, das ist alles normal.« Kurze Zeit später kam eine Hebamme, und nach einem Blick in den Mutterpaß sagte sie sehr energisch: »Um Gottes Willen, Sie müssen sich sofort hinsetzen, es ist noch viel zu früh für die Geburt. Wir werden versuchen, sie hinauszuzögern.« Sie holte rasch einen Rollstuhl, in den ich mich setzte. Erst da wurde mir bewußt, daß eine Frühgeburt vielleicht nicht ungefährlich für das Kind sein könnte.

Nun begriff auch meine Mutter, und sie bekam es mit der Angst zu tun. Ich durfte vorerst nicht mehr aufstehen, noch nicht einmal, um zur Toilette zu gehen. Die Hebamme schob mich sofort in den Kreißsaal und untersuchte mich, und wenig später lag ich in einem frisch bezogenen Bett im Krankenzimmer. Eine Schwester legte mir einen Tropf an, über den ein wehenhemmendes Medikament in meinen Blutkreislauf geleitet wurde. Außerdem bekam ich eine Spritze, um die Lungenfunktion des Kindes zu stärken, wie die Schwester erklärte. Mutter hatte sich inzwischen wieder gefaßt. »Sei froh, daß du in einem deutschen Krankenhaus liegst. Hier brauchst du dir wenigstens keine Sorgen zu machen, während du in Jugoslawien dazu allen Grund hättest.« Ich wollte mich wirklich nicht aufregen, um das Kind nicht zu gefährden. Um seinetwillen wollte ich alles befolgen, was mir die Ärzte vorschrieben.

Ich kam in ein Doppelzimmer. Die fast kahlen Wände waren irgendwann einmal grau gestrichen worden, aber inzwischen war die Farbe verblichen, und an vielen Stellen konnte man sehen, wo die fahrbaren Betten beim Rangieren angestoßen waren. Es war ein sehr altes Krankenhaus, und es war dringend sanierungsbedürftig. Die Frau im Nebenbett hatte ihr Kind bereits zur Welt gebracht. Auf ihrem Nachtschränkchen stand ein bunter Blumenstrauß, aber auch der brachte nicht viel Farbe in die triste Atmosphäre des Zimmers. Während ich still dalag, beobachtete ich, wie meine Nachbarin den Säugling stillte. So ein kleiner Wurm, dachte ich, und bald werde ich selbst ein eigenes Baby in meinen Händen halten. Ich freute mich wahnsinnig auf mein Kind, aber gleichzeitig war da auch die Angst vor der Geburt. Ich wußte nicht genau, was auf mich zukommen würde.

»Das ist ja kaum zu glauben, daß ein Kind wie du schon selbst ein Kind bekommt«, sprach mich die Bettnachbarin an, nachdem Mutter gegangen war. »Das ist bei uns in Jugoslawien ganz normal«, antwortete ich in sehr überzeugtem Tonfall. Tatsächlich war mir eher mulmig, denn ich war gerade erst sechzehn Jahre alt, und nach deutschen Maßstäben galt meine Jugend als Risikofaktor bei einer Geburt.

Abends sah Vater nach mir, und nachdem er wieder nach Hause gefahren war, kam der Stationsarzt herein. Nach einer kurzen Untersuchung sagte er, daß sich der Muttermund nicht weiter geöffnet habe und daß sich die Geburt wohl verzögern werde, aber wie lange es dauern würde, konnte er mir nicht sagen.

Auf dem Nachttischchen stand ein Telefon. Als alle weg waren, rief ich zu Hause an, um Brahim zu erzählen, was los war. Meine Schwester hob den Hörer ab, und ich mußte ihr erst ausführlich berichten, bevor sie meinen Mann ans Telefon ließ. »Ist es ein Junge oder ein Mädchen?« wollte Brahim sofort wissen. »Das weiß ich noch nicht, das Kind ist noch nicht geboren.« Nachdem er begriffen hatte, daß ich einige Zeit im Krankenhaus bleiben mußte, wurde Brahim ärgerlich. Es gefiel ihm deshalb nicht, weil er ohne mich in meinem Elternhaus völlig hilflos war. Er war sehr schüchtern und traute sich alleine nicht einmal, sich ein Glas Wasser zu holen, wenn ich nicht da war. »Das kannst du nicht machen«, fauchte er mich durch das Telefon an. »Du mußt auch an mich denken«, forderte Brahim. Ich lachte nervös und sagte verärgert: »Im Moment habe ich andere Probleme.« Irgendwie genoß ich es in diesem Augenblick, daß Brahim ohne mich so hilflos war. »Mir gefällt es auch nicht besonders, hier zu liegen und nicht aufstehen zu dürfen.« Ich appellierte an seine Vernunft: »Du mußt auch an unser Kind denken.« Brahim kochte vor Wut. Er gab mir die Schuld daran, daß er jetzt noch mehr Schwierigkeiten hatte. Da er kaum einen Brocken Deutsch sprach, konnte er mich noch nicht einmal ohne weiteres mit dem Bus besuchen kommen. Einen Führerschein besaß mein Mann nicht, denn dafür war er zu jung.

Aber bevor wir das Telefonat beendeten, hatte er sich wieder etwas beruhigt.

Am nächsten Morgen kamen meine Eltern und brachten Brahim mit. Mutter hatte Wolle und Strickzeug für mich dabei. »Das wird dich beruhigen«, sagte sie. Sie selbst strickte sehr viel und gut und in allen Lebenslagen. Ich konnte es noch nicht, deshalb versuchte sie mir die Technik zu erklären. Meine Eltern verabschiedeten sich schon bald wieder. Sie meinten, Brahim könne bis zum Abend bei mir bleiben, dann würde einer meiner Brüder kommen und ihn mit nach Hause nehmen. Kaum waren Vater und Mutter durch die Tür, als Brahim mich auch schon umarmte. »Mach dir keine Sorgen. Wenn du auf das hörst, was die Ärzte dir sagen, kann nichts schiefgehen. Um mich brauchst du dir keine Gedanken zu machen, dein Vater behandelt mich gut, mir fehlt nichts.«

»Ich weiß, daß Vater sich um dich kümmert«, antwortete ich. »Aber ich weiß auch, daß die Situation bei uns für dich schwierig ist. Du fühlst dich nicht wohl bei meinen Eltern, und wir müssen uns auf jeden Fall bald eine eigene Wohnung suchen, auch wegen des Kindes.«

So schmiedeten wir noch eine halbe Stunde Pläne, dann stand Brahim auf und verkündete, daß er nicht den ganzen Tag in dieser Bude sitzen wolle. Er werde in die Stadt gehen. Ich war ziemlich enttäuscht, aber das zeigte ich ihm nicht. Schließlich war es wirklich nicht spannend in dem grauen Zimmer.

Später kam ein Arzt und untersuchte mich wiederum ziemlich gründlich. Er hatte einen Wehenschreiber mitgebracht, den er an meinen Bauch anschloß. Das Gerät zeigte die Herzschläge meines Kindes an, und über einen kleinen Lautsprecher konnte ich genau hören, wie es klopfte. Ich spürte überhaupt keine Wehen, aber das Gerät zeigte deutlich, daß die Gebärmutter sich in regelmäßigen Abständen zusammenzog. »Das wundert mich«, sagte der Arzt nachdenklich. »Normalerweise müßten Sie das spüren.« Er sagte, ich brauche mir aber keine Gedanken zu machen. In diesem Krankenhaus sei ich in guten Händen. Er gab mir einige Tabletten, die ich über den Tag verteilt einnehmen sollte. »Wenn es soweit ist, werden Sie das ganz bestimmt merken«, scherzte er. »Vor der Geburt habe ich wahnsinnige Angst«, gestand ich ihm. Der Gynäkologe setzte sich auf die Bettkante, nahm meine Hand, und sprach beruhigend: »Es wird schon alles gutgehen. Sie sind zwar einerseits noch sehr jung, aber andererseits auch nicht die einzige, die hier ein Kind bekommt.« Er schien meine Ängste zu verstehen, und er nahm sie offenbar auch ernst. »Wenn Sie möchten, können wir Ihnen eine Rückenmarksnarkose geben, durch die Sie bei der Geburt keine Schmerzen haben.« Das Angebot nahm ich sofort an. Zum Abschied sagte der Arzt, daß sich der Muttermund nicht weiter geöffnet habe. Es werde wohl noch einige Zeit dauern, bis das Kind komme.

Nachmittags tauchte Brahim wieder auf, und wir plauderten bis zum Abend über dies und jenes, bis mein Bruder kam. Er hatte einen tragbaren Fernsehapparat mitgebracht, und darüber freute ich mich ganz besonders. Das Gerät würde mir die langweiligen Stunden wohl verkürzen. So vergingen die ersten Tage im Krankenhaus verhältnismäßig schnell, und zwischendurch lernte ich mit Mutters Hilfe tatsächlich das Stricken.

Sie kam jeden Morgen mit Brahim, und abends besuchte mich mein Bruder Orhan. Mutter hatte gemerkt, daß mir das Essen aus der Krankenhausküche überhaupt nicht mundete. Es sah zwar jeden Tag anders aus, aber irgendwie schmeckte alles immer gleich fade. Mama brachte deshalb meistens Essen von zu Hause mit, und dafür war ich sehr dankbar.

Oft äußerte ich, daß ich am liebsten nach Hause käme, denn schließlich könne ich nicht ewig nur flachliegen. Mutter bedauerte mich ehrlich, aber ihr war klar, daß es nicht anders ging. »Da mußt du durch, Kind«, sagte sie, und ich wußte, daß sie sich große Sorgen um mich machte. Inzwischen hatte ich die Nase wirklich gestrichen voll. Zwei Wochen starrte ich nun schon die grauen Wände an, jeden Tag wurde ich untersucht, und täglich zapfte man mir Blut ab, und absolut nichts veränderte sich. Ich wurde depressiv, und ich weinte oft.

In der 36. Schwangerschaftswoche passierte es. Wieder einmal liefen mir die Tränen über das Gesicht, als Brahim ins Zimmer kam. »Ich kann es hier nicht mehr aushalten«, klagte ich. »Laß uns die paar Schritte bis zum Besucherzimmer gehen, um eine Zigarette zu rauchen«, bat ich ihn. »Es wird schon nichts schiefgehen. Ich kann dort ja bequem sitzen.« Brahim wollte erst nicht, aber als ich ihn anflehte, gab er schließlich nach. Wir gingen zum Raucherzimmer, wo ich mir hastig eine Zigarette anzündete und den Rauch gierig in mich hinein sog. Ich fühlte mich sofort besser, denn kurz bevor ich ins Krankenhaus gekommen war, hatte ich wieder mit dem Rauchen begonnen, und ich litt nun unter Entzugserscheinungen. Wenig später lag ich im Bett, alles war gutgegangen, niemand hatte uns erwischt. Abends ließ Brahim mir mit einem Augenzwinkern eine Zigarette da. »Ich verstehe dich sehr gut«, sagte meine Zimmergenossin, als alle gegangen waren. »Es ist ja wirklich furchtbar langweilig hier.« Dann drehte sie sich um und schlief wieder ein. Sie war nicht sehr gesprächig.

Ich schaute noch ein wenig Fernsehen, bis ich eine unbestimmte Unruhe in mir verspürte. Schließlich konnte ich nicht mehr liegenbleiben. Gegen 21.00 Uhr stand ich noch einmal auf und rauchte Brahims Zigarette, doch meine Unruhe wurde immer stärker. Ich führte das darauf zurück, daß ich Angst vor der Entdeckung hatte, weil ich etwas Verbotenes tat. Es wird wohl nur das schlechte Gewissen sein, versuchte ich mich zu beruhigen. Ich hatte allerdings das Gefühl, als hätte ich einen ganzen Sack Schmetterlinge im Bauch.

Gegen 22.00 Uhr rief ich meine Mutter an, um ihr von dem merkwürdigen Kribbeln zu berichten. Sie beruhigte mich. »Das wird nur das Heimweh sein. Wenn es Wehen wären, würdest du das schon merken. Bisher hat es noch keine Frau der Welt geschafft, die Geburt ihres Kindes zu verschlafen. Du solltest versuchen zu entspannen.« Das tat ich, aber ich fühlte mich kein bißchen müde. Ich wälzte mich von einer Seite auf die andere, und gegen Mitternacht klingelte ich nach einer Schwester, weil ich sie um eine Schlaftablette bitten wollte. Als sie nach dem Grund fragte, und ich wahrheitsgemäß über Unruhe klagte, wollte sie mir kein Medikament geben. Statt dessen holte sie eine Hebamme, die mich sofort in einen Rollstuhl setzte. Sie schob mich auf den Flur, damit meine Zimmergenossin nicht aufgeweckt wurde. »Ich werde Sie im Kreißsaal noch einmal untersuchen«, sagte die Hebamme bestimmt. »Dann werden wir die Ursache für Ihre Schmetterlinge wohl finden«, scherzte sie. »Ich weiß, warum es in Ihrem Bauch so kribbelt«, sagte die Hebamme nach kurzer Untersuchung. »Die Geburt beginnt, da ist nichts mehr zurückzuhalten.« Sofort befiel mich wieder lähmende Angst. Außerdem plagte mich mein schlechtes Gewissen: Schließlich war ich selbst dafür verantwortlich, daß die Geburt eingesetzt hatte, weil ich verbotenerweise aufgestanden war, doch das behielt ich lieber für mich. »Vielleicht sollte ich auf meinem Zimmer warten, bis es richtig losgeht«, schlug ich der Hebamme vor. Sie lachte und entgegnete: »Wir sind schon mittendrin.« Kaum war der

Wehenschreiber angeschlossen, da sah ich, daß die Anzeige des Gerätes ganz weit ausschlug. Aber ich spürte immer noch keine Schmerzen. Zwischendurch ging der Arzt in einen Nebenraum, wo eine andere Frau ihr Kind bekam. Die Hebamme bot an, meinen Mann oder meine Mutter anzurufen, aber das lehnte ich ab mit der Begründung, ich wolle sie alle überraschen.

Dann rasierte mich die Hebamme zwischen den Beinen. Ich schämte mich in Grund und Boden. Hätte ich vorher gewußt, daß man für eine Geburt rasiert sein muß, hätte ich das selbst getan. Die Hebamme merkte meine Unsicherheit. »Sie brauchen sich nicht zu schämen. So etwas mache ich jeden Tag dreimal.« Dann fragte sie mich nach meiner Religion. »Ich habe mir schon gedacht, daß Sie Muslime sind«, sagte sie anschließend. Sie habe sich nur gewundert, daß ich noch nicht rasiert gewesen sei. »Die meisten Moslem-Frauen kommen bereits rasiert zur Geburt in die Klinik.« Sie hatte recht. Tatsächlich müssen alle Muslims rasiert sein, egal ob Mann oder Frau, das ist eine der Sauberkeitsregeln des Islam. Das gilt nicht nur für den Schambereich, sondern auch für die Achselhöhlen. Mit dieser Regelung ging ich allerdings recht locker um, obwohl ich mich sonst an viele religiöse Vorschriften hielt.

Die Hebamme ging in den Nebenraum, wo die andere Gebärende laut schrie. Ich lag allein in dem sterilen, kühlen Raum, und meine Angst wuchs noch mehr. Die Ausschläge des Wehenschreibers wurden deutlich heftiger, und ich ahnte, daß auch bei mir irgendwann die Schmerzen einsetzen würden, die meine Leidensgenossin im Nachbarzimmer so furchtbar quälten. Direkt vor mir hing eine weiße Uhr. Ich hatte das Gefühl, daß sie stehengeblieben war. Sie stand auf 1.05 Uhr, als ein Ziehen durch meinen Unterleib ging, und da wußte ich, daß der Augenblick der Geburt gekommen war. Laut rief ich nach der Hebamme, die sofort erschien. Auch der Arzt tauchte neben der Liege auf. Er tastete meinen Bauch ab und forderte mich auf, beim nächsten Ziehen möglichst heftig zu pressen.

Wieder spürte ich das Ziehen und krümmte mich zusammen. Die Hebamme hob meinen Oberkörper nach vorne und sagte: »Jetzt fest pressen!« Mir wurde plötzlich sehr warm. Meine langen schwarzen Haare störten mich, sie klebten vor Schweiß. Ich sollte mich wieder entspannen. Wieder zog es, diesmal viel heftiger als vorher, wieder pressen, kurz entspannen, und beim drittenmal sagte der Arzt ruhig: »Ich kann schon den Kopf des Kindes sehen.« Er hatte kaum ausgeredet, da war das Kind schon da. Das war genau um 1.25 Uhr am 22. Juni 1986.

»Es ist ein Mädchen«, sagte der Arzt fröhlich. Ich war durch und durch naßgeschwitzt, aber ich fühlte mich trotzdem schon wieder spürbar erfrischt. Die Erleichterung darüber, daß alles gutgegangen war, durchströmte meinen Körper wie eine Woge. Der Arzt wickelte meine Tochter in ein Tuch, dann legte er mir das kleine Bündel Mensch auf den Bauch. Sie hatte die Augen geöffnet. Ich wußte, daß meine Tochter noch nichts erkennen konnte, aber ich spürte intuitiv, daß sie mich anschaute und wußte, wer ich war. Es war ein unvergeßliches Gefühl. Da war sie nun, meine Tochter, auf die ich so lange gewartet hatte, um die ich so gebangt hatte, und die meine Schwiegermutter unter allen Umständen hatte töten wollen. Die Kleine war noch arg verschmiert, aber für mich war sie das schönste Kind, das ich mir vorstellen konnte.

Der Arzt nahm das Baby vorsichtig hoch, um es zu untersuchen. Nachdem die Hebamme die Kleine gewaschen hatte, wurde sie gewogen und gemessen. »Sie ist kerngesund«, sagte die Geburtshelferin anschließend. Meine Tochter wog 2250 Gramm und war 45 cm groß. Sie hatte wegen der Frühgeburt Untergewicht, aber das würde sich wohl schnell ändern, dachte ich. Vorsichtshalber beschloß der Arzt, mein Kind für ein paar Tage auf die Säuglingsstation zu legen, wo es besser beobachtet werden konnte. Schließlich war das Baby einen Monat zu früh zur Welt gekommen.

Um 2.00 Uhr, keine zwei Stunden nach Beginn der Geburt, konnte ich zurück ins normale Krankenbett. Ich fühlte mich bärenstark und wollte zu Fuß gehen, doch das ließ der Arzt nicht zu. Die Hebamme fuhr mich zurück zu meinem Zimmer. Als ich ins Bett kletterte, wurde meine Nachbarin wach. »Was ist los?« fragte sie schlaftrunken. »Nichts weiter«, antwortete ich betont ruhig. »Ich habe nur eine Tochter bekommen.« Sie schaute mich ungläubig an. Die Hebamme sagte, ich sei sehr tapfer gewesen, und jetzt solle ich erst mal richtig ausschlafen.

Aber dafür war ich viel zu aufgekratzt. Die letzte Stunde ging mir immer wieder durch den Kopf. Mit geschlossenen Augen sah ich das Gesicht meines kleinen Mädchens. Es fiel mir schwer, meine Mutter nicht anzurufen. Immer wieder schob ich das Telefonat vor mir her, weil ich meine Familie mit der frohen Botschaft erst morgens überraschen wollte. Um 5.00 Uhr hielt ich es schließlich nicht mehr aus. Mutter ging an den Apparat, und als sie meine Stimme hörte, fragte sie sofort, wie es mit dem Gefühl in meinem Bauch stehe. »Es ist weg«, erwiderte ich scheinbar ruhig. »Und weshalb klingelst du dann mitten in der Nacht die ganze Familie aus dem Bett?« hakte sie nun unwirsch nach. »Oh, es ist nichts Besonderes. Nur daß du wieder Oma geworden bist.« Ich hörte, wie sie am anderen Ende der Leitung weinte. Dann erkundigte sie sich: »Wie geht es dir, hast du alles gut überstanden?« Sie wagte nicht, nach dem Kind zu fragen. »Mir geht es gut, und ich habe eine gesunde Tochter«, faßte ich die Ereignisse kurz zusammen. Ich spürte ihre Erleichterung. Mama hatte sich schnell wieder gefaßt. »Wieso hat mich niemand angerufen?« fragte sie mit leichtem Vorwurf in der Stimme. »Es ging alles viel zu schnell, und außerdem wollte ich euch überraschen.« Als ich erzählte, wie problemlos alles abgelaufen war, konnte sie das kaum glauben.

Dann holte Mutter Brahim ans Telefon. Er klang ganz verschlafen, als er sich erkundigte, was los sei. »Du bist Vater geworden!« jubelte ich in den Hörer. Er schwieg, und nach einer Pause berichtete ich weiter: »Es ist eine Tochter.« Darauf fand er wieder Worte. »Dann wird sie den Namen meiner Mutter Sabrije tragen«, verkündete Brahim sehr bestimmt. Ich traute meinen Ohren nicht: Mit keinem Wort hatte Brahim sich erkundigt, wie es dem Kind und mir ging, und daß das Mädchen den Namen seiner Mutter bekommen würde, wußte ich sowieso. Mein Mann hatte schon öfter gesagt, daß das Baby Sabrije heißen sollte, wenn es ein Mädchen sei. Ich war dagegen: Erstens, weil es ein sehr altmodischer Name war, und zweitens, weil es der Name meiner verhaßten Schwiegermutter war, die schließlich nichts unversucht gelassen hatte, genau dieses Baby zu töten. Aber ich hatte mich damit abzufinden, denn ich konnte nichts dagegen tun. Wenn es ein Junge geworden wäre, hätte er genauso automatisch den Namen von Brahims Vater bekommen, so hatten es seine Eltern befohlen. Letztlich fand ich mich damit ab. Ich liebte meine Tochter, auch wenn sie Sabrije hieß. Kein Name konnte etwas daran ändern, daß es meine Tochter war, und dazu noch eine bildhübsche.

Mein Vater hatte an diesem Tag Nachtschicht. Als er kurz nach 6.00 Uhr nach Hause kam, erfuhr er, daß er Großvater geworden war. Eine Stunde später war meine

Familie im Krankenhaus. Mutter und Brahim kamen sofort in mein Zimmer. Sie konnten es nicht erwarten, mit mir zur Säuglingsstation zu gehen, um die Kleine zu sehen. Währenddessen blieb Vater im Auto denn er hatte Angst vor dem, was ihn erwartete. Er konnte nicht glauben, daß ein Kind, das im achten Monat geboren wurde, gesund war. In Jugoslawien erzählte man sich nämlich, daß Siebenmonatskinder bessere Überlebenschancen hätten als die, die einen Monat länger im Bauch der Mutter blieben. Ich selbst hatte das auch öfter von den Landsleuten meiner Eltern gehört.

Brahim sagte nicht viel. Ich wußte, daß er lieber einen Jungen gehabt hätte, doch als er Sabrije zum ersten Mal sah, bekam er glänzende Augen. Mama war sehr stolz auf die Kleine, besonders ihre blauen Augen hatten es meiner Mutter angetan. Sie hatte immer gehofft, ihre eigenen Kinder würden so blaue Augen bekommen wie sie selbst, doch alle, mit Ausnahme meines ältesten Bruders, haben braune Augen. »Vielleicht bekommt sie ja blondes Haar«, meinte Mutter. »Aber auch wenn sie deine schwarzen Haare erbt, werde ich das Kind sehr liebhaben.«

Die Kinderschwester fragte, ob ich meine Tochter stillen wollte. Ich nickte, und wir gingen in einen Nebenraum, der nur für Mütter und Väter gedacht war. Mutter wartete draußen, Brahim kam mit. Als die Schwester uns einen Moment allein ließ, nahm Brahim mich in die Arme und sagte: »Das hast du sehr gut gemacht.« Er griff nach einem der winzig kleinen Füßchen seiner Tochter. »Das sieht arg verschrumpelt aus«, stellte er fest. Ich lachte befreit und fragte ihn: »Willst du sie mal auf den Arm nehmen?«

»Auf keinen Fall«, wehrte Brahim ab. »Sie ist mir viel zu zerbrechlich.«

Die Schwester zeigte mir, wie ich Sabrije an meine

Brust anlegen mußte, um sie zu stillen. Kaum lag ihr kleiner Mund an meiner Brustwarze, da saugte sie schon gierig los. Ich staunte, wie der Winzling an meiner prallen Brust trank. Das Stillen verursachte ein merkwürdiges Gefühl: Einerseits war es schön, andererseits tat es mir weh. Die Schwester sagte, ich würde mich schnell daran gewöhnen. Später wurde Sabrije gewogen, um festzustellen, wieviel sie getrunken hatte, und es zeigte sich, daß sie zuwenig Nahrung bekommen hatte. Die Schwester war jedenfalls nicht zufrieden, aber inzwischen schlief Sabrije schon wieder, und ich wollte sie nicht wecken.

Im Treppenhaus kam uns Vater entgegen. Mutter schwärmte von ihrer kleinsten Enkeltochter und war ganz begierig darauf, Vater das Neugeborene zu zeigen, und auch Brahim konnte seinen Stolz nicht verbergen. »Sie hat viel Ähnlichkeit mit meiner Mutter«, merkte er an. Damit hatte er zweifellos recht, denn sie hatte tatsächlich ihren Blick und ihre Gesichtszüge geerbt. Ich hoffte im stillen, daß sich das noch ändern würde.

Meine Eltern und Brahim fuhren bald wieder nach Hause, denn Vater war von der Nachtschicht todmüde. Ich kehrte zur Säuglingsstation zurück, um Sabrije erneut die Brust zu geben. Das Ergebnis war wieder, daß die Kleine zwar heftig an meiner Brustwarze saugte, aber offenbar zu wenig Milch vorhanden war. Nachdem an diesem Tag noch mehrere Versuche scheiterten, wurde ich ganz traurig, aber die Schwester tröstete mich, das sei kein Problem. Sie werde dem Kind ein Fläschchen mit Pulvermilch zubereiten. Tatsächlich trank Sabrije die ganze Flasche aus, und danach schien sie immer noch Hunger zu haben.

»Viele Kinder werden heute mit der Flasche großgezogen«, sagte mir die Schwester. Aber woher sollte ich das Geld für die teure Babynahrung nehmen? Das konnte ich meinen Eltern nicht auch noch aufbürden. Als ich Brahim auf dieses Problem hinwies, beruhigte er mich: »Das wird dein Vater schon regeln. Auch deine Mutter will nur das Beste für unser Kind.« Später sprach er mit Mama darüber, und die zeigte wieder einmal ihr goldenes Herz. Sie würde das schon machen, auf eine Person mehr im Haus komme es nicht an, fand sie. Ich wußte, daß sie das sagen würde und daß sie alles tun würde, damit Brahim und ich und die Kleine zufrieden waren. Aber genau das wollte ich eigentlich nicht. Ich schämte mich dafür, meinem Vater immer weiter auf der Tasche zu liegen, aber dann fiel mir ein, daß ich nun Arbeit suchen könnte, und daß wir auf diese Weise Geld genug verdienen würden, um ohne Hilfe über die Runden zu kommen.

Enttäuscht war ich über Brahims Verhalten. Niemals hätte er seinen eigenen Vater um etwas gebeten, aber meinen Vater nutzte er schamlos aus. In Jugoslawien dachten viele, daß ihre Landsleute in Deutschland sehr reich seien, und das nahm mein Mann wohl auch von Papa an, obwohl er es hätte besser wissen müssen. Sein eigener Vater war zwar für Kosovo-Verhältnisse ein wohlhabender Mann, aber gleichzeitig ein Geizkragen ohnegleichen. Er hätte nie die Milch für Sabrije bezahlt, geschweige denn Babykleidung für unsere Kleine gekauft. Mein Vater zeigte sich hingegen sehr großzügig.

Eine Woche später durfte ich nach Hause. Sabrije mußte allerdings vorerst im Krankenhaus bleiben, weil sie noch nicht genug an Gewicht zugelegt hatte, aber ihr Zustand stabilisierte sich von Tag zu Tag. Es würde nicht mehr lange dauern, bis ich sie ebenfalls abholen konnte. Vater fuhr mich jeden Tag ins Hospital, und wenn mein Bruder anbot, mich zu fahren, winkte Papa ab. Er wollte auf jeden Fall ins Krankenhaus, um seine kleine Enkelin zu begutachten. Ich mußte lachen, denn so kannte ich ihn gar nicht.

Inzwischen hatte Vater Urlaub eingereicht, und unsere Familie plante nach Jugoslawien zu reisen. Brahim zog es zu seinen Eltern, deshalb wollte er unbedingt mitkommen. In mir sträubte sich jedoch alles dagegen, in den Kosovo zurückzukehren. Schon der Gedanke an die Tyrannei meiner Schwiegermutter verdarb mir jede Lust auf diesen Urlaub. Außerdem war Sabrije noch im Krankenhaus, und die Ärzte konnten nicht genau sagen, wie lange sie noch dort bleiben mußte. Mit einem derart schwachen Säugling aber wollte ich die weite Autofahrt nicht antreten. Auf Drängen Brahims fragte ich den Kinderarzt schließlich doch: »Kann ich es riskieren, während eines Urlaubs das Baby allein im Krankenhaus zu lassen?«

»Wir wünschen Ihnen eine gute Reise«, sagte der Stationsarzt. »Und erholen Sie sich gut. Die Kleine ist bei uns bestens aufgehoben.«

So hatte ich keine Ausrede mehr. »Außerdem ist Brahim dein Mann. Wenn er will, daß du mit nach Jugoslawien fährst, hast du zu gehorchen«, ermahnte mich Vater, und ich fügte mich seinem Willen schweren Herzens.

*

So fuhren wir in den Kosovo. Kaum angekommen, wollte Brahim zu seinen Eltern in den Nachbarort. Vater war von der langen Fahrt fix und fertig und hatte keine Lust mehr, noch weiterzufahren, aber als Brahim sagte, er könne auch mit einem Taxi zu seinen Eltern kommen, lehnte Papa das ab. Er wollte verhindern, daß Brahims Familie einen schlechten Eindruck von seinem Schwiegervater bekäme. Deshalb fuhr er uns noch in den Nachbarort, obwohl er schon fast am Steuer einschlief.

Schwiegermutter begrüßte ihren Sohn so, als hätte sie ihn viele Jahre nicht mehr gesehen. »Wie habe ich dich vermißt, Brahim! Es hat mir fast das Herz gebrochen, als du nach Deutschland gefahren bist. Willkommen zu Hause, und ich hoffe, ihr bleibt möglichst lange hier.« Kaum hatte ich meine Jacke ausgezogen, da befahl sie mir auch schon, das Essen zuzubereiten. Sie habe schließlich viel mit ihrem Sohn zu bereden. Sabrije verwöhnte ihn nach Strich und Faden: Er bekam Tee und Gebäck, sie machte ihm sofort den Platz auf dem Sofa frei, wo er sich am bequemsten von der Reise ausruhen konnte. Brahim fühlte sich sichtlich wohl, da sich alles nur um ihn drehte. Er war glücklich, und das verstand ich recht gut, denn schließlich wußte ich aus eigener schmerzlicher Erfahrung, wie schwer mir die Trennung von meiner Familie gefallen war. Es schien niemanden zu interessieren, wie es mir ging und der Kleinen, die ja noch in Deutschland im Krankenhaus lag. Keiner fragte, ob Sabrije gesund sei oder ob sie Ähnlichkeit mit Brahims Mutter habe. Den Haß gegen mich hatte die Schwiegermutter vermutlich sofort auf meine Tochter übertragen.

Endlich konnte ich ins Bett. Ich war hundemüde und hatte nur noch den einen Wunsch, mich hinzulegen, aber Brahim hatte anderes im Sinn. »Ich will mit dir schlafen«, verkündete er kurz und bündig. »Das geht noch nicht«, entgegnete ich entsetzt, »ich habe von der Entbindung immer noch Blutungen.« Aber das interessierte ihn herzlich wenig. Er warf sich einfach auf mich und fragte barsch: »Weißt du eigentlich, wie lange es her ist, daß wir zusammen geschlafen haben?« Mein Einwand, daß ich nichts dafür könne, so lange im Krankenhaus gelegen zu haben, beeindruckte ihn nicht. »Jetzt erfüllst du deine Pflichten als Frau. Und stell dich bloß nicht so an. Du hast ein Kind bekommen und es schließlich überlebt, da wird dich mein Glied wohl nicht umbringen.« Ich mußte weinen, und ich hatte große Schmerzen im Unterleib, während er mich vergewaltigte. Je größer meine Schmerzen waren, um so mehr erregte ihn das. Am liebsten hätte ich lauthals geschrien, aber das durfte ich nicht, denn alle anderen im Haus hätten mein Klagen gehört und gemerkt, was los war. So ließ ich leise schluchzend alles über mich ergehen.

Als Brahim endlich fertig war, rutschte er von mir herunter, drehte mir den Rücken zu und schlief fast auf der Stelle ein. Immer noch weinend stand ich auf und wusch mich, dann legte ich mich wieder hin. Ich war völlig verstört, und ich fragte mich, was meinen Mann so verändert haben könnte, daß er über seine eigene Frau derart gefühllos herfiel. Er schien wie verwandelt, aber vielleicht war dies auch sein eigentlicher Charakter, den er nur so lange verborgen hatte, wie er im Hause meiner Eltern gewohnt hatte. Ich ahnte nichts Gutes für unsere Zukunft.

Irgendwann schlief ich erschöpft und niedergeschlagen ein.

*

Lautes Geschrei riß mich am folgenden Morgen aus meinen Alpträumen. »Du glaubst wohl, du bist hier bei deinen Eltern und kannst schlafen bis zum Mittagessen!« Es war Schwiegermutter, und mir war längst klar, daß sie sich kein bißchen geändert hatte. Sie war der gleiche Drachen geblieben wie früher. Mit Augen, die vom Weinen immer noch gerötet waren, blickte ich zum Wecker. Es war gerade 7.00 Uhr. Nur eines gab mir die Hoffnung, die Schikanen dieser Frau zu ertragen: In drei Wochen würden wir wieder nach Deutschland fahren, und dann wäre alles wieder gut. Als ich mich angezogen hatte und in die Küche ging, sah Schwiegermutter mich mit bösen Augen an. Wenn Blicke töten könnten, wäre ich in diesem Augenblick tot umgefallen. Sie war der personifizierte Haß, als ich ihr später den Tee servierte.

Auch Brahim war durch ihr Gezeter wach geworden und fragte, was los sei, worauf Sabrije lospolterte: »Deine faule Schlampe hat bis jetzt geschlafen. Ich wurde wach, aber es war noch kein Tee fertig.« Brahim wandte sich zu mir und brüllte mit rotem Gesicht los: »Du bist hier nicht im Urlaub. Muß ich dich vielleicht erst wekken, damit du deine Arbeit pünktlich erledigst?« Zaghaft wandte ich ein, daß ich immer früh aufgestanden sei. Nur letzte Nacht habe er mich nicht schlafen lassen. Ich hatte den Satz kaum zu Ende gesprochen, da holte er weit aus und schlug mir mit der flachen Hand heftig ins Gesicht. »Das ist nicht mein Problem, halt's Maul!« brüllte Brahim, bevor er ins Nachbarzimmer ging. »Ich habe einen guten Sohn«, sagte Schwiegermutter daraufhin, lächelte zufrieden und ging ebenfalls ihrer Wege.

Ich brach völlig zusammen. Von Weinkrämpfen geschüttelt, dachte ich über mein Schicksal nach. Womit hatte ich eine solche Härte verdient? Mein Mann schlug mich jetzt sogar, er vergewaltigte mich, und ich hatte überhaupt keine Rechte. Er behandelte mich wie ein Stück Dreck. Ich fragte mich, ob es tatsächlich allein die Sitten des Kosovo waren, die Brahim so lieblos handeln ließen, oder ob es vielleicht doch an seinem Charakter liegen könnte. Womöglich gab er nur vor, mich zu lieben, während er in Wirklichkeit nichts weiter als Sex wollte. Wie auch immer: Ich war freiwillig seine Frau geworden, und jetzt blieb mir nichts anderes übrig, als mit meinem Mann zu leben. Eine Fluchtmöglichkeit aus dieser Ehe gab es nicht, denn das Ehrgefühl, das das Leben in unseren Familien beherrschte, machte eine Trennung unmöglich.

Später, als alle anderen aus dem Haus waren, traf ich Brahims Tante. Sie hatte das Geschrei gehört und wollte wissen, was los war. Ich erzählte ihr alles, und sie sagte, ich wäre besser bei meinem Kind in Deutschland geblieben. »Du mußtest doch wissen, was hier auf dich zukommen würde. Du hättest dich dagegen wehren müssen, daß deine Familie dich wieder in Brahims Familie bringt.« Es klang wie ein heiliger Schwur, als ich ihr versicherte: »Es ist bestimmt das letzte Mal, daß sie mich nach Jugoslawien geschleppt haben.« Allerdings war das eher ein verzweifelter Wunsch als meine feste Überzeugung.

Abends kam Brahim, und er versuchte, sein Verhalten zu rechtfertigen. »Du weißt doch, daß ich dich liebe«, sagte er begütigend. Doch ich war nicht überzeugt. »Du sagst es zwar, aber du zeigst es mir nicht«, erwiderte ich. »Es war meine Pflicht, so zu handeln«, erklärte Brahim. »Hier erwartet man Härte von mir.« Dann nahm er mich in seine Arme, und ich ließ mich erschöpft fallen. Mit dem Kopf auf seiner Brust schlief ich ein.

Morgens stand ich sehr zeitig auf, kochte Tee und erledigte andere Hausarbeiten. Als Schwiegermutter wach wurde, servierte ich ihr das Frühstück, so wie sie es verlangte. Sie schien zufrieden zu sein und fragte, ob ich Fotos von ihrer Enkelin mitgebracht hätte. Ich nickte und holte die Bilder. Sie betrachtete die Fotos von Sabrije, ohne eine Miene zu verziehen. »Jetzt erwarte ich, daß du einen Sohn zur Welt bringst«, sagte sie entschieden, so, als ob ich auf das Geschlecht meiner zukünftigen Kinder Einfluß hätte. »Der Sohn wird den Namen meines Mannes tragen«, be-

107

stimmte sie außerdem. Ich schwieg, aber ich dachte, daß es damit noch viel Zeit haben würde. Erst wollte ich in Deutschland arbeiten gehen, damit ich meinen Mann endlich heiraten konnte. Danach, das war mir klar, mußte ich ihm einen Stammhalter gebären. Denn so gehörte es sich für eine gute Frau.

Ganz aufgegeben hatte ich die Hoffnung noch nicht, daß Schwiegermutter sich irgendwann in das Unvermeidliche finden und mich als ihre Schwiegertochter akzeptieren würde. Schließlich hatte sie irgendwann auch Fatime anerkannt. Meiner Schwägerin war es anfangs genauso gegangen wie mir, doch inzwischen gab es ein herzliches Verhältnis zwischen Brahims Mutter und ihr. Da sie erst kürzlich niedergekommen war, durfte sie sogar sehr lange schlafen und brauchte sich auch sonst nur um ihr Kind zu kümmern. Von anderen Hausarbeiten war sie entbunden.

Für mich änderte sich jedoch nichts. Ich mußte arbeiten wie ein Tier, und der Rest der Familie schaute mir zu. Sie hielten mich drei Wochen lang wie eine Sklavin. Ich fühlte mich gedemütigt und erniedrigt, aber ich glaubte, so sei es üblich in der Heimat meiner Eltern. Ich ertrug alles, ohne zu rebellieren, denn der Termin unserer Abreise war nicht mehr fern.

*

Zwischendurch kam meine Schwester Mevlyde mit ihrer Familie aus Budwa, um meine Eltern zu besuchen. Schwiegermutter fuhr mit uns zu meiner Familie in den Nachbarort, wo sie wieder einmal wie ausgewechselt war. In Anwesenheit meiner Eltern spielte sie die Überfreundliche. Diese Frau hatte offenbar die Fähigkeit, ihr Wesen je nach Bedarf so zu verändern wie ein Chamäleon seine

Farbe. Mevlyde, die früher ein bildhübsches Mädchen gewesen war, sah sehr schlecht aus. Sie war stark abgemagert, und ihre Wangenknochen traten deutlich hervor. Offensichtlich war sie auch verprügelt worden, denn sie hatte ein gewaltiges »Veilchen« am linken Auge. Obwohl für jeden unübersehbar war, daß man Mevlyde mißhandelt hatte, fragte niemand, wer ihr das angetan habe. Prügel waren ein Tabu-Thema, das nicht berührt werden durfte. Wenn ihr Mann sie geschlagen hatte, wovon allgemein ausgegangen wurde, dann würde sie es wohl verdient haben, war die Überzeugung aller Gäste. Ich wußte, daß sie in ihrer neuen Familie schlecht behandelt wurde und fragte sie ohne Umschweife nach dem blauen Fleck. Meine Mutter erstarrte, als ich das Thema in Anwesenheit aller Frauen ansprach, aber Mevlyde antwortete genauso, wie ich das erwartet hatte: »Ich bin gegen einen Schrank gelaufen.«

Die gesamte Verwandtschaft, die in der Nähe wohnte, war ins Haus meiner Eltern gekommen. Die Männer saßen in einem Raum, die Frauen in einem anderen. Später zeigte Mevlyde mir ihre kleine Tochter Deschire. Sie war jetzt sechs Monate alt und genauso schön, wie ihre Mutter es früher auch gewesen war, bevor sie in Jugoslawien verheiratet worden war. Deschire hatte die gleichen ebenmäßigen Gesichtszüge wie meine Schwester und die gleichen sympathischen Augen. Mevlyde hatte den Namen Deschire schon immer gemocht. Ich nahm an, daß sie ihn selbst hatte aussuchen dürfen, und dafür beneidete ich sie. Doch in Wirklichkeit hatte ihr Schwiegervater den Namen festgelegt. Es war nur Zufall, daß sie diesen Namen auch liebte. Es schien ihr sehr schlecht zu gehen, deshalb ermunterte ich sie, mit mir zur Toilette zu kommen, damit wir uns unter vier Augen unterhalten konnten. Doch unsere Aussprache kam nicht zustande, weil immer einer aus der Familie bei uns blieb. Sie hatten wohl Angst, daß Mevlyde mir berichten würde, wie miserabel sie von ihrer Familie behandelt wurde.

Als wir das Zimmer verlassen wollten, schwankte meine Schwester. Sie wurde ganz weiß im Gesicht und stützte sich gegen die Wand, bevor sie zusammenbrach. Alle liefen zu ihr, um zu helfen, und Vater trug Mevlyde zu seinem Auto und brachte sie zu einem Arzt. Nach fast zwei Stunden kamen beide zurück. Meiner Schwester ging es offenbar besser. Papa befahl ihr, sich zu den Frauen zu setzen, dann ging er ins Nebenzimmer, wo die Männer waren. Ich fragte Mevlyde, was geschehen war, doch sie schüttelte nur den Kopf, blickte zu Boden und schwieg.

Dann hörte ich meinen Vater schreien, und das war ich von ihm überhaupt nicht gewöhnt. Erst verstanden wir nur, daß sein Zorn irgendwie mit Mevlyde zu tun hatte, aber dann wurde deutlich, worum es ging. Vater brüllte: »Ich lasse es nicht zu, daß man meine Tochter halb umbringt!« Mevlydes Schwiegervater wandte ein: »Es passiert schon mal, daß eine Frau ein blaues Auge bekommt.« Da fing Vater an zu toben, denn er liebte seine Kinder, und wenn eines ungerechtfertigt gepeinigt wurde, litt er mit ihm. »Meine Tochter kommt mit mir zurück nach Deutschland. Sie hat bei euch nichts mehr verloren!« schrie er. Ich staunte über Papa, denn so hatte ich ihn noch nie erlebt. Außerdem dachte ich, daß es für ihn wie für alle anderen im Kosovo ganz normal sei, daß Frauen geschlagen wurden. Mutter belehrte mich jedoch, daß Männer ihre Frauen nur schlagen durften, wenn sie sich schuldig gemacht hatten. Ein Vater dürfe nicht sehen, daß seine Tochter am ganzen Körper die Spuren der Mißhandlung trage, weil er es gewesen sei, der ihr diesen Mann ausgesucht habe. Inzwischen hatte Vater wohl noch mehr erfahren. Offenbar hatte Mevlyde ihm auf der Rückfahrt vom Arzt berichtet, daß ihr Mann wegen einer Schlägerei von der Polizei gesucht werde, da er ins Gefängnis mußte. Ihr Ohnmachtsanfall war nervlich bedingt, und es war nicht der erste gewesen. Man behandelte sie in Budwa wie ein Tier. Sie durfte mit niemandem reden, man sperrte sie ins Haus und hielt die Gardinen verschlossen, so daß meine Schwester immer im Halbdunkel leben mußte. Das und die Prügelorgien ihres Mannes zehrten sie körperlich aus. Sie hatte mir zwar oft geschrieben, aber darüber hatte nichts in ihren Briefen gestanden. Auch Vater hatte erst heute von den Qualen seiner Tochter erfahren, und er tobte wie ein Wilder.

Wieder erhob Mevlydes Schwiegervater seine Stimme: »Wenn du deine Tochter mit nach Deutschland nehmen willst, wird mein Sohn sein Fleisch und Blut bekommen.« Damit meinte er die kleine Deschire. Die Kinder kamen in Scheidungsfällen immer zum Vater, denn als sein Fleisch und Blut gehörten sie zu ihm, sagte man im Kosovo. Mir lief es eiskalt den Rücken herunter. Vater antwortete mit fester Stimme: »So soll es sein«, womit er bestimmte, daß Mevlydes Kind beim Vater bleiben sollte, während sie selbst nach Deutschland fahren mußte. Meine Schwester saß schweigend neben mir, sie zeigte keine Regung. Mutter brach ebenso in Tränen aus wie meine Schwiegermutter. Mama rief: »Das könnt ihr nicht machen, das Kind muß bei seiner Mutter bleiben!« Aber Vater fauchte sie an: »Halt den Mund!« Mevlydes Schwiegereltern nahmen Deschire und verließen das Haus. Alle weinten, sogar Vater gab sich völlig hemmungslos seinen Gefühlen hin und schluchzte wie ein Kind. An diesem Abend blieben wir bei meinen Eltern, auch die Schwiegermutter. Sie wollte Mama trösten und zeigte damit eine weitere überraschende Facette ihrer undurchsichtigen Persönlichkeit.

Vater versammelte abends ein paar erfahrene Männer um sich. Wie es Sitte war im Kosovo, sollten diese Männer sagen, ob er richtig gehandelt hatte oder nicht. Sie gaben ihm recht, aber sie wiesen darauf hin, daß durch diese Trennung noch keine offizielle Scheidung stattgefunden habe. Vater brach immer wieder in Tränen aus, denn es zerriß ihm beinahe das Herz, daß er seine Tochter von ihrem Kind trennen mußte. Er fragte Mevlyde nach ihrer Meinung. »Ich werde deine Entscheidung respektieren«, sagte meine Schwester. So blieb es dabei, daß Mevlyde mit nach Deutschland kommen sollte.

Am nächsten Tag kehrten wir wieder zu Brahims Familie zurück. Mir ging das Erlebte nicht aus dem Kopf. Es hätte mich vielleicht nicht so sehr bedrückt, wenn ich Mevlydes Kind nicht gesehen hätte. Meine Schwester tat mir so leid. Schon jetzt vermißte ich meine eigene Tochter sehr, obwohl ich sie noch gar nicht zu Hause gehabt hatte, aber Mevlyde hatte bereits ein halbes Jahr mit ihrer kleinen Tochter gelebt. Wie furchtbar mußte die Trennung erst für sie sein. Sie zeigte es nicht, denn sie wollte nicht, daß Vater sah, was sie fühlte, aber innerlich durchlitt sie Höllenqualen.

Wir sprachen viel über das Schicksal meiner Schwester, die ihre Tochter nie wiedersehen würde. Nach einer Scheidung gab es im Kosovo kein Besuchsrecht für die Mutter, die Familien vermieden jede Begegnung. Meine Schwiegermutter zeigte großes Mitleid mit Mevlyde, doch in Wirklichkeit stand sie voll hinter dieser Regelung. Aber solche Erkenntnisse behielt ich für mich. Nur die Hoffnung hielt mich aufrecht, daß ich bald wieder nach Deutschland kommen würde und endlich meine Tochter nach Hause holen konnte. Die Tage gingen schnell vorüber. Brahim lebte in diesen Wochen sichtlich auf. In Deutschland hatte er überhaupt keine Freunde, so nutzte er im Kosovo jede freie Minute, um Bekannte zu treffen, und dafür hatte ich Verständnis.

Zunächst freute er sich auch darauf, wieder nach Deutschland zu kommen. Doch kurz vor der Abreise teilte er mir seinen Entschluß mit. »Ich bleibe vorerst hier, und du fährst allein mit deinen Eltern nach Deutschland. Dort suchst du Arbeit, und wenn du auch für mich eine Stelle gefunden hast, komme ich nach und wir nehmen uns eine eigene Wohnung.« Auch das leuchtete mir ein. Im Hause meiner Eltern fühlte er sich zu sehr eingeengt, er brauchte seine Freiheit. Immerhin war ich froh, daß Brahim nicht auf Dauer in Jugoslawien bleiben wollte, denn das hätte für mich die furchtbare Konsequenz gehabt, den Rest meines Lebens unter Schwiegermutters Aufsicht leben und leiden zu müssen. So fuhr ich allein mit meinen Eltern und Mevlyde zurück in die Eifel.

*

In Deutschland brachte Vater mich sofort ins Krankenhaus. Da lag meine kleine Tochter und schlief tief und fest. Ihre Wangen hatten sich gerundet, und sie hatten eine rosige Farbe bekommen. Ich wollte sie nicht wecken und setzte mich neben sie, um ihr beim Schlafen zuzusehen und einfach ihrem Atmen zu lauschen. »Wir haben die Kleine alle ins Herz geschlossen«, sagte der Arzt, der unbemerkt von hinten herangekommen war. »Sie wird uns fehlen.«

»Heißt das, daß ich sie mitnehmen kann?« fragte ich ungläubig, aber innerlich jubelnd, und er nickte. Sabrije hatte sich sehr gut entwickelt, und inzwischen hatte sie nahezu Normalgewicht. »Sie ist kerngesund«, sagte der Arzt und lächelte.

Vater war vor lauter Freude ganz aus dem Häuschen, und er konnte es kaum abwarten, die Kleine nach Hause zu holen. Wir mußten allerdings erst noch einmal ohne Sabrije fahren, um ein paar Babysachen zu holen. Als ich daheim die winzigen Strampelhosen und Jäckchen einpackte, die Mutter gekauft hatte, merkte ich, daß meine Schwester ganz traurig in einer Ecke des Wohnzimmers stand und mir zuschaute. Mevlyde vermißte ihr eigenes Kind sehr. Deshalb bat ich sie, Sabrije mit Vater aus dem Krankenhaus abzuholen. Die Ärzte kannten Vater inzwischen, so daß es kein Problem sein würde, wenn ich nicht dabei wäre. Nach anfänglichem Zögern willigte sie ein.

Während Mevlyde und Vater unterwegs waren, heizte ich das Zimmer auf, denn meine Tochter sollte es bei der Ankunft in ihrem Heim schön warm haben. Mutter half mir. »Es wäre ganz gut, wenn Mevlyde einen Teil der Pflege Sabrijes übernehmen könnte. Vielleicht kommt sie dann besser über den Verlust ihrer eigenen Tochter hinweg«, sagte Mama nachdenklich. Ich pflichtete ihr bei, obwohl ich sicher war, daß meine Schwester trotzdem noch sehr lange leiden würde.

Ich konnte die Ankunft meiner kleinen Tochter kaum erwarten. Aufgeregt lief ich auf den Balkon und blickte zur Straße hin. Unmittelbar neben unserem Haus befand sich eine gutgehende Gaststätte. Der Wirt, Herr Mayer, trat aus der Schänke und sah, daß ich auf dem Balkon hin und her ging. »Was macht dein Baby?« erkundigte er sich und freute sich mit mir darüber, daß die Kleine an diesem Tag das Krankenhaus verlassen durfte. »Lebst du eigentlich immer noch bei deinen Eltern, oder hast du inzwischen eine eigene Wohnung?« wollte er wissen. Seit Jahren kannte ich ihn als gutmütigen Menschen. »Natürlich hätte ich furchtbar gerne eine eigene Wohnung, aber dafür brauche ich Geld und eine Arbeitsstelle«, antwortete ich. »Wie willst du das denn anstellen mit dem kleinen Kind?« fragte Mayer nach. »Das ist jetzt alles nicht mehr so einfach. Das Kind braucht dich, da kannst du nicht den ganzen Tag aus dem Haus sein«, gab er zu bedenken. »Außerdem bist du noch viel zu jung, niemand wird dich anstellen. Warum versuchst du nicht, Hilfe vom Sozialamt zu bekommen?« Ich schilderte ihm mein ernüchterndes Erlebnis beim örtlichen Sozialamt, wo mich die unfreundliche Dame so abweisend behandelt hatte, aber Herr Mayer war dennoch zuversichtlich. »Ich würde es noch einmal versuchen. Jetzt ist das Kind da, und damit ist alles anders geworden, dir steht bestimmt Sozialhilfe zu. Außerdem«, fuhr er fort, »kann ich dir vielleicht auch helfen. Komm doch mal kurz herunter, damit ich dir etwas zeigen kann.« Ich sagte Mutter Bescheid und ging die wenigen Schritte zum Nachbarhaus. Dabei war ich gespannt wie ein Flitzebogen, was er mir zeigen wollte, denn schließlich konnte ich jede Art von Hilfe in meiner Situation gut gebrauchen. Er lächelte mich freundlich an und ging schweigend vor mir her ins Haus. Im Flur blieb er stehen und deutete auf ein Zimmer. »Gefällt dir dieser Raum?« wollte Herr Mayer wissen. Ich verstand nicht, wieso er das fragte, aber ich nickte, dann deutete er auf einen anderen Raum und wiederholte die Frage, und wieder nickte ich. »Wieso wollen Sie das wissen?« fragte ich, und er antwortete: »Diese Zimmer kannst du haben. Wenn du möchtest, kannst du mit deinem Kind hier wohnen. Es muß nur noch einiges renoviert werden, dann könnt ihr einziehen.« Bis jetzt hatte er diese Räume als Lebensmittellager genutzt, benötigte sie aber künftig nicht mehr.

Ich war sprachlos. Er wußte doch, wie es finanziell um mich bestellt war, und trotz allem wollte er mir die

Wohnung geben. Es waren kleine Räume, das Schlafzimmer lag im ersten Stockwerk, und zur Toilette mußte ich über den Flur laufen. Die Dusche mußten wir mit Mayers teilen, aber für Sabrije und mich bot die Wohnung genügend Platz, und auch Brahim würde darin leben können. Es war nicht gerade komfortabel, aber es waren meine ersten eigenen vier Wände. Ich war überglücklich.

Nachdem er mir alles gezeigt hatte, fragte Herr Mayer mich noch einmal, ob ich die Wohnung haben wollte. Statt einer Antwort fiel ich ihm um den Hals. Er freute sich mit mir, dann erkundigte ich mich nach der Miete. »Darüber brauchst du dir keine Gedanken zu machen. Die vierhundert Mark zahlt bestimmt das Sozialamt«, meinte er. Die Räume hatten eine Ölheizung und fließend warmes Wasser. Das gab es bei meinen Eltern nicht, um so dankbarer war ich für das Angebot.

Dann kam Mutter eilig herüber, um mir zu sagen, daß meine Tochter angekommen sei. Herr Mayer erzählte ihr sofort von seinem Angebot, und sie war ebenso freudig überrascht wie ich. Wir verabredeten, daß ich gleich am nächsten Tag zur Caritas gehen würde, um dort zu fragen, wie ich an Sozialhilfe für meine eigene kleine Familie kommen könnte. Mutter bedankte sich mehrmals bei Herrn Mayer für das großherzige Angebot.

Zu Hause sah ich, daß Vater und Mevlyde für meine kleine Sabrije alles gekauft hatten, was für die Babypflege nötig war. Sie hatten an Einwegwindeln ebenso gedacht wie an Creme, Puder und Babykleidung. Mevlyde wechselte Sabrijes Windeln, dann machte sie ein Fläschchen Babynahrung warm. Als die Milch die richtige Temperatur hatte, reichte sie mir mein Kind. »So, jetzt kannst du Sabrije füttern.« Doch das brachte ich nicht übers Herz, denn ich spürte, daß es ihr guttat, Sabrije zu halten. »Nimm du sie«, sagte ich, und drückte meiner Schwester die Kleine sanft in die Arme.

Bei der Caritas behandelte mich die Sachbearbeiterin wieder sehr freundlich. Sie ermunterte mich, zur Stadtverwaltung zu gehen und mich dort beim Sozialamt zu melden. Sie werde vorab telefonisch erklären, worum es gehe. Die Frau vom Sozialamt stellte mir viele Fragen: »Haben Sie eine Arbeitsstelle? Wieviel verdient Ihr Vater?« und dergleichen mehr. Dann gab sie mir einen Stapel Antragsunterlagen, den ich mit meinen Eltern und dem künftigen Vermieter ausfüllen sollte. Daraus schloß ich, daß ich diesmal wirklich Hilfe bekommen würde. Etwas zu betont freundlich säuselte die Frau hinter dem Schreibtisch: »Es wird nicht sehr viel Geld geben, aber für Sie dürfte es wohl reichen.«

Zu Hause füllten wir die Anträge sofort aus. Alle freuten sich mit mir. Mutter war froh darüber, daß meine neue Wohnung unmittelbar neben ihrer lag. So könne sie mir helfen, wenn ich Probleme mit der Kleinen hätte. Am nächsten Tag brachte ich die ausgefüllten Anträge wieder zum Sozialamt, und die Sachbearbeiterin teilte mir mit, daß ich monatlich rund 1.000 Mark an Unterstützung bekommen würde. Das war mehr als genug, zumal es nicht lange dauerte, bis ich auch noch Kindergeld bekam. Da Herr Mayer als Einzugsdatum »sofort« eingetragen hatte, bekam ich das Geld für die Miete gleich mit auf den Heimweg. Weil ich gerade im Rathaus war, meldete ich gleich meinen neuen Wohnsitz an: »Hühnerweg 10«.

Ich mußte dringend Möbel auftreiben, denn bisher besaß ich außer einigen persönlichen Kleinigkeiten gar nichts. Mein jüngster Bruder Mehmed kannte jemanden, der gerade seinen Haushalt auflöste, und er riet mir, ich soll mit Vater zu diesem Mann fahren. Vorher wollte ich Herrn Mayer Bescheid geben, daß ich nun offiziell in seinem Haus angemeldet sei. Da führte er mich noch einmal durch die Wohnung. Inzwischen hatte er dort etliche Möbelstücke aufgestellt, die er selbst nicht mehr benötigte. Wenn ich die Sachen brauchen könne, würde er sie mir schenken, erklärte mein Vermieter freundlich. Im Wohnzimmer stand eine alte Sitzgarnitur, im Schlafzimmer ein Bett und ein Schrank, und sogar um das Baby hatte sich Herr Mayer Gedanken gemacht. Er hatte eine große Schublade aus einem Schrank gezogen, und seine Frau hatte dazu passende »Bettbezüge« genäht. Diese Wiege wurde tatsächlich Sabrijes erstes Bettchen. Alle Möbel waren gebraucht und zum Teil Provisorien, aber ich war überglücklich damit, denn jetzt fehlten eigentlich nur noch eine Kücheneinrichtung, ein Wohnzimmertisch und Geschirr, dann war mein erster Haushalt komplett. Mit Vater fuhr ich zu der Wohnungsauflösung, wo er mir die fehlenden Sachen kaufte. So hatte ich meine Einrichtung zusammen.

Jetzt konnte Brahim kommen. Er wußte noch gar nichts von der neuesten Entwicklung, denn er hatte sich bisher nicht bei uns gemeldet. Vater rief bei Bekannten von Brahim an und ließ ihm ausrichten, er möge dringend in der Eifel zurückrufen. Es dauerte nicht lange, da meldete er sich. »Wir haben eine Wohnung«, jubelte ich, »du kannst sofort kommen und einziehen.« Dann erzählte ich ihm alles ausführlich der Reihe nach, und er freute sich sehr. »Nun werden sich unsere Wünsche erfüllen. Ich komme so schnell wie möglich.«

Alles schien gut zu werden, ich würde ein normales Leben führen können, so wie meine Schulfreundinnen und alle anderen jungen Mädchen und Frauen, die ich in Deutschland kannte. Ich hatte meine kleine Tochter, eine

Wohnung, Geld, und mein Mann würde bald zu uns kommen.

*

Wenige Wochen nachdem ich umgezogen war, kam Post vom Jugendamt: Ich sollte mich bei der Behörde melden. Eine ihrer Außenstellen befand sich im Rathaus unserer Stadt, und gleich am nächsten Tag ging ich hin, weil ich neugierig war, was das Amt von mir wollte. Ich ahnte nichts Gutes, aber meine Befürchtungen wurden noch übertroffen. »Sie sind noch nicht volljährig. Deshalb müssen Sie die Kleine in die Obhut des Jugendamtes geben, bis Sie achtzehn Jahre alt sind«, sagte mir die Sachbearbeiterin. »Sie sind noch zu jung, um ein Kind zu erziehen. So steht es im Gesetz.« Ich war fast 17 Jahre alt, und sie wollten mir für ein Jahr mein Kind wegnehmen. Sabrije sollte in einem Heim untergebracht werden, und das wollte ich unter gar keinen Umständen zulassen. »Meine Tochter kommt keinen einzigen Tag ins Heim!« protestierte ich energisch. Ich stürmte wutschnaubend aus dem Büro und lief nach Hause, so schnell ich konnte, wo ich völlig aufgewühlt meinem Vater alles erzählte. Er ging noch einmal mit mir zurück zum Jugendamt und erklärte der Sachbearbeiterin in ruhigem Ton: »Jugoslawische Mädchen werden anders erzogen als deutsche. Sie sind viel früher reif und fähig, ein Kind zu erziehen.« Das Argument überzeugte die Frau nicht, aber sie zeigte Vater einen möglichen Ausweg auf. »Wenn Sie für ein Jahr die Vormundschaft über Sabrije übernehmen, dann muß die Kleine nicht ins Heim. Dann sind Sie praktisch auch Sabrijes Vater.« Später könne man alles rückgängig machen. Wieder half Papa. Er sprang, ohne zu zögern, als Vormund in die Bresche, und Sabrije blieb bei mir.

Kaum war dieses Problem gelöst, kam schon das nächste auf uns zu. Brahim rief an und behauptete, sein Vater sei krank, deshalb müsse er den Trödelverkauf auf dem Markt übernehmen, denn seine Brüder weigerten sich, diese Arbeit zu tun. Er könne erst in die Eifel kommen, wenn sein Vater wieder gesund sei. Papa paßte das nicht, aber andererseits betonte er, er wäre stolz, wenn er selbst Söhne hätte, die sich so um ihre Eltern kümmerten. Mir brachte die Entscheidung Brahims wieder nichts als Ärger. Bisher schlief ich nämlich nicht in meiner neuen Wohnung, sondern nach wie vor im Hause meiner Eltern. In meiner Mietwohnung hätte ich nicht alleine wohnen können, weil sich dann die Verwandtschaft das Maul zerrissen hätte. Eine Frau allein: Das gab es bei uns nicht. Sie hätte ja tun und lassen können, was sie wollte. Das wäre ein Skandal gewesen, und das konnte ich meinen Eltern nicht antun, also schlief ich bei ihnen. Nun fürchtete ich, daß Brahim sich auch in Zukunft so verhalten würde, daß er, ganz wie es ihm gerade gefiel, sich überwiegend in Jugoslawien aufhalten würde, was mich in eine unmögliche Situation bringen würde.

Zwei Monate war ich nun schon wieder alleine in der Eifel. Eines Morgens beim Frühstück verkündete Vater unvermittelt: »Du mußt zu deinem Mann fahren. Übermorgen wird dein Vetter mit dem Zug nach Jugoslawien reisen, da kannst du dich mit Sabrije anschließen.« Ich widersprach. »Wenn mein Mann mich sehen will, dann soll er zu mir kommen. Ich will nicht mehr zu meiner Schwiegermutter.« Aber alle Argumente fruchteten nichts, denn Vater hatte es bereits so beschlossen. »Es ist nicht gut, wenn eine Frau so lange von ihrem Mann getrennt ist. Außerdem wird Brahims Familie sich freuen, endlich das Kind zu sehen«, sagte er, und ich mußte gehorchen. Andererseits freute ich mich auch auf das Wiedersehen mit meinem Mann. Ich vermißte ihn trotz der Verletzungen, die er mir zugefügt hatte. Mit Vater besorgte ich einen Milchpulvervorrat für die Reise, denn solche Babynahrung konnte man damals im Kosovo noch nirgends kaufen.

*

Mein Schwiegervater holte uns vom Zug ab, denn Papa hatte ihm unsere Ankunft telefonisch angekündigt. Brahims Vater freute sich sehr über Sabrije. Schließlich kannte er diese Enkeltochter bisher nur von Bildern. Er nahm sie auf den Arm und küßte sie, er fand sie schön, was mich mit Stolz erfüllte.

Im Haus angekommen, wurde meine Tochter von einem zum anderen gereicht, und alle fanden sie goldig. Sie herzten und sie küßten sie, und sogar meine Schwiegermutter zeigte sich von ihrer Sonnenseite. Sie war freundlicher zu mir als früher, und zum ersten Mal hatte ich in diesem Haus das Gefühl, normal behandelt zu werden. Am Abend machte mein Vetter sich auf den Heimweg. Brahim hatte ich bis dahin noch gar nicht gesehen, obwohl er natürlich wußte, daß seine Frau und seine Tochter nach der langen Trennung an diesem Tag kommen würden. Trotzdem war er wieder mit seinen Freunden auf Tour, und als ich zu Bett ging, war er immer noch nicht da. Irgendwann in der Nacht wurde ich wach. Brahim war ins Zimmer gekommen und hatte mich berührt. »Ich freue mich, dich und die Kleine hier zu haben«, flüsterte er. »Mein Vater ist auf dem Weg der Besserung, und wir können bald wieder nach Deutschland fahren.« Von einer Krankheit meines Schwiegervaters hatte ich bis dahin noch nicht das geringste gemerkt. Aber dazu sagte ich nichts, vielmehr berichtete ich ihm von der Wohnung und von meinen Problemen mit dem Jugendamt. Brahim war froh, daß ich alles geregelt hatte. Er schien sich auf die neue Wohnung zu freuen. »Ich kann es kaum abwarten«, versicherte er mir.

Am nächsten Morgen wurde mir klar, daß meine Schwiegermutter sich keineswegs geändert hatte. Vermutlich war sie am Vortag nur deshalb so zuvorkommend zu mir gewesen, weil mein Vetter noch dabeigewesen war. Jetzt kommandierte Sabrije mich wieder herum, ich sollte dies und jenes erledigen. Ich erwiderte, ich müsse zuerst Sabrije baden, denn ihre Windeln seien naß. »Das kannst du später machen, jetzt wird erst gearbeitet!« schimpfte sie. Brahim gab ihr recht, und ihm schien es gleichgültig zu sein, wie lange die Kleine in den nassen Windeln lag. Hauptsache, er mußte seiner Mutter nicht widersprechen.

Nachdem ich die Arbeiten erledigt hatte, wollte ich Sabrije endlich baden. Das hatte bisher meistens meine Mutter gemacht, und ich fühlte mich jetzt unsicher. Deshalb fragte ich Schwiegermutter, ob sie mir zeigen könne, wie ich das Baby waschen müsse. »Das hat mir auch keiner gezeigt. Sieh zu, daß du damit fertig wirst«, antwortete sie. Mit der Zeit fand ich mich immer mehr mit Schwiegermutters Schikanen und Brahims Lieblosigkeiten ab. Schließlich hatte ich ja Sabrije, mein ein und alles, und die Hoffnung, bald wieder nach Deutschland fahren zu können.

Die Tage vergingen. Eines Abends streichelte ich die Kleine und merkte, daß sich ihr Kopf ganz heiß anfühlte. Da ich keine Ahnung von Kinderkrankheiten hatte, bat ich meine Schwiegermutter, nach Sabrije zu sehen. Sie legte ihre langen Finger auf die Stirn der Kleinen und sagte dann: »Alles Quatsch, das bildest du dir nur ein, der Kleinen geht es gut.« Ich widersprach: »Ich glaube, sie hat einen ganz heißen Kopf, und sie sieht auch krank aus.« Darauf keifte Brahims Mutter: »Wenn du ohnehin alles besser weißt, brauchst du mich gar nicht erst zu fragen.« Schwiegervater hatte ihr Gezeter gehört und erkundigte sich, was los sei. »Dann holt doch einfach das Fieberthermometer, um festzustellen, was mit Sabrije ist«, riet er, nachdem er den Grund für den Tumult erfahren hatte. Wenig später wurde mir angst und bange: Sabrije hatte 41 Grad Fieber, und ich fürchtete um ihr Leben. Ich geriet in Panik, doch Schwiegermutter verbot trotz meiner flehentlichen Bitten ausdrücklich, die Kleine zum Arzt zu bringen. Statt dessen gab sie mir Fiebertabletten für Erwachsene. »Was mir hilft, wird dem Kind nicht schaden«, verkündete sie. Ich biß die Zähne zusammen, denn jedes weitere Wort hätte nur zu neuem Streit geführt. Später machte sie meiner Tochter noch kalte Wadenwickel und ging ins Bett. Doch das Fieber sank nicht. Die Kleine bekam Schweißausbrüche und klagte ununterbrochen. Ich weinte vor Verzweiflung: Ich war ihre Mutter, aber ich durfte ihr nicht helfen, ich hatte zu gehorchen und zu schweigen. Das war einer der ersten Augenblicke, wo ich es wirklich haßte, in dieser Gesellschaft zu leben. Nichts wünschte ich mir sehnlicher, als eine Deutsche zu sein.

Als Brahim endlich kam, platzte mir der Kragen. Ich schrie ihn an, mir war jetzt alles egal. »Deine Tochter wird sterben, wenn sie nicht ganz schnell zu einem Arzt kommt, aber das ist deiner ganzen Sippschaft wohl gleichgültig. Ich bringe sie jetzt zum Arzt, und keiner wird mich daran hindern!«

»Schrei nicht so«, sagte Brahim. »Du hättest meine Mutter um Rat fragen müssen.«

»Die weiß Bescheid und ist trotzdem zu Bett gegangen«, erwiderte ich aufgebracht. Er schwieg einen Moment betreten, und ich spürte, daß er von seiner Mutter enttäuscht war. Brahim blickte die schreiende Sabrije an, und seine Augen wurden feucht. Dann gingen wir zum Arzt, ohne jemanden zu fragen.

Der Mediziner untersuchte unser Kind und erklärte uns, es sei nicht so schlimm. Die Kleine sei nur erkältet, er werde ihr eine Spritze geben, danach werde sie sich schnell wieder erholen. Mir fiel ein Stein vom Herzen. Auf dem Weg nach Hause machte sich Brahim Gedanken über die Reaktion seiner Mutter. »Es wird ihr bestimmt nicht gefallen, daß wir ohne ihre Einwilligung gegangen sind.« Ich explodierte. »Du bist ein Idiot«, warf ich ihm an den Kopf. »Dein Kind ist schwer krank, und du fragst nichts weiter, als was deine Mutter sagen wird. Du mußt blind sein, wenn du nicht siehst, wie schlecht sie dein Kind behandelt, aber da du nie zu Hause bist, kannst du das ja auch nicht wissen.« Da ich gerade so in Fahrt war, warf ich ihm noch alles mögliche vor. Ich schimpfte mir meinen ganzen Kummer vom Herzen: Wie schäbig seine Mutter mich behandelte, und daß sie sein Kind hasse, und auch er selbst sei in dieser Familie nur das Arbeitstier, das von allen ausgenutzt werde. Sein Bruder, so fuhr ich fort, sei Mutters Liebling, und er der Blödmann, der die Arbeit erledige. Ich endete mit den Worten: »Wenn du mich nicht mehr willst, dann laß mich nach Hause zu meinen Eltern gehen.« Aber an Brahim prallte alles ab. »Ich liebe dich doch«, stammelte er wieder einmal. »Aber es ist meine Pflicht, so zu handeln, wie ein Mann handeln muß.« Ich hielt dagegen, daß sein Bruder und auch meine Brüder sich so ganz anders ihren Frauen gegenüber verhielten als er. Die Antwort kam wie aus der Pistole geschossen. »Jeder weiß, daß mein Bruder ein Schlappschwanz ist. Ich will nicht, daß die Leute so über mich denken.« Es bedeutete Brahim sehr viel, daß man ihn für einen ganzen Kerl hielt, so war er erzogen worden.

Als wir am Haus ankamen, stand seine Mutter schon im Torbogen. Mich übersah sie, ihren Sohn aber brüllte sie an: »Ich dachte, ich hätte einen guten Sohn, aber anscheinend habe ich mich geirrt. Das Weibsstück hat dir wohl den Kopf verdreht!« Ich ging an ihr vorbei auf mein Zimmer, denn wenn ich geblieben wäre, hätte ich mit Sicherheit die Beherrschung vollends verloren.

Im Haus hörte ich, daß sie fortwährend schrie. Brahim versuchte zaghaft, Einwände vorzubringen, aber gegen seine Mutter war er chancenlos. Schließlich beendete sie den Streit mit dem Satz: »Selbst wenn die Kleine gestorben wäre, hättest du nicht ohne meine Erlaubnis zum Arzt gehen dürfen.« Brahim, dieses Muttersöhnchen, zeigte Reue: »Du hast recht, es wird nie wieder vorkommen.«

Dann hörte ich, wie sich Brahims Schritte meiner Zimmertür näherten, und mir schwante nichts Gutes. Es hatte keinen Sinn, mit ihm weiter zu streiten, denn er hätte sofort zugeschlagen, ich sah ihm seinen Zorn an. Er legte sich hin und döste bald ein, während ich noch lange wach lag. Sabrije schlief nun tief und fest, es schien ihr deutlich besser zu gehen. Es war mir egal, was Schwiegermutter dachte: Hauptsache, die Kleine wurde wieder gesund. Nun wurde ich müde, aber es war bereits 5.00 Uhr, Zeit zum Aufstehen. Bis Brahims Mutter aufwachte, mußte ich meine Arbeit erledigt haben. Sie sprach kein Wort mit mir, jedoch erzählte sie jedem, was in der Nacht ihrer Ansicht nach vorgefallen war. Ich glaube, die meisten hatten Verständnis für mich. Dennoch konnte mich nur die Heimreise nach Deutschland vor Schwiegermutters zügellosem Haß retten.

Kurz vor unserer Abfahrt erfuhr ich zu meinem großen Erstaunen, daß Brahims Familie krumme Geschäfte machte. Der Marktstand, an dem sie allerlei Trödel verkauften, war im Grunde nur ein kleines Nebengeschäft. Schwiegervater verdiente sehr viel mehr Geld durch illegale Devisengeschäfte. Bei Reisen in Nachbarländer verschaffte er sich US-Dollars und deutsche Mark, die er schwarz über die Grenze nach Jugoslawien brachte, wo er die Devisen mit schwindelerregendem Gewinn an seine Landsleute weiterverkaufte. Damals nahm ich die verbotene Nebenbeschäftigung nur am Rande wahr, aber später wurde mir dieses Wissen zur entscheidenden Waffe, als ich es gegen die Familie einsetzen konnte und mußte.

*

Vater holte uns in Köln am Bahnhof ab, und er freute sich riesig, seine Enkeltochter wiederzusehen. Brahim konnte es gar nicht abwarten, unsere neue gemeinsame Wohnung zu sehen, nachdem wir den Balkan wieder verlassen hatten. Mein Mann war begeistert von unseren Zimmern. Nach deutschen Maßstäben war sie eher schlicht, aber gemessen an den Zuständen im Kosovo erschien sie uns schon recht ansehnlich. Brahim war froh, endlich seine eigenen vier Wände zu haben, und ich freute mich, daß es ihm gefiel.

Im Haus meiner Eltern vermißte ich meine Schwester Mevlyde. Mutter erzählte, daß Vater sie wieder zu ihrem Mann nach Budwa geschickt habe. »Wir konnten nicht mehr mit ansehen, wie sie gelitten hat«, erzählte Mutter. »Ihr Mann hat alle naselang angerufen und sie um Verzeihung gebeten. Nie wieder wolle er sie schlagen. Als er die kleine Deschire am Telefon laut weinen lassen hat, hat Papa Mevlyde zu ihrem Mann zurückgeschickt.«

Mevlyde hatte die Chance gehabt, ein neues Leben zu beginnen, dachte ich, aber sie hat diese Gelegenheit vertan. Hoffentlich würde sie das nicht eines Tages bitter bereuen. Andererseits verstand ich, daß sie zu ihrer Tochter wollte.

Beim Ausländeramt fragten wir nach, ob Brahim eine Aufenthaltserlaubnis bekommen könne. Das sei schon möglich, bestätigte man uns, aber dazu müßten wir verheiratet sein und ich müßte eine Arbeitsstelle nachweisen. Eine standesamtliche Heirat in Deutschland war ausgeschlossen, denn dafür war ich noch zu jung. In Jugoslawien wäre die Hochzeit allerdings kein Problem gewesen, weil das dort ein rein formaler Akt war, lästiger Papierkram, der allenfalls die Behörden interessierte. Für die Gültigkeit einer Ehe hatte die standesamtliche Hochzeit hingegen keinerlei Bedeutung.

»Ihr könntet über Weihnachten mit der Familie nach Jugoslawien fahren, um dort zu heiraten«, schlug Vater vor. »Danach lassen sich eure Schwierigkeiten mit den deutschen Behörden viel besser regeln.« Das stimmte, aber eigentlich hatte ich von Jugoslawien und der Schwiegermutter die Nase restlos voll. Dennoch: Es gab wohl keinen anderen Weg, um für Brahim kurzfristig eine Aufenthaltserlaubnis in Deutschland zu besorgen.

Bis Weihnachten verlief unser Leben in ruhigen Bahnen. Wir fühlten uns in unserer neuen Wohnung wohl. Der Kleinen ging es gut, sie wuchs und gedieh prächtig, sie lachte, und krabbeln konnte sie auch schon. Die Schwiegereltern meines Vermieters hatten sie auch ins Herz geschlossen. Wenn wir mal für Besorgungen aus dem Haus mußten, paßten sie gerne auf Sabrije auf. Mutter kam jeden Tag, um nach dem Rechten zu sehen. Finanziell ging es uns ebenfalls gut: Die Sozialhilfe kam pünktlich, außerdem gab es Kindergeld und das Erziehungsgeld, und das reichte voll und ganz für unsere bescheidenen Ansprüche.

*

Weihnachten kam näher, und die ganze Familie packte die Koffer, um gemeinsam in den Kosovo zu fahren. Brahim und ich hatten Geschenke für seine Familie gekauft. Seine Eltern wußten, daß wir Geld hatten, und deshalb erwarteten sie größere Geschenke von uns. Brahim hatte es allerdings ziemlich übertrieben, und auch sich selbst hatte er im Kaufrausch vollkommen neu eingekleidet. Wir konnten im Wagen meines Bruders Orhan mitfahren, den Brahim mit unseren Paketen so vollpackte, daß für Orhans Sachen kaum noch Platz blieb. Während der Fahrt wurde es nie langweilig, weil mein Bruder ständig Witze machte und herumalberte.

In Jugoslawien überraschte uns ein Schneesturm. Es war völlig unmöglich, weiterzufahren: Überall türmten sich die Schneewehen, dazu blitzte und donnerte es. So ein Wintergewitter hatte ich noch nie erlebt. Orhan und mein Vater waren sich einig, daß wir bei diesem Wetter besser eine Zwischenübernachtung in einem Hotel machen sollten. Brahim war dagegen, denn er wollte so schnell wie möglich zu seinen Eltern, doch letztlich setzte Vater sich durch. Im Wagen konnten wir nicht bleiben, weil es bitter kalt war. So zahlte mein Bruder die Übernachtung im Hotel, und am nächsten Morgen waren die Straßen wieder befahrbar. Als wir spätabends am Haus meiner Eltern im Kosovo ankamen, waren alle völlig erschöpft. Vater schlug vernünftigerweise vor, daß Brahim und ich diese Nacht bei ihnen schlafen sollten. Er würde uns am nächsten Morgen zu meinen Schwiegereltern bringen. Doch Brahim bestand darauf, daß mein Bruder uns noch am gleichen Abend hinfuhr. Schließlich gab Orhan nach. Um Streit zu vermeiden, setzte mein Bruder sich noch einmal hinters Steuer.

Bei Brahims Elternhaus holte ich nur die Milch und die Windeln aus dem Kofferraum, denn wir waren zu müde, um den Rest auszuladen. Brahim polterte so lange gegen die Tür, bis sein Vater mit verschlafenem Gesicht öffnete. Er hatte nicht gewußt, daß wir schon an diesem Tag kommen würden, aber er freute sich. Brahim sagte meinem Bruder, er solle gleich am nächsten Morgen wiederkommen, damit wir unsere Sachen ausladen könnten. Das war schlicht unverschämt von meinem Mann, aber Orhan verkniff sich eine passende Antwort. Er wußte, daß ich es würde ausbaden müssen, wenn es noch Streit gäbe. Schließlich trug Brahims Vater das Gepäck ins Haus. Drinnen gab es eine freudige Begrüßung. Alle waren glücklich, Brahim zu sehen, mich ignorierten sie wieder einmal, und ich war froh, als wir endlich ins Bett konnten.

Morgens verschlief ich, aber keiner beschwerte sich, und die Schwiegermutter hatte Sabrije schon zu sich ins Bett geholt. In den nächsten Tagen war sie erstaunlich freundlich. Ich mußte zwar meine Arbeit wie immer erledigen, aber sie redete in ruhigem Ton mit mir. Ich fragte mich, ob das wohl an den Geschenken lag, die wir mitgebracht hatten. Derweil kümmerte sich mein Bruder um die Papiere, die wir für die standesamtliche Hochzeit benötigten. Am 26. Dezember sagte mein Schwiegervater plötzlich, wir müßten sofort zum Standesamt fahren. Zehn Minuten Zeit hatte ich, um mir einen Pferdeschwanz zu binden und um einen Rock anzuziehen.

Im Rathaus blickte Orhan mich skeptisch an. »Du hättest dich wenigstens etwas schöner zurecht machen können.«

»Dazu war keine Zeit«, antwortete ich, »denn ich habe

erst vor einer Viertelstunde erfahren, daß heute geheiratet werden soll.« Das verstand mein Bruder nicht, denn er hatte meinem Schwiegervater schon vor zwei Tagen den genauen Termin genannt. Dann tauchte ein neues Problem auf. »Wo sind die Trauzeugen?« wollte Orhan wissen. Schwiegervater hatte einfach vergessen, sich darum zu kümmern, weshalb mein Bruder und eine Tante Brahims, die zufällig im Amt arbeitete, als Trauzeugen herhalten mußten.

Wir betraten das Trauzimmer. Der Beamte schrieb etwas auf ein Dokument, dann schaute er mich an und wollte wissen, ob ich den Namen meines Mannes annehmen wollte. Ich nickte und mußte mit meinem neuen Namen unterschreiben. Brahim unterzeichnete ebenfalls, dann die beiden Zeugen. »Nun sind sie verheiratet«, informierte uns der Standesbeamte.

Es gab nicht viele Paare, die im Kosovo standesamtlich heirateten, aber wenn sie es taten, dann legten sie Festtagskleider an und feierten den restlichen Tag über. Bei Brahim und mir war es eher ein bürokratisches Muß als ein freudiger Akt. Das hatte der Standesbeamte gewußt und die Zeremonie kurz gemacht. Ich freute mich nur deshalb über unsere Eheschließung, weil Brahim mit diesem Dokument in der Tasche eine Aufenthaltserlaubnis in Deutschland bekommen würde. Mein Mann war nicht sonderlich glücklich über die offizielle Hochzeit, denn sie war ihm nicht wichtig. Für mich endete dieser Tag wie jeder andere auch. Als wir wieder zu Hause waren, tat ich meine Arbeit wie immer, und es war ganz so, als sei nichts gewesen.

Vor Silvester fragte Schwiegervater, ob wir den Jahreswechsel bei meiner Familie verbringen wollten. Nichts wollte ich lieber, denn Silvester wurde bei uns immer ganz groß gefeiert. Tatsächlich trafen wir uns am Silvesterabend im Haus meiner Eltern. Es gab leckeres Essen, und bis zum Neujahrsmorgen wurde gesungen und getanzt. Feuerwerk kannte man im Kosovo nicht, und als wir um Punkt Mitternacht unsere aus Deutschland mitgebrachten Raketen und Knaller zündeten und die bunten Lichter in den Himmel zischten, liefen viele Leute nach draußen, um das ungewohnte Schauspiel zu sehen. Sie waren sehr erstaunt, denn so etwas hatten sie noch nie erlebt. Wir machten uns lustig über die Gesichter der Leute. Unser Fest dauerte bis zum frühen Morgen. Orhan bot Brahim Bier an, doch der lehnte ab, denn er trank damals noch keinen Alkohol.

Wir schliefen bis zum Mittag, und als ich aufwachte, hatte meine Schwägerin schon alles aufgeräumt und das Mittagessen gekocht. Sie verwöhnte mich immer, wenn ich bei ihr war, denn sie wußte, wie anstrengend das Leben bei meiner Schwiegermutter war. Beim Mittagessen fütterte sie auch Sabrije mit Suppe. »Sie kann jetzt Fleisch essen«, sagte meine Schwägerin unvermittelt. Alle sahen sie fragend an. »Deine Tochter hat ihren ersten Zahn bekommen«, sagte sie lachend. Tatsächlich lugte ein kleines Zähnchen aus dem Gaumen. Mein Bruder nahm die Kleine und küßte sie überall. »Nun wird Sabrije langsam zur Frau«, scherzte er.

Nachmittags fuhr er uns wieder zu Brahims Eltern, denn für den nächsten Tag war die Rückfahrt geplant, und wir mußten unsere Koffer packen. Dabei entdeckte ich, daß Brahims Mutter alle unsere Geschenke, auch die, die für die anderen bestimmt gewesen waren, in ihren Kleiderschrank gelegt hatte. Ich sprach sie darauf an: »Wieso liegt das alles noch hier und nicht bei den anderen?« Sie fuhr mir über den Mund. »Ich kann das genausogut brauchen wie die.« Sie hatte sich die ganzen Sachen schlicht und ergreifend unter den Nagel gerissen. Mir war es egal, sollte sie doch machen, was sie wollte: Hauptsache, wir fuhren heim nach Deutschland. Beim Abschied machte Schwiegermutter wieder eine große Szene. Sie weinte und klagte: »Mein Brahim, ohne dich kann ich nicht leben.« Orhan sah die peinliche Szene und stichelte: »Daran wirst du dich gewöhnen müssen«, und ich mußte mir ein schadenfrohes Lachen verkneifen.

*

Zu Hause in der Eifel schlief ich erst mal richtig aus. Hier war schließlich keiner, der mich herumkommandierte, und ich fühlte mich fast wie im Urlaub. Nun waren wir verheiratet, was fehlte, war noch eine Arbeitsstelle, aber die fand ich überraschend schnell. Als ich am nächsten Tag im Rathaus meine Heiratsurkunde abgeben wollte, fragte ich auf dem Sozialamt, ob man zufällig eine Arbeitsstelle für mich wüßte. Die Frau blickte mich erstaunt an und fragte: »Und was ist mit Ihrer Tochter?«

»Mein Mann kümmert sich um sie«, log ich. »Vielleicht kann ich Ihnen helfen«, überlegte die Frau. »Ich weiß, daß die Jugendherberge noch eine Putzfrau sucht. Die Stelle wird gut bezahlt.«

Noch am gleichen Tag fuhr ich mit dem Bus die sechs Kilometer in den Nachbarort, wo sich die Jugendherberge befand. Es war die gleiche Stadt, in der mein Frauenarzt seine Praxis hatte. Die Busfahrt dauerte 20 Minuten, weitere 20 Minuten Fußweg waren nötig, bis ich zur Jugendherberge kam. Dort erwartete man mich bereits, denn die Frau vom Sozialamt hatte mich telefonisch angekündigt. Die Herbergsmutter zeigte mir alles und erklärte, was ich zu tun hätte: »Sie sind für fast alles zuständig, fürs Putzen, Spülen, Kochen.«

»Kein Problem, das muß ich zu Hause auch«, erwiderte ich. Mir war es egal, womit ich Geld verdiente, Hauptsache, ich hatte endlich Arbeit. Ich sagte zu und konnte bereits am nächsten Tag anfangen. Brahim lehnte die Betreuung Sabrijes mit dem Hinweis ab, er wisse nicht, wie man so ein kleines Kind versorge, aber meine Mutter übernahm diese Aufgabe gerne.

Ich mußte morgens um 7.00 Uhr aus dem Haus, und erst um 18.00 Uhr abends kehrte ich zurück. So blieb mir nicht viel Zeit, mich um meine Tochter zu kümmern. Zwar erledigte Mama einen Teil meines Haushaltes, aber für mich blieb trotzdem noch genug Arbeit übrig, während Brahim überhaupt nichts tat. Meistens lag er tagsüber auf der Couch und schlief, aber ich konnte nicht von ihm verlangen, die Arbeit seiner Frau zu tun. Das war nicht üblich in unserer Familie, und es hätte wohl auch zu sehr an seiner Ehre gekratzt. Allein durch den Umzug nach Deutschland hatte Brahim die Sitten des Kosovo nicht abgelegt. Im Gegenteil: Er beachtete sie noch peinlicher als in seiner Heimat.

Eines Abends beschloß er, in die Diskothek zu gehen. Viele meiner jüngeren männlichen Verwandten gingen dorthin. Da traf sich die Jugend des Städtchens, denn eine andere Möglichkeit zu tanzen gab es im Ort nicht. Die Diskothek lag nur wenige hundert Meter von unserem Haus entfernt. Ich war sogar froh, daß Brahim endlich aus seiner Lethargie erwacht war und etwas unternehmen wollte. Außerdem hoffte ich, daß er Freunde kennenlernen würde, denn es war für ihn recht einsam in unserer Wohnung, wenn ich den ganzen Tag auswärts arbeitete. Ich konnte ihn allerdings nicht in die Disco begleiten, weil es sich für die Ehefrau eines Kosovo-Albaners nicht gehörte, in eine Diskothek oder ein Café zu gehen. Mutter sagte, daß dort nur betrunkene Männer seien, die die Frauen voll schlechter Gedanken anstarrten und womöglich auch anfaßten. Mädchen, die dort hingingen, würden ihren guten Ruf verlieren. Deshalb blieb ich zu Hause, während Brahim sich amüsierte. Mir machte das nichts aus, denn ich war zu solcher Genügsamkeit erzogen worden, ich hielt das für selbstverständlich. Künftig ging er jedes Wochenende in die Disco, und ich achtete immer darauf, daß er schick gekleidet war, wenn er ausging. Brahim blieb nie lange weg, aber es schien ihm zu gefallen, denn er beschwerte sich nicht mehr, daß er niemanden kennen würde.

Meine neue Arbeit machte mir viel Spaß, und die Kollegen waren nett. Ich bedauerte nur, daß meine Mutter sich von montags bis freitags um die kleine Sabrije kümmern mußte, denn sie hatte eigentlich genug mit ihrem eigenen Haushalt zu tun. Außerdem wünschte ich mir, daß ich mehr Zeit mit meinem Töchterchen hätte verbringen können. Um so mehr genoß ich die Wochenenden mit Sabrije. Nachdem ich drei Monate gearbeitet hatte, fuhr ich noch einmal zum Ausländeramt, in der Hoffnung, endlich für Brahim eine Aufenthaltserlaubnis zu bekommen, aber ich wurde wieder enttäuscht. »Ist Ihr Mann schon bei der Armee gewesen?« wollte der Beamte wissen. Natürlich war er das nicht, denn bislang war Brahim dafür zu jung gewesen. »Eine Aufenthaltserlaubnis kann erst dann erteilt werden, wenn Ihr Mann seinen Wehrdienst abgeleistet hat«, sagte der Bürokrat.

Damit hatte ich ein neues Problem, und es erschien mir vorerst unlösbar: Wenn Brahim für 18 Monate zur Armee nach Jugoslawien mußte, konnte ich nicht solange alleine in Deutschland bleiben, das schickte sich nicht. In Jugoslawien würde ich jedoch keinen Pfennig Sozialhilfe oder Kindergeld bekommen, so daß ich mittellos dastehen würde. Völlig ohne Einnahmen, müßte ich meine Wohnung in Deutschland kündigen und wieder ganz von vorne anfangen, und alles, was ich bis dahin aufgebaut hatte, wäre verloren.

Zu Hause besprach ich das Problem mit Vater, aber der wußte auch keinen Ausweg. Da auch Brahims Familie betroffen war, erörterte mein Vater telefonisch mit meinem Schwiegervater, was wir machen sollten. »Ich werde dafür sorgen, daß Brahim ganz schnell zur Armee einberufen wird, und Schukrana bleibt in dieser Zeit in Deutschland. Es kann ja nichts passieren, weil ihr bei ihr seid.« Mein Vater hatte noch Zweifel. »Die Leute werden sich den Mund fusselig reden«, wandte er ein. Doch das schien Brahims Vater gleichgültig zu sein. »Mach dir darüber mal keine Gedanken«, sagte er. »Ich kümmere mich um alles hier.«

Eine Woche später teilte Schwiegervater mit, daß Brahim in zwei Monaten bei der Armee antreten müsse. Vorher sollte mein Mann allerdings noch zur Musterung, um festzustellen, ob er überhaupt tauglich war für den jugoslawischen Wehrdienst. Ich zerbrach mir den Kopf darüber, wie meine Ehe weitergehen würde, denn vermutlich würde ich Brahim anderthalb Jahre überhaupt nicht sehen können. Andererseits war zu befürchten, daß mein Schwiegervater seine Meinung ändern und fordern würde, daß ich nach Jugoslawien käme. In diesem Fall würde ich der Schwiegermutter auf Gedeih und Verderb ausgeliefert sein. Letztlich konnte ich nichts ändern, ich mußte warten, wie sich die Dinge entwickeln würden.

Brahim machte sich über all das gar keine Gedanken. Statt dessen lebte er in den Tag hinein und ging nun immer öfter in die Disco. Häufig kam er erst am frühen Morgen nach Hause, und irgendwann ging er am Samstagabend und kam erst am Sonntagnachmittag zurück. Ich vermutete, daß er mit einem meiner Vettern versumpft war und bei ihm übernachtet hatte. Jedenfalls platzte mir der

Kragen, als er endlich wieder auftauchte. »Jetzt übertreibst du aber«, hielt ich ihm vor. »Schließlich hast du ein Kind und eine Frau, die sich Sorgen macht.«

»Stell dich nicht so zickig an«, knurrte Brahim. »Schließlich bist du es doch gewesen, die gesagt hat, ich soll mal ausgehen, und dafür bin ich dir dankbar.« Das stimmte zwar, aber ich warf ein, man könne auch Spaß haben, wenn man nicht die ganze Nacht ausbliebe. Da wurde er wütend. »Schreib mir bloß nicht vor, was ich zu tun und zu lassen habe. Halt den Mund, bevor ich etwas mache, was dir nachher leid tut.« Ich ahnte, daß er mich schlagen würde, wenn ich jetzt noch etwas sagte, so schwieg ich und schluckte meinen Ärger einmal mehr herunter.

Schwiegervater rief bei Papa an, um mitzuteilen, daß Brahims Musterungstermin in einem Monat sei. Diese letzten 30 Tage vor dem Eintritt in die Armee wollte Brahim genießen, und das tat er in vollen Zügen: Jeden Tag ging er aus, und ich wußte nie, wo er war. Ich wagte nicht, ihn zu fragen, denn das stand mir nicht zu. Zwei Wochen, bevor Brahim abreisen sollte, putzte ich die Außentreppe, als ich sah, daß meine kleine Schwester Naslije aus meinem Elternhaus kam und auf mich zusteuerte. Sie suchte nach Brahim. »Er soll mal dringend zu Papa kommen«, richtete sie aus. Worum es ging, wollte sie nicht sagen, vielmehr druckste sie nur herum. Im ersten Augenblick dachte ich, zu Hause sei ein Unglück geschehen. Brahim stand gerade unter der Dusche, so ließ ich mein Putzzeug einfach stehen und lief die paar Meter zu unserem Haus.

Vater saß im Wohnzimmer und zeigte einer hübschen, blonden Frau, die ich nicht kannte, Fotos von meinen Brüdern. Bei jedem Bild schüttelte sie den Kopf. »Nein, der ist es nicht.« Ich grüßte die Unbekannte und fragte Papa, was denn los sei. »Nach dir hatte ich nicht rufen lassen, aber dein Mann soll mal herkommen«, befahl Vater mit heiserer Stimme. Ich hatte mich gerade umgedreht, als die Frau sagte: »Aber er muß hier wohnen. Das hat der Mann mir gesagt.« Ich spürte, daß etwas Unangenehmes auf mich zukam und bekam eine Gänsehaut. Etwas Bedrohliches lag in der Luft. Unwillkürlich kam mir der Gedanke, daß diese Frau meinen Mann suchte, und das mußte der Grund sein, weshalb Vater Brahim gerufen hatte.

Bis zu diesem Augenblick hatte ich nie daran gedacht, daß Brahim vielleicht ein Verhältnis haben könnte, aber plötzlich fühlte ich es instinktiv, ich war sogar sicher, daß es so war. Ich nahm einen Stuhl und setzte mich, doch Vater wollte mich wieder wegschicken. Ich schüttelte den Kopf und sagte, daß ich auf jeden Fall bleiben würde. Ich wollte genau wissen, ob diese Frau ein Verhältnis mit meinem Mann hatte, ob er mich wirklich so schamlos hintergangen hatte. »Der Mann sah sehr gut aus, aber er sprach nur schlecht Deutsch«, erläuterte die Blonde mit den langen Beinen. »Ich habe gestern den ganzen Abend mit ihm verbracht, allerdings habe ich seinen Namen vergessen, er sagte aber ganz bestimmt, daß er hier wohnen würde und daß ich ihn heute mittag besuchen soll.«

Brahim kam in diesem Moment mit Sabrije auf dem Arm ins Zimmer. Er zuckte sichtlich zusammen, als er die Blondine erkannte, sein Gesicht wurde weiß wie Kreide, und er setzte Sabrije auf den Teppich. Der Anblick sprach Bände: Mein Mann war das Schuldbewußtsein in Person. Er wußte, daß er beim Fremdgehen ertappt worden war, und das war ihm trotz seiner Kosovo-Erziehung offensichtlich unangenehm. Die junge Frau sprang aus dem Sessel hoch und rief: »Da ist er ja endlich.« Für mich brach eine Welt zusammen, ich zitterte am ganzen Leib.

Ich liebe ihn doch, ich vergöttere ihn, und er tut mir so etwas an, schoß es mir durch den Kopf. Ich sprang auf und schrie die Blonde an: »Hinaus mit Ihnen!« Sie betrachtete mich ganz erstaunt: »Ich gehe natürlich, aber was habe ich Ihnen getan, daß Sie in einem solchen Ton mit mir reden?«

»Ich bin die Ehefrau dieses Mannes, mit dem Sie gestern den ganzen Abend verbracht haben. Und das Kind, das dort auf dem Fußboden krabbelt, ist Brahims und meine Tochter«, antwortete ich mit brüchiger Stimme. Die Frau wurde unsicher, sie wußte nicht recht, wie sie sich verhalten sollte. Vater sprang aus dem Sessel auf und befahl mir, sofort aus dem Zimmer zu gehen. Die Blonde bat er, sich wieder zu setzen.

Mit rotem Gesicht stürmte ich aus dem Haus, Mutter folgte mir. Draußen weinte ich vor Wut: Mein Mann betrog mich, und mein Vater ließ das auch noch zu, das durfte doch wohl nicht wahr sein! Mutter versuchte, mich zu beruhigen. »Männer sind nun mal so. Männer betrügen ihre Frauen. Auch dein Vater hat mich betrogen«, sagte sie tröstend. »Aber ich bin nicht du!« schrie ich in meiner Verzweiflung. »Ich werde das nicht hinnehmen, nie und nimmer. Ich bin in Deutschland aufgewachsen, und hier muß keine Frau es dulden, daß ihr Mann fremdgeht.«

Dann lief ich zurück ins Wohnzimmer, wo die Blonde mit Brahim und Vater immer noch am Tisch saß. Ich nahm Sabrije auf den Arm und wendete mich der Frau zu: »Lassen Sie die Finger von meinem Mann, suchen Sie sich gefälligst einen anderen.« Dann drehte ich mich zu Brahim und sagte: »Steh auf, wir gehen nach Hause, diese Dame hast du doch gestern Abend lange genug gesehen.« Vater erkannte, daß ich außer mir war vor Wut und Enttäuschung, deshalb bat er Brahim, mir zu folgen.

In drei Sätzen war ich in unserer Wohnung. Brahim

schlich betreten hinterher und schwieg. Dann fing ich an zu schreien, und ich ließ geräuschvoll alle Enttäuschung und alle Wut aus mir heraus. Ich überlegte nicht, was ich sagte, die Sätze sprudelten nur so aus mir heraus: »Ich habe immer versucht, dir eine gute Frau zu sein. Und du betrügst mich nach Strich und Faden. Das werde ich nicht dulden, auch wenn du der Ansicht bist, daß ich das ertragen müßte. Ich bin zwar eine Muslime, aber ich bin noch lange nicht so duldsam wie die Frauen vom Kosovo.«

Brahim hatte die Stirn, mir ins Gesicht zu lügen. Er verteidigte sich: »Ich habe dich nie betrogen, diese Frau kenne ich überhaupt nicht.« Da rastete ich vollends aus. »Hältst du mich für völlig verblödet? Das ist die dümmste Ausrede, die ich je gehört habe.« Mit weinerlicher Stimme flehte Brahim nun: »Du mußt mir glauben, ich schwöre auf den Koran, daß ich dich nie betrogen habe. Irgend jemand will dir und mir einen üblen Streich spielen«, jammerte er und brach in Tränen aus.

Papa betrat unser Wohnzimmer und fauchte mich an: »Halt bloß den Mund. Dein Mann ist nun mal ein Mann, und da kann so etwas passieren. Ein Mann ist für mehrere Frauen da, aber eine Frau nur für einen Mann.«

Vater drehte sich auf dem Absatz um und ging wieder nach draußen. An Brahim hatte er sich mit keinem Wort gewandt. Bei aller Bestürzung begriff ich, daß Vater das sagen mußte, aber tief in seinem Herzen Brahims Verhalten mißbilligte. Mein Mann weinte immer noch leise. Ich schwankte zwischen Abscheu und der Hoffnung, daß Brahim vielleicht doch die Wahrheit sagen könnte. Einen letzten Beweis, daß er fremdgegangen war, hatte ich schließlich nicht. Mein Verdacht war geweckt, aber ich war viel zu naiv, um daraus die Konsequenzen zu ziehen. Natürlich kränkte mich die Vorstellung zutiefst, daß mein Mann sich womöglich in einem fremden Bett zärtlich um die Blonde kümmerte, während ich als Heimchen zu Hause saß, aber mir fehlte noch der Wille, mich gegen ihn aufzulehnen. Außerdem glaubte ich immer noch, meine Gefühle für ihn wären Liebe. Schließlich nahm ich ihn in die Arme und verzieh ihm, und er beteuerte mehrfach, er werde herausfinden, wer ihm diesen Streich gespielt habe. Damit war die Geschichte zunächst ausgestanden.

Abends machte er sich schick und ging in die Disco, »um zu vergessen, was heute war«, wie er sagte. Er wollte um 22.00 Uhr wieder zu Hause sein. Doch es wurde Mitternacht, und als Brahim um 2.00 Uhr immer noch nicht da war, wurde ich mißtrauisch. Ich überlegte, mit wem er sich wohl in der Disco vergnügte, und was genau er dort trieb. Unwillkürlich kam mir wieder die Blonde in den Sinn. Damals konnte ich mir unter einer Diskothek nur wenig Konkretes vorstellen, da ich noch nie eine von innen gesehen hatte. So beschloß ich, mir selbst ein Bild zu machen. Ich wußte, daß ich im Begriff war, etwas Verbotenes zu tun, weil ich die Diskothek nicht betreten durfte, doch das war mir in diesem Augenblick gleichgültig: Ich wollte Gewißheit um jeden Preis.

Die Kleine schlief tief und fest, so daß ich unbesorgt das Haus verlassen konnte. Draußen war es stockdunkel, und ich dachte daran, wie viele Betrunkene um diese Zeit auf der Straße waren, und ich fürchtete mich. Deshalb ging ich in die Küche, um mir ein langes Brotmesser in die Jackentasche zu stecken. Es waren nur wenige hundert Meter bis zur Disco, und unterwegs begegnete mir niemand. Vor der Neonreklame des »Green Sun« blieb ich fröstelnd einen Augenblick stehen und holte tief Luft. Von drinnen war gedämpfte Musik zu hören. Was würde ich dort finden? Ich fürchtete mich vor dem, was im »Green Sun« auf mich zukommen würde.

Auf Anhieb entdeckte ich ihn. Eng umschlungen tanzte Brahim mit der langen Blonden. Der Kerl betrog mich schon wieder, nachdem er erst wenige Stunden vorher auf den Koran geschworen hatte, daß er kein Verhältnis mit dieser Frau habe. Ich wußte nicht mehr, was ich tat, in meinem Kopf brach ein Gewitter los. Ich sah niemanden, und ich hörte nichts, alles lief wie in Zeitlupe ab. Ich stürmte zur Tanzfläche und packte Brahims Arm. Er drehte den Kopf zu mir und blieb wie angewurzelt stehen, als er mich erkannte, dann klatschte mein Handrücken mit voller Wucht ins Gesicht der Blonden. Sie knickte nach vorne und hielt sich beide Hände vors Gesicht, während Brahim aus dem Lokal lief. Ich rannte hinterher und beschimpfte ihn: »Du Miststück, du betrügst und belügst mich!« Brahim versuchte mit einer fadenscheinigen Lügengeschichte, sich herauszureden. »Ich habe mit einem Vetter gewettet, der nicht glauben wollte, daß es mir gelänge, mit einer deutschen Frau zu tanzen.« Ich glaubte ihm kein Wort.

Dann stürmte ich ins »Green Sun« zurück, wo die Blonde an der Theke stand und mit einem Mann redete. Ich sah sie wütend an, aber sie grinste nur. »Dein Mann liebt mich. Du kannst anstellen, was du willst, er wird immer zu mir zurückkommen.« Ihr dreistes Grinsen ließ mich ausrasten. Wieder holte ich aus, um ihr ins Gesicht zu schlagen, aber da packte von hinten eine starke Hand meinen Arm. Als ich mich umdrehte, erkannte ich meinen Bruder Fadmir. Hatte er etwa die ganze Zeit über die Affäre meines Mannes beobachtet und nichts dagegen unternommen? Ich schrie ihn hysterisch an, er solle mich loslassen, doch er packte noch fester zu. Sein Griff schmerzte, aber er ließ nicht locker. »Geh nach Hause!« befahl er. Durch das Gezerre an meinem Arm fiel das Messer aus der Jacke auf den Fußboden. Erschrocken ließ mein Bruder meinen Arm los, hob das Messer auf und zerrte mich ins Freie. Dort reichte er Brahim die Klinge mit der Aufforderung, mich nach Hause zu bringen. Ich hatte keine Chance gegen die beiden Männer, also nahm ich mich zusammen und marschierte schweigend in die Dunkelheit.

Daheim lief ich ins Schlafzimmer. Aus dem Schrank zerrte ich eine Hose, die Brahim aus Jugoslawien mitgebracht hatte, und stopfte sie mit einem Pullover in eine Plastiktüte. »Was treibst du da?« fragte Brahim fassungslos. Ich drückte ihm die Tüte in die Hand und schrie: »Los, verschwinde! Ich will dich hier nie wieder sehen, scher dich zum Teufel.« Jetzt wurde Brahim sachlich: »Aber das sind doch nicht alle meine Sachen«, wandte er ein. »Doch«, konterte ich. »Den Rest habe ich dir von meinem Geld gekauft, und diese Sachen bleiben hier. Während ich hart gearbeitet habe, um dir die Hemden und Hosen zu kaufen, hast du dich mit diesem Flittchen amüsiert.« Brahim hatte mein Ausbruch die Sprache verschlagen. Wortlos nahm er die Plastiktüte und schlich wie ein geprügelter Hund gesenkten Hauptes hinaus.

Mich packte das heulende Elend, und ich weinte mir die Augen aus. Was hatte ich getan? Ich hatte meinen Mann aus dem Haus geworfen, und er hatte sich noch nicht einmal gewehrt. Daß er mich betrogen hatte, daß ich allen Grund gehabt hatte, ihn zum Teufel zu jagen, das verdrängte ich völlig. Statt dessen suchte ich die Schuld bei mir und machte mir selbst große Vorwürfe, und nach zwei Stunden wollte ich ihn schließlich zurückholen. Er hätte nirgends hingehen können, und Geld hatte er auch kaum. Ich mußte ihn nicht lange suchen: Brahim saß auf der anderen Straßenseite auf dem Bürgersteig und war in Tränen aufgelöst. Ich bat ihn, wieder in die Wohnung zu kommen. Wortlos trottete er an mir vorbei ins Schlafzimmer, wo er sich sofort ins Bett legte, während ich noch lange wach blieb. Vor meinen Augen liefen die Ereignisse dieser Nacht immer wieder ab wie ein Film, doch so sehr ich auch grübelte, ich wußte nicht, was ich tun sollte. Einerseits haßte ich Brahim für das, was er getan hatte, andererseits glaubte ich, ihn zu lieben. Ich war hin und her gerissen von meinen Empfindungen.

Morgens fragte er mich, ob ich ihn wirklich hätte gehen lassen. »Diesmal habe ich dich zurückgeholt, beim nächsten Mal wirst du gehen«, sagte ich entschlossener, als ich in Wirklichkeit war, dann erledigte ich wortlos meine Hausarbeit. Brahim hatte nicht gefrühstückt. Statt dessen öffnete er eine Flasche Wein, die ich von meinem Arbeitgeber bekommen hatte. »Bist du nicht mehr ganz dicht im Kopf?« fragte ich entsetzt, als ich die Flasche sah. »Du verträgst doch gar keinen Alkohol.« Ich wußte, daß Brahim schon nach wenigen Bieren betrunken war, und jetzt trank er den Wein aus der Flasche. Das konnte nicht gutgehen. »Der Wein wird mir helfen zu vergessen, was du mir an den Kopf geworfen hast«, jammerte er. Ich hörte zwar die Worte, aber ich begriff ihren Sinn nicht. Deshalb schob er die Erklärung nach: »Du wirfst mir vor, daß du mich ernähren mußt. Du gehst arbeiten und ich nicht. Kein Mann läßt sich von seiner Frau durchfüttern, aber genau das hast du mir gestern Abend an den Kopf geworfen.« Das stimmte. Ich hatte ihm zum Vorwurf gemacht, daß ich arbeiten gehe und er es mir nicht danke. Nun erklärte ich Brahim beschwichtigend, daß ich für uns alle drei, für unsere kleine Familie, so hart arbeiten würde. Brahim stellte den Wein weg und umarmte mich, er versprach sich zu bessern. Tatsächlich benahm er sich in den beiden Wochen bis zu seiner Abreise recht freundlich. Daß seine Nettigkeiten vielleicht damit zusammenhängen könnten, daß er Angst vor meinem Vater hatte, der ihm die neuerliche Fremdgeherei vorhalten würde, das kam mir nicht in den Sinn. Brahim kümmerte sich sogar um den Haushalt, während ich bei der Arbeit war. Abends gingen wir oft spazieren, und die Disco mied Brahim wie die Pest.

Am Tag seiner Abreise wurde mir das Herz schwer, denn viele Monate würde ich ihn nicht mehr sehen. Meine Mutter hatte ihm versprochen, daß sie mich nie allein lassen würde, und seine Eltern waren immer noch damit einverstanden, daß ich in Deutschland blieb. Während Vater Brahim zum Bahnhof nach Köln brachte, sagte Mutter mir, daß sie eine solche Trennung auch mitgemacht habe. »Alle Frauen müssen warten, bis ihre Männer vom Militär zurückkommen, aber du hast es einfacher, denn du mußt nicht bei deinen Schwiegereltern warten.« Ich wußte, daß sie recht hatte, und ich war zuversichtlich, es mit Mutters Hilfe zu schaffen, zumal sie künftig nachts in meiner Wohnung schlafen wollte. Es war zwar nicht das erste Mal, daß Brahim und ich getrennt waren, aber der Gedanke, daß er nun 18 Monate weg sein würde, war furchtbar. Das Haus erschien mir so leer. Zum Glück war mir wenigstens Sabrije geblieben, und abends schliefen wir beide eng aneinandergekuschelt ein.

*

Er war gerade vier Tage fort, da klingelte das Telefon. Es war Brahim. Mein Mann erzählte, er müsse schon am nächsten Morgen zum Militär. Die Musterung habe ergeben, daß er kerngesund sei. Seine Garnison lag in einer Stadt, die etwa 800 Kilometer vom Dorf seiner Eltern entfernt war. Brahim kündigte an, daß er mir sofort einen Brief schicken werde, wenn er dort eingetroffen sei, dann könne ich mein Versprechen wahr machen und ihm jeden Tag schreiben. Zwei Wochen später kam endlich sein

Brief. Er teilte mit, es gehe ihm gut, und der militärische Drill sei nicht so schlimm, wie er gedacht habe, aber er sei pleite und brauche dringend Geld.

Ich beschloß, ihm regelmäßig Geld zu schicken, doch das war ziemlich schwierig. Wenn ich das Geld offiziell mit der Post gesendet hätte, dann hätte Brahim nur die Hälfte dessen bekommen, was das Geld in Wirklichkeit wert war. Wenn er schwarz tauschen konnte, war der Kurs wesentlich günstiger. Die Post beim jugoslawischen Militär wurde außerdem kontrolliert, und mein Hundertmarkschein wäre ziemlich sicher gestohlen worden, wenn ich ihn einfach in einen Briefumschlag gesteckt hätte. Schließlich fand ich einen Weg. Ich nahm eine Zigarette und entfernte daraus den Tabak. Dann nahm ich 100 Mark und rollte den Schein eng zusammen, anschließend schob ich ihn in die leere Zigarettenhülle, und an den Enden stopfte ich zur Tarnung wieder Tabak hinein. Zusammen mit meinem Brief steckte ich diese Zigarette in den Umschlag und schickte ihn nach Jugoslawien ab. Tage später rief Brahim bei meinen Eltern an, um sich darüber zu beschweren, daß ich ihm kein Geld geschickt hätte. »Nur eine einzige dämliche Zigarette war in dem Brief.«

»Schau dir diese Zigarette mal genauer an«, erwiderte ich am Telefon, »darin ist das Geld.« Er staunte, und ich war stolz auf meine Idee.

Von da an schrieb ich ihm jeden Tag einen Brief, und zweimal im Monat steckte ich einen Hundertmarkschein in eine Zigarettenhülle. Er selbst schrieb mir immer nur, um weiteres Geld zu fordern, und es machte mich schon ziemlich traurig, daß es ihm nur ums Geld ging. Niemals ließ er mich wissen, daß er mich vermißte. Mit den 200 Mark, die er jeden Monat von mir bekam, konnte er in der Kaserne leben wie ein König. Die ersten fünf Monate gingen sehr langsam vorüber, doch dann näherte sich die

Urlaubszeit. Vater hatte angekündigt, daß er nach Jugoslawien fahren werde, und ich sollte mitkommen. Mit Brahim hatte ich verabredet, daß er vorher keinen Urlaub nehmen würde, so daß wir in Jugoslawien gemeinsame Ferien verleben können würden.

Einige Wochen vor der Abreise stand mein Vater eines Abends bei mir in der Tür. Mutter und ich waren gerade beim Abendessen. »Ich habe eine Überraschung, schließt mal beide die Augen«, sagte Vater. Ich hörte eine Kinderstimme. Sabrije war es nicht. Da öffnete ich die Augen und sah meine Schwester Mevlyde mit ihrer Tochter im Zimmer stehen. Mutter und ich sprangen auf und umarmten beide. Diese Überraschung war meinem Vater wirklich gelungen. Er hatte heimlich alles mit meiner Schwester geregelt, ohne daß Mutter auch nur das geringste mitbekommen hatte. Mevlyde war mit ihrem Mann und ihrer Tochter gekommen, und sie ließ durchblicken, daß dies kein normaler Besuch sei. »Wir wollen nun in Deutschland bleiben. In der Nähe werden wir uns eine Wohnung und Arbeit suchen.« Mit ihrem Mann sei sie wieder im reinen, nachdem er seine Gefängnisstrafe in Jugoslawien abgesessen habe und nun wieder ein freier Mann sei. »Jetzt fangen wir von vorne an«, sagte Mevlyde hoffnungsvoll.

Ich freute mich über ihren Entschluß und sagte ihr, daß sie es nicht sehr schwer haben würden. Auch Vater und Mutter freuten sich, denn nun hatten sie alle Kinder in der Nähe. Sie kannten viele Leute in der Gegend, und innerhalb einer Woche schafften meine Eltern es, Mevlydes Familie eine Wohnung in einem Nachbarort sowie eine Arbeitsstelle für meine Schwester zu besorgen. Sie wohnten nur drei Kilometer entfernt, so daß ich sie zu Fuß besuchen konnte.

Einige Tage später hatte ich Mevlyde zum Essen eingeladen. Wir wollten die Gelegenheit nutzen, um noch einmal ausgiebig zu plaudern. Ich stand am Herd, Sabrije quengelte auf dem Fußboden. Um das Kind zu beruhigen, nahm ich es auf den Arm. Gleichzeitig roch ich, daß das Fleisch anbriet. Während ich es mit einem Kochlöffel umrührte, warf sich Sabrije plötzlich nach hinten, und ich konnte sie nicht mehr halten, so daß sie fiel und mit dem Köpfchen hart auf den Fußboden schlug. Wie angewurzelt blieb ich sekundenlang stehen, doch meine Schwester sprang sofort auf und nahm die Kleine auf den Arm. Es dauerte einige Zeit, dann fing Sabrije an zu weinen, außerdem mußte sie sich übergeben. Ich befürchtete eine Gehirnerschütterung. Das Kind mußte sofort zum Arzt, doch mein Vater war nicht zu Hause. In meiner Verzweiflung bat ich unseren Vermieter, Herrn Mayer, um Hilfe, und der alarmierte einen Rettungswagen, wenig später lag Sabrije im Krankenhaus. Sie wurde untersucht, und das Ergebnis bestätigte meinen Verdacht: Sie hatte tatsächlich eine leichte Gehirnerschütterung und mußte einige Tage im Krankenhaus bleiben. Der Arzt legte ihr einen Infusionsschlauch durch die Nase, durch den sie ihre Nahrung bekam, einen Tropf schloß man an ihren Kopf an. Sabrijes Ärmchen wurden am Bett festgebunden. Schließlich schlief meine Tochter ein. Sie tat mir unendlich leid, und ich machte mir große Vorwürfe wegen des Unfalls. Mein schlechtes Gewissen ließ mir keine Ruhe, und ich weinte ununterbrochen.

Inzwischen war Vater ins Krankenhaus gekommen, und er begleitete mich nach Hause. Unterwegs versuchte er, mir Mut zu machen. »Kein Kind wird erwachsen, ohne zu fallen, und das wird bestimmt nicht das letzte Mal gewesen sein.« Zu Hause kam auch Herr Mayer, um sich nach Sabrije zu erkundigen. Nachdem ich mich von dem Schock erholt hatte, konnte ich in Ruhe nachdenken. Diesmal war alles gutgegangen, aber es hätte auch ganz anders kommen können. Da kam meinem Vermieter eine Idee. »Ich weiß, was dir fehlt. Du brauchst endlich einen Führerschein, dann wäre vieles leichter.«

»Bei uns haben Frauen nie einen Führerschein«, entgegnete ich, »andererseits bin ich inzwischen 18 Jahre alt und könnte ihn wirklich gut gebrauchen.« Vater pflichtete mir bei. Gleich am nächsten Tag ging ich zu einer Fahrschule, um mich anzumelden. In jeder freien Minute plagte ich mich in den nächsten Wochen mit der Theorie, und anfangs fand ich es ziemlich schwierig, aber bald beherrschte ich die Verkehrsregeln. Vater hatte ich gebeten, den Urlaub um einen Monat zu verschieben, bis ich die Führerscheinprüfung bestanden hätte, denn dann würde ich selbst nach Jugoslawien fahren können. Brahim schrieb ich nichts von meinen Fahrstunden. Ich wollte ihn nämlich mit der Fahrerlaubnis überraschen.

Meine Schwester wollte damals ebenfalls den Führerschein machen, und unser Vorhaben wurde in der Familie heftig diskutiert. Außer meinen Eltern prophezeiten alle, daß wir den Führerschein nie bestehen würden. »Frauen können nicht Auto fahren«, da war sich die Sippe einig. Nach wenigen Wochen bestand ich erst die theoretische und am nächsten Tag die praktische Prüfung. Ich war stolz auf mich. Meinen Eltern hatte ich vorher nichts erzählt, denn so hätte mich niemand auslachen können, wenn ich durchgefallen wäre. Zu Hause legte ich Papa den Führerschein auf den Wohnzimmertisch. »Das habe ich draußen auf der Treppe gefunden«, sagte ich beiläufig. Als er ihn aufklappte und mein Bild darin sah, tanzte er vor Freude. »Ich kann stolz sein auf meine Tochter«, rief er aus. Genau sechs Wochen hatte ich für den Ausweis benötigt, und zwei Tage später fuhren wir Richtung Jugoslawien. Vater ließ mich manchmal ans Steuer und gab mir viele Tips für die Praxis. Ich freute mich darauf, endlich Brahim wiederzusehen. Fast ein halbes Jahr hatte ich ihn nicht mehr in die Arme nehmen können.

*

Der Weg in den Kosovo kam mir länger vor, als früher. Vater spürte, daß ich Sehnsucht nach meinem Mann hatte. Kaum waren wir angekommen, da fuhr er mich zu Brahims Familie. So gehörte sich das nach den Sitten meiner Eltern. Kurz vor Schwiegervaters Haus stoppte Vater den Wagen: »Setz dich ans Steuer«, forderte er mich auf, und ich war ganz aufgeregt, denn in dieser Gegend hatte noch nie jemand eine Frau am Steuer eines Wagens gesehen. Passanten blieben auf der Straße stehen und schauten hinter unserem Wagen her, und sie konnten nicht glauben, was sie mit eigenen Augen gesehen hatten. Für mich war die neugewonnene Selbständigkeit ein gutes Gefühl.

Bei der Anfahrt kam uns Schwiegervater entgegen. Er bemerkte sofort das fremde Kennzeichen und wenig später hatte er uns erkannt. Brahims Vater staunte Bauklötze, als er mich hinter dem Lenkrad entdeckte. »Steig ein, ich fahre dich nach Hause«, rief ich ihm zu. Er hatte zwar nur noch einige Meter zu gehen, doch er stieg tatsächlich in den Wagen. Stolz wie ein Pfau blickte er die Leute auf der Straße an und triumphierte. Er erzählte jedem, der ihm an diesem Tag über den Weg lief, seine Schwiegertochter besitze einen Führerschein. Das machte mich froh, aber ich zeigte das nicht nach außen. Gleich am nächsten Tag fuhren meine Schwiegereltern und ich in die Stadt, wo Brahims Kaserne war. Das waren viele hundert Kilometer, aber ich schaffte die Strecke problemlos.

Wir wollten meinen Mann überraschen. Er wußte zwar, daß ich den Urlaub verschoben hatte, aber wann wir genau kommen würden, ahnte er nicht. An der Wache wurden wir von einem Offizier empfangen. Schwiegervater erklärte ihm, daß ich Brahims Frau sei, und er bat darum, daß wir meinen Mann besuchen dürften. Zunächst lehnte der Offizier kategorisch ab, erst als Schwiegervater darlegte, daß ich extra die weite Reise aus Deutschland angetreten hatte, um meinen Mann nach einem halben Jahr erstmals wiederzusehen, lenkte er ein. Der Offizier schaute mich an und sagte, daß er unser Kind mitnehmen werde, um Brahim zu überraschen. Ich konnte sehen, wie er zu einer Gruppe Soldaten ging. Brahim brauchte einige Sekunden, um zu begreifen, daß seine Tochter vor ihm stand, dann nahm er die Kleine auf den Arm und kam mit dem Offizier zu uns. Seinen Vater und seine Mutter umarmte er, mich aber schloß er nicht in seine Arme, sondern er fragte nur, wann wir nach Jugoslawien gekommen seien.

Am liebsten hätte ich ihn liebkost, aber das ging nicht vor seinen Eltern. Brahim hatte von seinem Offizier Urlaub bekommen. So mußte er nur noch ein paar Sachen zusammenpacken, dann konnten wir gemeinsam zu seinem Elternhaus fahren. Während er über den Kasernenhof ging, dachte ich, daß es ihm ziemlich gutgehen müsse, denn er hatte etliche Kilo zugenommen. Als er zum Tor zurückgekehrt war, bat er Schwiegervater, den Wagen zu holen, damit er sein Gepäck nicht so weit schleppen mußte. Sein Vater drückte mir den Autoschlüssel in die Hand. Brahim sah zwar, daß ich stolz in Richtung des Autos davonmarschierte, aber er traute seinen Augen nicht recht. Erst nachdem ich das Auto zur Wache gefahren und ihm meinen Führerschein gezeigt hatte, begriff er es richtig. Er freute sich für mich über meine Fahrerlaubnis.

Während der Fahrt erzählte Schwiegervater, daß er seinen zweiten Sohn verheiraten werde, und zwar während meines Urlaubs. Ich ahnte schon, was auf mich zukommen würde: Reichlich Arbeit statt erholsamer Ferien, und so kam es denn auch. Keiner kam auf die Idee, daß ich vielleicht Lust verspüren könnte, für einige Zeit mit meinem Mann allein zu sein. Man gönnte mir keine einzige Minute Zweisamkeit mit ihm, statt dessen überhäufte mich die Familie mit Arbeiten aller Art. Immer war ich die erste, die aufstehen mußte, und die letzte, die abends ins Bett durfte. »Das gehört sich so«, bekräftigte Brahim mehrfach. Ihn schien es überhaupt nicht zu stören, daß wir keine Zeit füreinander hatten. Nur nachts, wenn ich endlich die Putzlappen beiseite legte und zu Bett ging, dann interessierte er sich plötzlich für mich. Brahim wollte Sex und immer wieder Sex. Jeden Tag, egal wie müde ich war.

Ich haßte es, für alle und jeden die Dienerin zu spielen. Ich kam mir vor wie eine Fußmatte, an der sich jeder genüßlich die Schuhe säuberte. Dieses Gefühl, ständig erniedrigt zu werden, wuchs von Tag zu Tag, zumal keiner auf die Idee kam, einmal danke zu sagen. Es war einfach selbstverständlich, daß ich mich dumm und dämlich schrubbte, während die anderen sich auf die Hochzeit freuten und ihre Freizeit genossen. Schwiegermutter holte sämtliche Teppiche aus dem Haus, alle Schränke wurden ausgeräumt. Sie wollte bis zur Hochzeit ihren Haushalt picobello in Ordnung haben, um vor der Familie ihrer künftigen Schwiegertochter einen guten Eindruck zu machen. Kaum waren alle Sachen ausgeräumt, und die eigentliche Arbeit sollte beginnen, da fuhren Sabrije und meine Schwägerin übers Wochenende zur Familie meiner Schwiegermutter. Bevor sie in den Wagen stiegen, bekam ich noch den Befehl, alle Decken im Haus zu waschen, wenn die übrige Arbeit getan sei.

Ich bat Brahim um Hilfe, denn es war sehr anstrengend, die dicken Teppiche auf dem Hof mit einem Wasserschlauch und einem Schrubber zu reinigen. Doch Brahim schüttelte den Kopf. »Ich hatte eine harte Zeit bei der Armee. Jetzt muß ich unbedingt mal ausspannen.« So machte ich alles allein: Teppiche putzen, Fenster reinigen, Geschirr spülen und Decken waschen. Spätabends schlief ich vor Erschöpfung auf dem Boden des Schlafzimmers ein. Ich hörte nicht einmal, daß Brahim zurückkam. Als ich am folgenden Morgen erwachte, fühlte ich mich wie gerädert, vom Liegen auf dem harten Fußboden taten mir alle Knochen weh. Jede Bewegung schmerzte. Schwiegervater machte sich über mich lustig. »Du siehst aus wie eine wandelnde Leiche«, spottete er. Doch machte sich niemand die Mühe, mir zur Hand zu gehen: Ich mußte schuften wie ein Pferd, zumal es nur noch zwei Tage bis zur die Hochzeit waren und die ersten Verwandten bereits eintrafen. Ich mußte allen die Schuhe putzen, und während ich den Gästen den Tee servierte, durfte ich mir selbst kein Getränk nehmen. Statt dessen mußte ich alle Nase lang die zahlreichen Aschenbecher im Haus leeren.

Zu allem Unglück wurde auch noch meine kleine Sabrije krank. Sie bekam die Masern, ihr ganzer Körper war von Pickeln übersät, und sie hatte hohes Fieber. An diesem Tag kam meine Mutter zu Besuch, und sie sah, wie ich litt. Mama bot an, mir zu helfen. »Bring Sabrije zum Arzt«, bat ich, was sie sofort erledigte. Einige Zeit später kehrte Mutter zurück und berichtete, die Kleine habe tatsächlich die Masern, und sie habe Medikamente mitgebracht. Weil Mutter sah, wieviel Arbeit ich hatte, wollte sie Sabrije mit zu sich nach Hause nehmen, wo sie sie besser pflegen konnte, als ich dies im Trubel der Hochzeitsfeier schaffen würde. Voraussetzung war allerdings die Zustimmung von Brahims Familie. Ich traf Schwiegermutter mit der Schwägerin in einem Zimmer, wo sie sich darüber unterhielten, wie sie sich frisieren wollten. Ich trug mein Anliegen vor und bat um die Erlaubnis, Sabrije mit meiner Mutter fahren zu lassen. Die Ablehnung war ebenso schroff wie entschieden: »Du schaffst das schon. Wir können deiner Mutter nicht zumuten, auf die Kleine aufzupassen.« Ich wandte ein, daß sie diese Aufgabe gerne übernähme. »Was, du widersprichst mir?« brüllte meine Schwiegermutter völlig außer sich los. Im gleichen Atemzug hob sie die Hand und schlug mich unvermittelt mitten ins Gesicht. Während die beiden anderen Frauen den Raum verließen, brach ich zusammen, und ich weinte haltlos. Verzweifelt fragte ich mich, mit welchem Recht diese Frau es eigentlich wagen durfte, mich zu schlagen.

Später kam Brahims Tante und erkundigte sich mitfühlend, warum ich weinte. Ich erzählte ihr alles, und sie bat mich inständig, meiner Mutter nichts von Sabrijes Tobsuchtsanfall zu erzählen, sonst gäbe es ausgerechnet während der Hochzeitsfeier Krach. Natürlich hatte sie recht. Wenn ich mich jetzt großartig aufregte, würde alles nur noch schlimmer werden. So wusch ich mir die Tränen aus dem Gesicht und redete mit niemandem über den Vorfall. Auch Brahim sagte ich nichts, denn er hätte seiner Mutter sowieso recht gegeben. Im Verlauf des Tages sprach Mama Brahims Mutter von sich aus noch einmal darauf an, daß sie Sabrije gerne mitnehmen würde. Ihr gegenüber wollte die falsche Schlange sich keine Blöße geben und gestattete es sofort.

Am Tag vor der Hochzeit verlangte Brahim Geld von mir, um Geschenke für das Hochzeitspaar zu kaufen. Als ich ihm 100 Mark gab, forderte er gierig mehr. »Gib mir alles, was du hast.« Als er meine 1.000 Mark in der Tasche hatte, stand ich wieder einmal ohne einen Pfennig Geld da. Später mußte ich erfahren, daß Brahim die 1.000

Mark fast vollständig seinem Vater gegeben hatte, ein Geschenk für die Brautleute hatte er nicht gekauft.

Am Hochzeitstag hatte ich endlich auch einmal Ruhe. Mittags fuhren alle gemeinsam zur Wohnung der Braut, um sie abzuholen. Ich dachte bei mir, daß die junge Frau es bisher im Leben gut gehabt habe, aber bei meiner Schwiegermutter würde es, da war ich mir sicher, auch ihr bald schlecht ergehen. Es würde die Hölle werden, das war gewiß.

Abends zog die ganze Festgesellschaft in ein großes Zelt, das für diesen Anlaß an der Straße errichtet worden war. Als schon alle weg waren, zog auch ich mich schick an. Vorher hatte ich Tee und Gebäck auftragen und andere Arbeiten erledigen müssen. Ich freute mich auf das Fest. Sicher würde mein Mann mit mir tanzen, denn diesmal feierten Männer und Frauen gemeinsam. Für die Arbeit waren Kellner engagiert worden, so daß hier wenigstens keine Gefahr bestand, daß ich wieder schuften mußte.

Doch der Abend verlief ganz anders, als ich es mir gewünscht hatte. Brahim tanzte nur mit seinen Verwandten, während ich traurig auf der Bank saß und den anderen beim Feiern zusah. Immerhin konnte ich so etwas ausspannen. Mir fiel auf, daß meine Schwägerin der Braut keinen Schritt von der Seite wich. Nur wenn sie tanzte, blieb die Braut alleine sitzen. Ich fragte die Braut, wie sie sich fühle, aber sie nickte nur mit dem Kopf und sagte nichts. Auch das ist eine Sitte im Kosovo: Vor der Hochzeitsnacht und der traditionellen Entjungferung darf die Braut mit niemandem reden.

Gegen drei Uhr morgens mußte sie ihre Unschuld beweisen. Ich litt mit ihr, denn ich wußte, daß nichts anderes als eine Vergewaltigung auf sie zukam. Für die junge Braut würde es der reine Horror sein, auch wenn sie im Kosovo aufgewachsen war und keine anderen Sitten kannte. Draußen vor der Schlafzimmertür hatte sich Schwiegermutter postiert, und sie drängelte lautstark alle paar Minuten, daß man sich beeilen möge. Die Festgesellschaft im Zelt wolle endlich wissen, was Sache sei. In dieser Nacht haßte ich es, eine Muslime zu sein. Ich mußte an die Hochzeitsnächte der Deutschen denken, wo die Frauen diese Nacht oft ihr Leben lang als besonders schön in Erinnerung behielten, weil sie feiern und lachen durften wie alle anderen auch und ihre Jungfräulichkeit, sofern sie sie nicht ohnehin lange zuvor verloren hatten, auf alle Fälle nicht auf solch entwürdigende Art und Weise einbüßten.

Nach einiger Zeit öffnete Brahims Bruder die Schlafzimmertür und rief seine Mutter herein. Wenig später folgte die Schwägerin, und auch ich wurde aufgefordert, mir das blutig-rote Ergebnis dieser Vergewaltigung anzusehen. Ich lehnte ab, denn ich wollte die junge Braut nicht leiden sehen, doch Schwiegermutter beharrte darauf, daß ich ins Schlafzimmer ging. Zu meinem großen Erstaunen fand ich dort eine zufrieden dreinschauende Braut. Als sie später weinte, waren es Freudentränen. Nachdem wir allein im Zimmer waren, sagte sie glücklich: »Meine Familie wird stolz auf mich sein. Ich habe meine Pflicht erfüllt.«

Schwiegermutter hatte das rote Tuch wie eine Trophäe in eine Ecke des Zimmers gelegt, bevor sie zu Bett ging. Das war für mich das Signal, daß ich mich ebenfalls hinlegen durfte. Ich hatte mir die Decke noch nicht über die Schultern gezogen, als ich bereits schlief. Um 5.00 Uhr kam Brahim völlig betrunken ins Zimmer. Ich wurde sofort wach und roch den Alkohol in seinem Atem. Der Gestank füllte in Windeseile den ganzen Raum. Er zerrte mich hoch. »Zieh dich aus!« herrschte er mich an. Ich war total erschöpft und hatte keine Lust auf Sex. So betrunken und so außer sich hatte ich ihn noch nie erlebt. »Laß mich in Ruhe«, bat ich, doch da fing er an zu schreien, ohne jede Rücksicht darauf, daß jeder im Haus ihn hören konnte: »Entweder du ziehst dich freiwillig aus, oder ich reiße dir die Klamotten vom Leib!« Ich hatte keine Chance, seiner gewalttätigen Zudringlichkeit zu entgehen. Brahim hätte mich geschlagen, wenn ich Widerstand geleistet hätte. So ließ ich es über mich ergehen, obwohl schon seine ekelhaften Alkoholausdünstungen mich fast erbrechen ließen. Als sein keuchender Atem ruhiger wurde, rollte er sich von mir herunter und schlief befriedigt ein. Trotz meiner Erschöpfung lag ich noch lange wach und grübelte. Ich war niedergeschlagen und wünschte mir fast, daß ich weitere Nächte wie diese nicht überleben würde. Einfach zu sterben schien mir nicht die schlechteste Lösung, denn Brahims Vergewaltigungen wurden immer schlimmer. Es interessierte ihn überhaupt nicht, ob ich Schmerzen hatte. Im Gegenteil: Er schaffte es sogar, während er seine sexuellen Bedürfnisse an mir abreagierte, mich zu schlagen und zu quälen. Oft kam er ins Schlafzimmer, brüllte: »Zieh dich aus!«, und wenn ich nicht sofort spurte, dann packte er mich, riß mir die Kleider vom Leib und warf mich auf das Bett oder auf den Fußboden. Kein Kuß, keine Zärtlichkeiten, kein liebes Wort: Er kam immer sofort zur Sache. Aus Angst vor den ewig wiederkehrenden Quälereien bewegte ich mich beim Verkehr möglichst überhaupt nicht. Deshalb beschimpfte er mich oft verächtlich. »Du liegst da wie eine tote Kuh.« Dann holte er sich, worauf er glaubte, Anspruch zu haben: Hauptsache, er hatte seinen Spaß. Für mich wurde es zunehmend widerwärtiger und schmerzhafter.

*

Gegen 7.00 Uhr hatte ich die Hoffnung aufgegeben, noch einzuschlafen. So kleidete ich mich an, zumal es höchste Zeit war, mit der Hausarbeit zu beginnen. Die neue Braut war auch schon wach und brachte mir sofort einen Tee. Sie hieß Shemsije. »Du mußt mich nicht bedienen«, sagte ich. Schließlich ahnte ich, was sonst noch alles auf das Mädchen zukommen würde. »Das ist jetzt meine Pflicht«, antwortete die Kleine. »Du hast hier lange genug geschuftet. Jetzt bediene ich dich.« Gerührt stand ich auf und umarmte sie. »Ich möchte deine Freundin sein«, sagte ich und goß ihr eine Tasse Tee ein. Sie zögerte, denn offenbar hatte sie Angst, daß jemand sie beim Teetrinken erwischen könnte. Ich wußte allerdings, daß um diese Zeit mit Sicherheit noch niemand aufstehen würde. Später putzten wir gemeinsam das Haus, und ich war froh, endlich jemanden gefunden zu haben, der mir half.

Einige Tage nach der Hochzeit trafen sich die Frauen aus der gesamten Verwandtschaft bei uns, denn das ist so Tradition: Beim sogenannten Frauentag bestaunen alle das blutige Laken der Braut. Dafür machten sich alle schön, weil zu diesem Anlaß getanzt und gesungen wurde. Nur ich lief in Arbeitskleidung herum, weil ich wieder alle Gäste bedienen mußte. Ich servierte Tee und Gebäck. Als die Frauen mit dem Essen begannen, rief mich die Tante meines Mannes zu sich, und in vorwurfsvollem Ton sprach die alte Frau: »Du hast jetzt genug getan. Wasch dich, schmink dich und zieh dir etwas Schönes an.« Ich erschrak. »Dann wird meine Schwiegermutter mich auf der Stelle umbringen.«

»Das wird sie nicht«, sagte die Tante überzeugt. »Ich bin älter als sie, und deshalb stehe ich über ihr, merk dir das.«

So zog ich mich um, aber tief im Inneren hatte ich große Angst, daß Schwiegermutter sich furchtbar rächen würde. Andererseits war es schön, in diesem Haus endlich einmal normal behandelt zu werden. Als ich mich zu den anderen Frauen gesellte, forderte mich eine der Musikantinnen auf zu tanzen. Das nächste Lied werde sie nur für mich spielen. Ich weigerte mich, weil ich diese Tänze noch immer nicht beherrschte, doch sie gaben keine Ruhe. Schließlich tanzte ich so, wie Brahims Tante es mir vormachte. Es machte Spaß, aber die Freude währte nicht lange, denn Schwiegermutter betrat den Raum. Sie sah mich ebenso entsetzt an wie ich sie, und ich erstarrte sofort. Die Tante nahm Schwiegermutter an der Hand und führte sie nach draußen. Ich rechnete mit dem Schlimmsten. Bis heute weiß ich nicht, was die beiden Frauen miteinander redeten, doch als Brahims Mutter wieder hereinkam, war sie wie ausgewechselt. Sie lächelte und forderte mich auf weiterzutanzen. Angesichts der sonst üblichen Schikanen dieser Frau verstand ich ihren Sinneswandel nicht recht.

Am nächsten Tag brachte meine Mutter Sabrije. Die Hochzeit war endgültig vorüber, und ich freute mich, die Kleine wieder bei mir zu haben. Gleichzeitig war ich meiner Mutter sehr dankbar, daß sie Sabrije eine Woche lang betreut hatte. Das hätte ich neben meiner ganzen Arbeit gar nicht schaffen können. Als ich wieder die Hausarbeit aufnehmen wollte, erschien Brahims alte Tante: »Nimm deine Tochter und geh auf dein Zimmer. Dort kannst du dich ausruhen.« Schwiegermutter stand daneben und hörte schweigend zu, als ich ablehnte: »Das geht nicht, ich habe zuviel zu tun.« Darauf wurde die Tante unwirsch. »Ich habe dir schon einmal gesagt, du sollst mir nicht widersprechen. Du hast mehr geschuftet als alle anderen zusammen, jetzt reicht es.« Natürlich hatte sie recht. Vermutlich war sie deshalb so »normal«, weil sie nicht im Kosovo wohnte. Sie lebte in der Hauptstadt Belgrad, und dort wurden die Frauen längst nicht mehr nur als Arbeitstiere betrachtet.

In unserem Zimmer traf ich Brahim. Er hatte alles gehört und zu meiner größten Überraschung pflichtete er seiner Tante bei. Mich irritierte das, bei ihm wußte ich nie, woran ich war: Mal war er freundlich zu mir, mal ließ er mich links liegen, mal vergewaltigte oder schlug er mich. Ich verstand diesen Wankelmut nicht. Am nächsten Morgen hörte ich meine Schwägerin Fatime schimpfen. Sie beklagte sich, daß sie nun alle Arbeit alleine machen müsse, aber die Tante wies sie zurecht und sagte: »Schukrana hat gearbeitet wie ein Pferd. Jetzt sind andere an der Reihe.«

Brahim ging wieder mal aus. Es war sein letzter Urlaubstag, und den wollte er mit seinen Freunden verbringen statt mit seinem Kind und mir. Dabei hätten wir jetzt ausnahmsweise einmal Zeit füreinander gehabt. Ich zweifelte allmählich daran, daß er mich liebte. In Wirklichkeit brauchte er mich nur für seine körperliche Befriedigung. Ich war enttäuscht, aber letztlich siegte mein anerzogener Gehorsam. Männer sind eben so, sagte ich mir.

Meine Schwägerin Shemsije kam ins Zimmer und erkundigte sich, wie es meiner Tochter gehe. Ich freute mich, denn das war der erste Mensch in diesem Haus, der sich für ihr Wohlergehen interessierte. Sie nahm Sabrije auf den Arm und schmuste mit ihr. Meine Schwägerin erzählte, wie schäbig unsere Schwiegermutter sie behandelte. Sie gebe sich die größte Mühe, aber der Frau könne sie nichts gut genug machen, und da wußte ich, daß Shemsije nun meine Rolle des schwarzen Schafes annehmen mußte. Sie würde das gleiche Schicksal erleiden wie ich. »Du wirst dich daran gewöhnen müssen«, prophezeite ich resigniert.

Am nächsten Tag packte Brahim seine Sachen zusammen, um zur Armee zurückzukehren, und ich war bedrückt, weil ich ihn wieder für viele Monate nicht sehen würde. Als ich draußen war, um mich von ihm zu verabschieden, nahm er mich an der Hand und zog mich ins Zimmer. Ich freute mich: Endlich würde er sich liebevoll von mir verabschieden, doch weit gefehlt. Er packte mich mit hartem Griff am Arm. »Du mußt mir immer Geld schicken. Ich habe keine Lust, jedesmal darum zu bitten«, herrschte er mich mit drohendem Unterton in der Stimme an. »Hast du das verstanden?« Ich nickte eingeschüchtert, dann verließ er das Zimmer ohne ein Wort des Abschieds.

Später klopfte es an der Tür, und Shemsije kam herein. Sie sah, daß ich immer noch weinte und sagte mitfühlend: »Es ist hart, wenn der Mann zur Armee gehen muß.« Shemsije interpretierte meine Tränen falsch. »Daß er sich so heftig von dir verabschiedet, hätte ich nicht gedacht.« Ich sagte ihr die Wahrheit, daß Brahim mich immer so lieblos behandelte, und daß ich deswegen so traurig sei, und sie nahm mich tröstend in die Arme. »Der Kerl denkt immer nur ans Geld«, schnaubte sie dann. »Wer sagt das denn?« wollte ich irritiert wissen, und sie klärte mich auf. »Dein Vater und mein Vater sind Vettern. Du kennst mich nicht, aber in meiner Familie ist schon viel über dich geredet worden.« Da wurde mir klar, wieso Shemsije derartig schlecht von der Schwiegermutter behandelt wurde: Sie war aus meiner Familie, und das allein war schon ein Verbrechen.

Draußen hörte ich die Stimme meines Vaters, der mit Schwiegervater sprach: »Soll ich Schukrana wieder mit nach Deutschland nehmen oder willst du sie hierbehalten, bis dein Sohn von der Armee zurückkommt?« Mir blieb fast das Herz stehen vor Entsetzen. Wie konnte Vater eine solche Frage stellen? Er wußte doch, welches Schicksal mir in diesem Hause blühte. Außerdem hatte ich eine Wohnung und meine Arbeitsstelle in Deutschland. Schwiegervater sagte lange Zeit nichts. Nach einer kleinen Ewigkeit antwortete er: »Du brauchst dir keine Gedanken zu machen. Nimm sie mit, denn wir wissen, daß sie bei dir in guten Händen ist.« Erleichtert atmete ich auf.

Zwei Tage blieben nur noch bis zur Heimreise nach Deutschland. Ich wollte die Koffer packen und vorher meine Wäsche waschen, als Schwiegermutter mich in meinen Vorbereitungen unterbrach: »Waschen kannst du immer noch, jetzt geh erst mal spülen.« Offenbar zeigte sie nun wieder ihren wahren niederträchtigen Charakter, denn die ältere Tante, die sie gebändigt hatte, war wieder abgereist. So ließ ich alles stehen und liegen und ging zum Spültisch. Nach kurzer Zeit rutschte mir ein Glas aus den Händen. Es fiel zu Boden und zerbrach sofort. Ich bückte mich, um die Scherben wegzufegen. Brahims Mutter war sofort bei mir und schubste mich, so daß ich hinfiel. »Verschwinde, bevor du noch mehr Unheil anrichtest«, zeterte sie. Dann kehrte sie die Scherben auf ein Blech. Ich dachte, sie würde nun zur Mülltonne gehen. Statt dessen holte sie mit der Kehrschaufel weit aus und schleuderte mir die Scherben mitten ins Gesicht. Ich blutete sofort, sagte aber nichts, starr vor Schrecken. Da schlug sie mich auf die Wangen, immer und immer wieder, und ich weinte laut. Shemsije hatte das Getöse gehört und kam ins Zimmer. Sie eilte mir sofort mutig zu Hilfe und packte ihre Schwiegermutter am Arm, um sie von mir wegzureißen. Doch da hatte sie schon die Abdrücke von Sabrijes fünf Fingern im Gesicht. Meine Schwiegermutter raste vor Wut. »Du Nutte! Du hast meinen Sohn verhext, sonst hätte er dich niemals geheiratet«, brüllte sie. »Dafür werde ich dich immer hassen, ich werde dir das Leben zur Hölle machen!« Neben mir hörte ich plötzlich angstvolles Kindergeschrei. Es war die Stimme meiner kleinen Tochter, die unbemerkt ins Zimmer gekomken war. Als ich sie auf den Arm nahm, ließ Brahims Mutter zitternd vor Wut von mir ab und ging lauthals fluchend hinaus.

Wenig später stürzte Brahims Onkel ins Zimmer. Shemsije hatte ihn zu Hilfe gerufen, und er sah mich ganz entsetzt an. »Es ist an der Zeit, daß meine Schwägerin mal Prügel bekommt«, sagte er ruhig. »Nein«, wehrte ich aufgelöst ab. »Laßt mich in Ruhe. Ich flehe dich an, jetzt keinen Aufstand zu machen, weil ich es doch wieder ausbaden müßte. In zwei Tagen bin ich weg, dann könnt ihr sie meinetwegen totschlagen«, brachte ich bebend vor Zorn hervor.

Am nächsten Tag schloß ich mich auf meinem Zimmer ein, und dann kam auch schon Vater, um mich für die Heimreise abzuholen. Ich verabschiedete mich brav von allen, nur nicht von Schwiegermutter. Es war mir in diesem Moment egal, was die Leute dachten, ich wollte nur noch weg aus dieser Hölle. Mutter fragte besorgt, woher die Verletzungen in meinem Gesicht kämen. Ich log ihr eine Geschichte vor, und sie gab Ruhe. Dann fuhren wir heim.

*

In der Eifel ging zunächst alles seinen normalen Gang. Ich arbeitete in der Jugendherberge, während Mutter Sabrije betreute. Ich wohnte auch wieder bei meinen Eltern, denn allein bei Herrn Mayer zu leben hätte sich nicht geschickt. Eines Tages sagte Vater: »Wir kündigen deine Wohnung, denn du brauchst sie im Moment sowieso nicht. Wenn Brahim in einem halben Jahr wiederkommt, könnt ihr euch wieder eine andere Wohnung suchen.« Das leuchtete mir ein, und auch Herr Mayer hatte Verständnis dafür, daß ich die Miete nicht für eine ungenutzte Wohnung aus dem Fenster werfen konnte. Brahim vermißte ich in dieser Zeit kaum. Ich schrieb ihm regelmäßig und schickte soviel Geld, wie ich entbehren konnte. Brahim schrieb seinerseits nur ganz selten, aber das enttäuschte mich nicht sonderlich, denn inzwischen hatte ich mich daran gewöhnt, wie lieblos er mit mir umging. Im übrigen waren die Tage angefüllt mit allerhand Arbeiten, so daß keine Langeweile aufkam. Eines Tages hörte ich, daß die nahegelegene Glashütte Frauen einstellte. Dort konnte ich fast doppelt soviel Geld verdienen wie in der Jugendherberge, und so wechselte ich in die Fabrik, wo ich von morgens 6.00 Uhr bis zum späten Nachmittag arbeitete.

Kurz bevor Brahim aus der Armee entlassen werden sollte, suchte ich uns eine neue Wohnung. Ich fand sie in einem kleineren Dorf, ungefähr fünf Kilometer von meinem Elternhaus entfernt. Sie kostete 600 Mark Miete monatlich, aber das war sie allemal wert, denn die Wohnung war sehr groß. Wir hatten ein ordentliches Bad, und Sabrije bekam endlich ihr eigenes Kinderzimmer. Meine Brüder halfen beim Tapezieren und schleppten die Möbel hoch, die wir bis dahin zwischengelagert hatten. Während ich in der Fabrik arbeitete, räumte Mutter alles ein. Ich war froh, daß sie da war.

Als die Wohnung bezugsfertig war, spazierte ich mit Mutter zur nächsten Telefonzelle, um von dort aus in Brahims Kaserne anzurufen. Ich wollte fragen, wann genau er in Deutschland eintreffen würde. Am anderen Ende der Leitung war ein Feldwebel. »Der ist schon lange nicht mehr hier. Er ist vor über einem Monat vorzeitig entlassen worden und zu seiner Familie zurückgereist.« Ich hätte explodieren können vor Wut und Enttäuschung über das Verhalten meines Mannes. Monatelang hatten wir uns nicht mehr gesehen, und jetzt saß er brav bei Schwiegermutter im gemachten Nest und ließ es sich gutgehen. Auf die Idee, mich anzurufen, war er offenbar noch nicht gekommen. Ich hängte den Hörer auf und verließ die Telefonzelle. Draußen hob ich zornig einen Stein vom Boden auf und schleuderte ihn mit aller Kraft auf eine Wiese. Ich beschloß, mich nicht bei ihm zu melden, sollte er doch machen, was er wollte! Auch Mutter gefiel Brahims Verhalten nicht, aber als sie sich bei Vater über meinen Mann beschwerte, erhielt sie eine Abfuhr. »Brahim ist ein erwachsener Mann. Er kann tun und lassen, was er will.«

Zwei Wochen später rief Brahim endlich an. Er war am Bahnhof in Köln und wollte abgeholt werden. Inzwischen war mein Zorn verraucht, und ich freute mich sogar darauf, ihn wiederzusehen. Als Vaters Wagen in den Hof rollte, wunderte ich mich doch über Brahims Veränderung. Aus dem Auto stieg ein völlig anderer Mann als der, den ich kannte: Er war richtig dick geworden und trug jetzt einen Schnauzbart.

Vater brachte uns sofort in die neue Wohnung, wo Brahim seine Tochter begrüßte. Sabrije konnte schon die ersten Worte sprechen. Ihr Vater kritisierte allerdings, daß sie noch nicht richtig reden konnte. Als er sie deswegen ausschimpfte, nahm Sabrije ihr Lieblingstier – einen Stoff-Waschbär, den sie »Ruskel« nannte – und verkroch sich ängstlich in ihrem Zimmer. Sobald mein Vater das Haus verlassen hatte und ich die Kleine ins Bett gebracht hatte, packte Brahim mich am Arm. Er warf mich aufs Bett und riß mir die Kleidungstücke vom Leib. »Sei nicht so brutal«, bat ich, doch er hörte gar nicht zu. Er drang voller Gier in mich ein, und ich hielt still. Schließlich war ich seine Frau, und er hatte Anspruch auf den ehelichen Beischlaf. Es war lästig, und es tat weh, aber es war auszuhalten.

»Gibt es in dem Kaff ein Geschäft?« wollte Brahim später wissen. »Nein«, antwortete ich, »aber ich habe schon alles eingekauft. Wir müssen nicht ins Geschäft.«

»Falsch«, stellte Brahim kurz und knapp fest. »Hier ist kein Bier.« Daran hatte ich wahrhaftig nicht gedacht. »Du hast doch nie Bier getrunken«, wunderte ich mich. »Aber jetzt will ich Bier. Schaff es heran, egal wie«, entgegnete er. Im Dorf gab es einen Getränkeladen, und ich ging zu Fuß dorthin, um einen Kasten Kölsch zu holen. Auf dem Weg dachte ich darüber nach, daß Brahim sich nicht nur äußerlich verändert hatte. Er war auch noch zügelloser geworden als vorher, sein ganzen Wesen schien mir brutaler zu sein als früher. Daß er jetzt zu Hause Bier trinken wollte, kam mir sehr ungewöhnlich vor. Der Getränkeverkäufer war ein netter Mann. Er bot mir an, die schwere Bierkiste mit dem Wagen zu mir zu bringen, da er ohnehin seine Rundfahrt beginnen wollte. Wieder zu Hause, brüllte Brahim sofort: »Wo ist das Bier?« Ich erklärte, daß es gleich gebracht werde, und wenig später kam der Verkäufer wirklich. Ich bezahlte, und der Händler verließ die Wohnung. Brahim tobte los, er packte mich an der Schulter und warf mich zu Boden: »Der Kerl ist wohl dein Freund!« schrie er. »So wie der geguckt hat, als er mich sah, kann er nur dein Liebhaber sein.«

»Ich habe den Mann heute zum ersten Mal gesehen. Vermutlich hat er sich nur gewundert, daß du dir dein Bier nicht selbst holst«, wandte ich zaghaft ein. Die Quittung war eine schallende Ohrfeige. »Du wagst es, mir zu widersprechen?« Minutenlang droschen seine Fäuste auf mich ein, während Sabrije neben uns stand und kreischte. Doch das störte ihn nicht. »Die Zeiten, wo du mich kommandieren konntest, sind endgültig vorbei. Ich war bei der Armee, und jetzt bin ich ein ganzer Mann.«

Irgendwann konnte ich aufspringen und brüllte ihm ins Gesicht: »Bist du verrückt geworden? Ihr glaubt wohl alle, ihr könntet mich prügeln, wie es euch gerade gefällt. Du bist kein bißchen besser als deine Mutter.« Das war mir in der Aufregung so herausgerutscht, aber ich hätte besser geschwiegen, denn nun raste Brahim wie ein Wilder. Er schlug blind vor Wut auf mich ein, er trat, wo er mich gerade treffen konnte. »Hör auf!« flehte ich. Die Antwort war ein Fußtritt an den Kopf, der mich besinnungslos zusammensinken ließ. Als ich wieder zu mir kam, lag Sabrije neben mir und schlief. Sie hatte wohl mit dem Waschbär Ruskel im Arm so lange geweint, bis sie vor Erschöpfung eingenickt war.

Ich nahm sie hoch und trug sie in ihr Bettchen, wo ich sie ganz nah an die Wand schob. Dann legte ich mich neben sie und weinte hemmungslos. Ich dachte lange nach. Weitere Mißhandlungen wollte ich mir nicht mehr gefallen lassen. Ich nahm mir fest vor, meinem Vater alles zu berichten. Er würde mir beistehen. Wenn Papa mich auch nur halbwegs so liebte, wie ich vermutete, dann konnte er nicht länger zulassen, daß Brahim mich ohne jeden Grund bis zur Bewußtlosigkeit schlug. Ohne Vaters Einwilligung, das wußte ich, würde ich mich allerdings nicht von meinem Mann trennen können. Um so wichtiger war es, meine Familie auf meiner Seite zu haben. Nachmittags kam er mit Mutter zu Besuch. Vom Weinen waren meine Augen noch ganz rot, und die blau und grün unterlaufenen Blutergüsse in meinem Gesicht waren nicht zu übersehen. Mein ganzer Körper war von den Schlägen lädiert, aber mehr noch als die körperlichen Schmerzen peinigte mich die fast aussichtslose Situation, in der ich steckte. Tiefe Hoffnungslosigkeit hatte mich ergriffen. »Was ist passiert?« fragte Vater. »Er hat mich geschlagen«, platzte ich heraus. »Ich habe jetzt endgültig die Nase voll, ich will ihn verlassen.«

»Ich mußte das tun«, unterbrach mich Brahim. »Sie

gehorcht mir nicht. Schukrana flirtet vor meinen Augen mit fremden Männern, das kann ich doch nicht dulden«, behauptete Brahim. »Du lügst!« rief ich verzweifelt, aber Vater schnitt mir das Wort ab. Zu Brahim gewandt sagte er: »Wenn du glaubst, daß meine Tochter etwas falsch macht, dann komm künftig zu mir. Ich werde das schon klären.« Mich ermahnte er: »Du mußt deinem Mann gehorchen, er ist hier der Herr im Haus. Ich weiß zwar, daß du so sein willst wie die deutschen Frauen, aber das geht eben nicht: Du bist und bleibst eine Jugoslawin.«

Ich traute meinen Ohren nicht. Was redete er da? Vater wußte doch genau, daß ich mich bis dahin bemüht hatte, Brahim eine gute Ehefrau zu sein. Daß ich fremden Männern hinterhergesehen hätte, war eine absurde Anschuldigung, die mich überdies tief kränkte. Außerdem hatte ich nie laut den Wunsch geäußert, so zu leben wie die deutschen Frauen. Das hatte ich mir bisher nur tief im Innersten gewünscht. Mutter schwieg zu allem. Es stand ihr nicht zu, sich in das Gespräch der Männer einzumischen. Wenig später verließen meine Eltern das Haus. Meine Situation war ausweisloser denn je. Die Hoffnung auf Vaters Hilfe hatte sich als trügerisch erwiesen. Eigentlich hätte ich es vorher wissen müssen: In Vaters Weltbild hatten Frauen keine Rechte, und da machte auch seine Tochter keine Ausnahme. Allein die haltlose Beschuldigung meines Mannes rechtfertigte in Vaters Augen Brahims Schläge.

»Das ist das letzte Mal, daß du so mit deinem Vater geredet hast«, drohte Brahim. »Denk daran: Wenn du die Trennung von mir erzwingst, dann wirst du dich auch von deiner Tochter trennen müssen. Sie ist schließlich mein Fleisch und Blut.« Es lief mir eiskalt den Rücken herunter, denn nach den Sitten seines Landes durfte er ja im Falle unserer Scheidung Sabrije für immer mitnehmen, und meine Tochter würde ich dann nie wiedersehen. Niedergeschlagen ging ich ins Schlafzimmer, Brahim folgte mir. »Zieh dich aus!« forderte er wieder. Als ich mich weigerte, packte er mich bei den Schultern. »Ich sage es jetzt zum letzten Mal, zieh dich aus, oder du wirst den heutigen Tag nie mehr vergessen.« Dann riß er mir den Rock nach oben und vergewaltigte mich. Es tat furchtbar weh, aber gegen seine Brutalität hatte ich keine Chance.

Später fragte ich mich, wieso ich jedesmal Schmerzen bekam, wenn er über mich herfiel, und es wurde immer schlimmer. Am nächsten Tag fragte ich Dr. Bredow, was mit mir los sei. Körperliche Ursachen entdeckte er nicht für meine Schmerzen, er riet mir jedoch, eine Eheberatungsstelle aufzusuchen. Doch das war ausgeschlossen: Wenn ich Brahim vorgeschlagen hätte, zur Eheberatung zu gehen, hätte er mich vermutlich für verrückt erklärt, denn aus seiner Sicht gab es überhaupt keinen Anlaß zu glauben, daß er etwas falsch machte. Nachmittags kam meine Schwester zu Besuch, und unter vier Augen fragte ich sie, ob sie auch jedesmal solche Unterleibsschmerzen spüre. Sie verneinte erstaunt: Zwar habe sie auch wenig Spaß dabei, wenn ihr Mann mit ihr schlafen würde, aber Schmerzen habe sie keine. »Versuch doch mal, dich zu entspannen«, riet sie mir, doch ich wußte, daß das angesichts von Brahims Lieblosigkeit undenkbar war. Ich verkrampfte mich immer sofort, wenn Brahim seinen brutalen Sex erzwang.

In den nächsten Wochen wurde alles noch viel schlimmer. Brahim trank jetzt fast täglich einen ganzen Kasten Bier. Nach der Arbeit erledigte ich abends die Hausarbeit, und wenn ich danach todmüde ins Bett wollte, fiel er wie ein Tier über mich her. Jeden Abend forderte er Sex, und er zwang mich dazu, wenn ich nicht sofort freiwillig nachgab. Lust verspürte ich nie. Es blieb nur ein unendlich großes Gefühl des Ekels, wenn ich sein keuchendes Gesicht über mir sah und der stinkende Bierdunst aus seinem Rachen mir den Magen umdrehte. Bald ging er auch wieder regelmäßig in die Disco. Dort lernte er andere Jugoslawen kennen, die ihn oft zu Hause abholten, aber das war ziemlich umständlich für ihn. »Kauf dir ein Auto«, forderte Brahim eines Tages. Ich hatte auch schon darüber nachgedacht, denn es war doch ziemlich zeitraubend, mit den schlechten Busverbindungen in der Eifel zur Arbeit zu kommen. Obwohl die Glasfabrik nur einige Kilometer entfernt war, hatte ich täglich weit über eine Stunde Fahrzeit.

Vater bot an, sich nach einem Auto für uns umzuschauen. Es dauerte nicht lange, da hatte er für 800 Mark einen gebrauchten Wagen gefunden. Mein Bruder war glücklicherweise ein begnadeter Autotüftler, und er möbelte den Schrotthaufen innerhalb von nur zwei Tagen wieder so gut auf, daß wir für wenig Geld einen fahrbaren Untersatz bekamen. Dieser Wagen bedeutete ein kleines Stück Freiheit für mich, denn nun konnten wir uns sehr viel bequemer in der Eifel bewegen. Wir mußten nicht wegen jeder Kleinigkeit jemanden um Hilfe bitten.

Brahim lag den ganzen Tag zu Hause auf der faulen Haut. Es paßte ihm zwar nicht, daß ich das Geld für die Familie verdienen mußte, aber vorerst ließ sich das nicht ändern. Damit er eine Arbeitserlaubnis bekommen konnte, benötigten wir noch eine Bestätigung, daß er seinen Militärdienst absolviert hatte, aber die ließ auf sich warten. »Ich habe eine tolle Idee«, sagte er eines Tages, »wir ziehen zu meinem Onkel nach Berlin. Da kann ich arbeiten, und außerdem habe ich dort Verwandte in der Nähe.« Ich war dagegen, nach Berlin zu ziehen, aber als ich meinen Vater bat, den Umzug zu verhindern, schlug der sich sofort verärgert auf Brahims Seite. »Gehorche deinem Mann. Wenn er geht, wirst du gefälligst mitgehen.« Mutter hatte jedoch erhebliche Bedenken. Sie wußte, daß Brahims Onkel Alkoholiker war. »Wahrscheinlich wird dein Mann sich in Berlin auch an das Teufelszeug gewöhnen«, sagte sie. Doch diese Sorge teilte ich nicht, denn Brahim trank »nur« Bier, davon allerdings mittlerweile sehr viel.

So kündigte ich schweren Herzens Wohnung und Arbeitsstelle. Die Möbel stellten wir im Schuppen meiner Eltern unter. Dort ließen wir auch das Auto, denn ich fühlte mich noch nicht sicher genug, um im Berliner Großstadtverkehr zurechtzukommen. Brahims Onkel hatte angekündigt, wir könnten zunächst bei ihm wohnen, außerdem habe er schon eine Arbeitsstelle für mich gefunden. So fuhren wir mit dem Zug los, einem ungewissen Schicksal entgegen.

Berlin war mir von Anfang an unheimlich. Ich war ein richtiges Landkind. Vorher war ich noch nie in einer Großstadt gewesen, und die vielen Menschen hier verunsicherten mich. Überall liefen Polizisten herum, und die jungen Leute in Berlin sahen ganz anders aus als meine Eifeler Bekannten: Sie hatten die Haare grün und rot gefärbt, allein ihr Anblick flößte mir Furcht ein. Ich hatte das Gefühl, daß sie mich ansähen, als käme ich vom Mond. In dieser unheimlichen Stadt würde ich wohl nie alleine ausgehen können. Als wir nach einer ermüdenden Reise endlich bei Brahims Onkel angekommen waren, freute ich mich auf ein gutes Essen. Auch Sabrije war schon ganz quengelig vor Hunger. Brahims Tante hatte bereits den Tisch gedeckt, als wir ankamen. Nach dem Essen saßen wir noch einige Zeit beisammen und plauderten über dies und jenes, bis der Onkel uns schließlich eine Etage tiefer zu der Wohnung führte, die für uns gedacht war. Bisher hatte er diesen Kellerraum als Lager genutzt.

Es war geradezu ein Witz von einer Wohnung. Lieber hätte ich im Keller meines Vaters geschlafen als in diesem Loch: Überall hingen Spinnweben von der Decke herab, dazu gab es ein unbeschreibliches Durcheinander und jede Menge Gerümpel lag überall verteilt. »Irgendwo wird wohl ein Bett stehen«, meinte Brahim scheinbar ungerührt, und er behielt recht. In einer Ecke stand ein völlig verdrecktes altes Bettgestell. Die dazugehörigen Matratzen waren über und über mit weißer Farbe verschmiert. Brahim legte unbekümmert eine Decke darauf, und wenig später schlief er auch schon. Ein Kinderbett war nirgends in Sicht, deshalb deponierte ich unsere Wäsche in einem Pappkarton und bettete Sabrije behutsam in die Kleidungsstücke. In diesem Pappbett schlief sie tatsächlich ein, während ich den Rest der Nacht damit verbrachte, wenigstens den gröbsten Dreck wegzuräumen. Später erwachte Sabrije und kam ganz aufgeregt zu mir. »Mami, guck mal, was ich für ein neues, tolles Bett habe.« Ihr schien das Chaos um uns herum nichts auszumachen.

Frühmorgens ging ich mit Sabrije die Treppe hoch zur Wohnung des Onkels. Erst da fiel mir auf, wie scheußlich das Treppenhaus aussah. Überall stank es penetrant nach Urin, und alles war dreckig und speckig. Ich mußte daran denken, wie Brahims Onkel in Jugoslawien immer damit geprahlt hatte, in welchem Luxuspalast er in Berlin lebe und daß er im Geld schwimme. Davon konnte keine Rede sein: In Wahrheit wohnte er in einem Dreckstall, und den sollten wir nun mit ihm teilen. Beim Frühstück informierte mich die Tante, daß ich schon am folgenden Tag meine Arbeit antreten müsse. Heute würde ihr Mann mir zeigen, wie ich mit der U-Bahn zur Arbeit käme. Mir war klar, daß ich ohne eine Einführung wohl nie an der richtigen Adresse angekommen wäre: In diesem Moloch von Stadt hätte ich mich hoffnungslos verirrt.

Trotz meiner ohnedies düsteren Vorahnungen kam es noch schlimmer, als ich gedacht hatte. 16 Haltestellen mußten wir mit der Untergrundbahn fahren, bevor wir die Fahrt in einem Bus fortsetzten, und erst sechs Stationen weiter stiegen wir aus, um vor dem Hintereingang eines Kaufhauses zu stehen, wo ich als Spülhilfe arbeiten sollte. Bis heute weiß ich nicht, was das eigentlich für ein Geschäft war. Der Chef erklärte mir meine Aufgaben, und später fragte ich ihn vorsichtig, was ich verdienen würde. Da unterbrach mich der Onkel hastig. »Darum brauchst du dich nicht zu kümmern.« Brahim zog mich zur Seite. »Da siehst du mal, was er alles für uns tut. So etwas hätte dein Vater nie geschafft.« Zwar zweifelte ich angesichts der ganzen Hilfe, die meine Eltern uns geboten hatten, daran, daß mein Mann noch ganz bei Trost war, aber ich schwieg wie gewöhnlich.

Auf der Rückfahrt fragte ich noch einmal Brahims Onkel, welchen Lohn ich bekäme. »Das braucht dich nicht zu kümmern«, antwortete er wieder. »Es ist alles geregelt, das Geld wird auf mein Konto überwiesen. Ich werde es für euch verwalten, denn du hast lange genug das Sagen gehabt«, sagte er unfreundlich. Die Kleine quengelte, und ich wollte mich nicht auf eine Diskussion einlassen, aber ich war wieder einmal schockiert. Offensichtlich planten Brahim und der Onkel, mich schuften zu lassen, ohne daß ich auch nur einen Pfennig vom Lohn sehen sollte.

Ich putzte unsere Wohnung, bis sie einigermaßen bewohnbar aussah. Dann stieg ich durch das stinkende Treppenhaus hoch zum Onkel, wo Brahim die ganze Zeit geblieben war. Schon von draußen hörte ich ihr lautstarkes Lachen und Lallen. Vor Brahim stand ein Glas Whisky, und er hatte jenen stieren Blick, den er immer hatte, wenn er stark angetrunken war. »Wieso trinkst du Whisky?« fragte ich ihn völlig arglos und möglichst ohne jeden Vorwurf in der Stimme. »Du sollst deinem Mann nicht vorschreiben, was er zu trinken hat«, fuhr die Tante mich sofort an. Brahim erhob sich schwerfällig, dann schlug er mir ins Gesicht. Was mich daran besonders störte, war, daß er mich diesmal in Gegenwart anderer Leute schlug. »Laß mich in Ruhe!« schrie ich ihn an. Die Tante sprang hoch und zog Brahim von mir fort. Sie beruhigte ihn, denn darin hatte sie Erfahrung, weil ihr eigener Mann sie auch angriff, wenn er betrunken war. Den ganzen Abend über tranken die Männer weiter, während ich alle anderen bedienen mußte. Der Onkel lästerte ständig über meinen Vater, der angeblich ein Versager sei. Brahim schien sehr schnell vergessen zu haben, was wir meinen Eltern verdankten. Schließlich übermannte ihn der Alkohol: Er stand auf und erbrach sich mitten ins Zimmer. Ich lief zum Schrank und holte Putzzeug, um den säuerlich stinkenden Brei wegzuwischen. »Laß mich das machen«, säuselte die Tante. »Dafür bist du dir doch zu fein«, höhnte sie. »Zu Hause hatte ich auch keinen, der das für mich erledigt hat, wenn Brahim sich übergeben mußte«, antwortete ich wütend. »Du bist ein freches Luder«, schimpfte die Tante, »wenn ich deine Schwiegermutter wäre, ich würde dich totschlagen.« Da sprang Brahim auf und schlug mir wieder ins Gesicht. »Meine Mutter brauche ich dafür nicht, das schaffe ich auch alleine.« Dann packte Brahim mich bei meinen langen Haaren und zog mich durch das Treppenhaus hinunter in unsere Wohnung. Die kleine Sabrije blieb zurück, und sie schrie wie am Spieß. Brahim brüllte die Treppe hoch, die Tante solle sich um unsere Tochter kümmern. Dann riß er mir den Pullover und das Kleid vom Körper und vergewaltigte mich auf so widerwärtige und schmerzende Art wie noch niemals zuvor. Später, als er schlief, ging ich nach oben und holte wortlos Sabrije. Ich lag noch lange wach. »Das werde ich nicht mehr mitmachen«, schwor ich mir völlig dumpf vor Trauer und Angst. »Irgendeinen Weg muß es doch geben, wie ich diesen Mann loswerde.«

Am nächsten Tag fuhr ich zur Arbeit, so wie der Onkel es mir gezeigt hatte. Die Fahrt kam mir heute kürzer vor, und das Spülen im Kaufhaus fiel mir nicht sonderlich schwer. Als ich abends ins Haus des Onkels kam, hockte er mit Brahim in seinem schäbigen Wohnzimmer und trank wieder Whisky. Ich nahm meine Tochter auf den Arm, drehte mich auf dem Absatz um und ging hinunter in die Wohnung. Ich wußte, daß Brahim mein wortloses Weggehen als Provokation auffassen und mir nachgehen würde, und genauso war es. »Was hast du vor? Du kannst nicht einfach ins Bett gehen, wann es dir paßt«, brüllte er. Ich blickte ihm fest in die Augen und sagte: »Hör mir gut zu. Ich werde deine Tyrannei nicht mehr mitmachen. Du kannst mich totschlagen, das wäre für mich nur eine Erlösung, denn Sterben ist immerhin besser, als mein jetziges Leben weiterzuführen.« Ich drehte ihm den Rücken zu und erwartete, daß er auf mich eindreschen würde. Aber nichts geschah, er ging einfach wieder nach oben. In dieser Nacht konnte ich ruhig und ungestört schlafen.

Am nächsten Abend war Brahim schon wieder dabei, sich mit seinem Onkel zu betrinken, als ich von der Arbeit kam, und wieder ging ich kommentarlos in unsere Wohnung. Doch diesmal begann er zu toben. Brahim folgte mir und verprügelte mich ohne alle Hemmungen. Er trat mich und schlug heftig zu, aber ich rührte mich nicht und sah ihn schweigend an. Schmerzen spürte ich merkwürdigerweise nicht, obwohl mir das Blut über das Gesicht lief. Die Tränen kamen erst später, als er wieder die

Treppe hochgegangen war. Ich nahm die Kleine in die Arme und versuchte, sie zu trösten. »Bald wird alles gut«, versprach ich ihr. Doch sie sah mich nur traurig an mit ihren großen Augen.

Natürlich hinterließ Brahims Terror auch bei Sabrije seine Spuren. Anzeichen einer Verhaltensstörung waren nicht mehr zu übersehen. Beispielsweise reagierte das Kind immer sehr ängstlich, sobald mein Mann das Zimmer betrat. Entweder suchte sie meine Nähe, indem sie sich an mich drückte, oder sie verkroch sich in die hinterste Ecke. Für Sabrije wäre es mit Sicherheit besser gewesen, ohne Brahim aufzuwachsen.

Ich überlegte mir ernsthaft, mit meiner Tochter einfach aus Berlin zu fliehen. Doch das wäre keine Lösung gewesen, denn von meiner Familie hätte ich keine Unterstützung erwarten dürfen. Im Gegenteil: Vater hätte mich sofort zu Brahim zurückgebracht, wenn ich mich hilfesuchend an ihn gewandt hätte. Diesen Zweifrontenkrieg gegen Brahim und gleichzeitig gegen meine eigene Familie hätte ich niemals gewinnen können. Mein erstes Ziel mußte sein, wieder aus Berlin zu verschwinden, um in die Eifel zu kommen, denn dort würde ich entschieden bessere Karten haben. Dieses Ziel konnte ich am ehesten erreichen, wenn ich uns in Finanznot manövrierte, und dazu mußte ich erst mal meine Arbeitsstelle verlieren. So stieg ich zwar am nächsten Morgen in die U-Bahn, aber eine halbe Stunde später war ich schon wieder beim Onkel. Brahim blickte mich verdutzt an. »Was machst du denn hier? Du müßtest doch bei der Arbeit sein«, fragte er. »Mir ist schlecht und ich habe Bauchschmerzen, deshalb hat man mich wieder nach Hause geschickt«, log ich. »Weißt du, daß du so deinen Job verlieren kannst?« fragte Brahim drohend. »Das ist mir gleichgültig, denn ich habe ohnehin nicht vor, dort zu bleiben. In dieser Stadt kann ich nicht leben«, antwortete ich patzig. Gefährlich ruhig fuhr Brahim fort: »Du kannst deine Sachen packen und zu deinen Eltern fahren.« Ich traute meinen Ohren nicht. So schnell ich konnte, lief ich in die Wohnung und raffte die Kleidungsstücke in eine Reisetasche. Plötzlich stand Brahim neben mir und sagte: »Die Kindersachen wirst du wieder auspacken, Sabrije bleibt hier.« Damit hatte ich nicht gerechnet. Ich war davon ausgegangen, daß Brahim mit in die Eifel kommen würde. Mein ganzer Plan schien gescheitert, und Brahim brüllte weiter herum. Da tauchte der Onkel auf. »Halt's Maul!«, schrie er. »Pack deine Sachen, ich bringe euch alle zu Schukranas Vater, und der soll dann selber sehen, wie es weitergeht. Als ich euch hierher geholt habe, dachte ich, du hättest eine normale Frau. Aber die hat ja überhaupt nichts Muslimisches an sich.« Ich konnte es kaum abwarten, bis der Onkel uns in seinem Wagen die 670 Kilometer zu meinen Eltern fuhr.

*

Ich hatte mir fest vorgenommen, meinem Vater die ganze Tragödie detailliert zu erzählen. Da Brahim mich so schäbig behandelt hatte, würde Vater vielleicht doch in eine Trennung einwilligen. Sicher würde er auch dafür sorgen, daß ich meine Tochter behalten durfte, denn wir lebten schließlich in Deutschland, mitten in Westeuropa, und nicht irgendwo auf dem Balkan, wo der Mann alleine das Sagen hatte.

Auf der Fahrt in die Eifel sprach Brahim die ganze Zeit mit dem Onkel darüber, daß er mich nur bei meinem Vater abliefern werde, um dann postwendend mit dem Onkel nach Berlin zurückzukehren. Mir war das recht, denn ohne ihn war ich mit Sicherheit glücklicher. »Nanu, was macht ihr denn hier?« fragte mein Vater, als er uns die

Haustür öffnete. »Mit euch hatten wir so schnell wirklich nicht gerechnet«, sagte auch Mutter verwundert, als sie mich an sich drückte, »aber wir freuen uns, daß ihr da seid.« Kaum stand der Tee auf dem Tisch, da legte der Onkel los. »Wir bringen Schukrana zurück, denn seit sie nach Berlin gekommen ist, hat es nichts als Probleme gegeben. Sie ist eine schlechte Frau, weil sie sich weder um ihre Arbeit noch um ihren Mann kümmert. Außerdem kommandiert sie ihn herum. Als sie dann auch noch in die Disco gehen wollte, hat er sie geschlagen.«

Daß der Onkel nicht mein Freund war, lag auf der Hand. Aber daß er in meiner Anwesenheit derart unverfroren Lügengeschichten über mich erzählte, schlug denn doch dem Faß den Boden aus. Ich richtete mich auf und blickte Papa fest in die Augen. Dann erzählte ich aufgebracht: »Brahim war immer nur besoffen. Er hat mich jeden Tag völlig grundlos geschlagen, bis ich blutete. Ich halte es nicht mehr mit ihm aus. Dem Onkel paßt es nur nicht, daß ich mir keine Prügel mehr gefallen lassen will.« Brahim mischte sich ein und behauptete: »Natürlich habe ich sie nicht geschlagen, weil ich Schnaps getrunken hatte, sondern weil sie nicht gehorchen wollte.« Das konnte Vater wiederum nicht glauben, dafür kannte er mich zu gut. »Meine Töchter sind nach den Sitten unseres Landes richtig erzogen worden, obwohl sie in Deutschland aufgewachsen sind. In einer Diskothek sind sie nie gewesen. Und außerdem bist du, Brahim, noch viel zu jung, um schon Alkohol zu trinken.« Mein Mann wurde frech. »Du kannst mir nicht verbieten, Schnaps zu trinken. Schließlich bist du nicht mein Vater.« Papa schluckte, lief rot an, und auf seiner Stirn bildete sich jene typische Falte, die auf ein kommendes Gewitter hindeutete. »Es stimmt wohl, was du da sagst, aber ich kann meine Tochter von dir Grobian fernhalten«, sagte er wütend. »Dann wird er

Sabrije mitnehmen«, warf ich ängstlich ein, worauf Vater brüllte: »Du hältst den Mund!«, bevor er sich wieder Brahim zuwandte. »Von dir bin ich tief enttäuscht. Ich habe dich geliebt wie einen eigenen Sohn, ich habe dir mehr geholfen als meinen eigenen Kindern, denn ich wollte, daß der Mann meiner Tochter glücklich ist. Und immer habe ich auf deiner Seite gestanden, wenn Schukrana sich beklagte, aber jetzt ist Schluß! Es reicht mir: Nimm dein Fleisch und Blut und verschwinde nach Berlin! Schukrana kann immer noch Kinder von einem besseren Ehemann bekommen, als du es je sein wirst. Irgendwann wird sie über den Verlust ihrer Tochter hinwegkommen.«

Im Hinausgehen ermahnte Vater Brahim: »Überleg dir gut, was du tust. Dein Onkel wird dich nicht ewig durchfüttern, so wie Schukrana es getan hat.« Dann ging Vater ins Bett, ohne sich von seinem Besuch zu verabschieden. Das war zwar unhöflich, aber Vater war sehr aufgebracht und auch wütend auf den Onkel. Der hätte seiner Meinung nach die ganze Situation anders angehen müssen, und in Vaters Augen hatte er eine gehörige Mitschuld an unserem jetzigen Desaster. Brahim und der Onkel blieben schweigend sitzen, bis mein Bruder ihnen eine Schlafgelegenheit anbot.

Später, als alle anderen im Bett waren, sprach ich noch lange mit Mutter. Ich erzählte ihr, daß mein Mann mich ständig mißbrauchte und mißhandelte, und schließlich sagte sie bewegt: »Ich freue mich, daß du wieder zu Hause bist.« Nachts konnte ich kein Auge zumachen. Die Möglichkeit, daß Brahim mit Sabrije davonfahren könnte, trieb mich schier zur Verzweiflung. Nicht nur, daß ich sie wahrscheinlich nie wiedersehen würde: Vermutlich würde Sabrije auch die Wut meiner Schwiegermutter auf mich ausbaden müssen. Sie würde noch als Kind einen Mann heiraten müssen, den sie nie zuvor gesehen hatte, und wahrscheinlich würde ihre Ehe nicht besser verlaufen als meine eigene. Fieberhaft erwog ich, noch in dieser Nacht mit meiner Tochter irgendwohin zu verschwinden. Aber wohin hätte ich gehen sollen? Es gab keinen Ort auf der Welt, wo ich wirklich in Sicherheit gewesen wäre vor der Rache von Brahims und meiner Familie.

Am nächsten Morgen war mein Mann ein Häuflein Elend, denn sein Onkel war unerwartet ohne ihn nach Berlin zurückgefahren. Scheinbar zerknirscht bat Brahim meinen Vater um Entschuldigung. »Es tut mir so schrecklich leid, aber der Onkel ist schuld, er hatte mir die Flausen in den Kopf gesetzt. Gib mir noch eine Chance, dann werde ich beweisen, daß so etwas nie wieder passiert.« Er gab vor, wirklich zu bereuen, was er Vater am Vorabend an den Kopf geworfen hatte, und Papa glaubte wieder einmal Brahims Beteuerungen – im Gegensatz zu mir. Zu oft hatte er mich inzwischen enttäuscht, als daß ich sein Geschwätz noch hätte ernst nehmen können.

So nahmen meine Eltern uns wieder auf. Wir starteten einen neuen Versuch, miteinander zu leben, und mußten wieder ganz von vorne anfangen, diesmal ohne Arbeit und ohne Wohnung. Nach sechs Wochen lief die Wartefrist nach der Kündigung ab, so daß ich wenigstens Arbeitslosengeld beantragen konnte. Damit hielten wir uns mehr schlecht als recht über Wasser. Es wurde Herbst, und wir hatten immer noch keine eigenen vier Wände, denn ohne eine Anstellung wollte ich keine Wohnung suchen, die dann wieder das Sozialamt hätte bezahlen müssen. Brahim trank nicht, ging nicht in die Disco, und er schlug mich auch nicht. Was allerdings nicht verwunderlich war, weil wir im Hause meiner Eltern lebten. Vater hätte ihn hinausgeworfen, wenn er mich noch einmal mißhandelt oder sich sonst danebenbenommen hätte.

Gelegentlich besuchte mich meine alte Freundin Sonja. Sie wußte, daß ich eine neue Stelle suchte, und eines Tages kam sie freudestrahlend an und verkündete: »Ich habe einen Job für dich.« Ihre Schwägerin, die in einem Nachbarort eine Gaststätte betrieb, suchte eine Küchenhilfe. Sonja bot mir an, mich täglich zur Arbeit zu fahren. »Das wird schwierig«, gab ich zu bedenken, »bei uns ist es nicht üblich, daß Frauen in Gaststätten arbeiten.« Brahim mischte sich ein. »Wenn du nur in der Küche arbeiten würdest, wäre es in Ordnung, denn da sieht dich ja niemand.« Das Angebot hörte sich ganz verheißungsvoll an, so daß ich mit Sonja hinfuhr, um mir die Wirtschaft anzusehen. Die Chefin war mir auf den ersten Blick sehr sympathisch. Zwar sollte ich nur für drei bis vier Stunden täglich in der Küche helfen, aber das war immerhin besser, als gar keine Arbeit zu haben. Die Bezahlung war auch nicht schlecht, und so fing ich am folgenden Vormittag mit der Arbeit an.

Mein erster Arbeitstag war allerdings etwas hektisch, weil ich noch nicht wußte, welches Geschirr in welchen Schrank gehörte. Doch ich lernte schnell, und schon bald machte mir die Arbeit richtig Spaß. Während ich mit der Chefin in der Küche beschäftigt war, bediente Sonja an der Theke. Nach einiger Zeit legte sich Sonja mit der Wirtin an und kündigte. So war ich fortan gezwungen, mit dem Bus zur Arbeit zu fahren, aber die Chefin übernahm freundlicherweise meine Unkosten. Ohne Sonja mußten wir zu zweit die Arbeit von drei Leuten erledigen, was zur Folge hatte, daß ich auch an der Theke helfen mußte. Ich ahnte, daß das vielleicht Probleme mit Brahim geben könnte, doch die Alternative wäre gewesen, wieder arbeitslos zu sein. Das sah auch Brahim so, und er erlaubte mir deshalb, zu kellnern. Seine aus dem Kosovo mitgebrachten Prinzipien legte er wie immer so aus, wie sie ihm gerade nützten. Die Thekenarbeit machte mir sehr viel Freude, und ich lernte viele Leute kennen. Als der erste Schnee fiel, hatten wir allerhand Betrieb, denn aus den umliegenden Städten kamen zahlreiche Wintersportler in unsere Region. Dieser Teil der Eifel war bekannt für seine Loipen und Abfahrtshänge, und über die nahe Autobahn waren die Wintersportgebiete mühelos erreichbar. Damit war aus meinem Teilzeitjob ein Achtstundentag geworden. Entsprechend stieg mein Verdienst, und das freute auch Brahim. »Das Geld können wir gut gebrauchen«, sagte er. Zusätzlich zum Lohn bekam ich viel Trinkgeld, das ich nicht für mich behielt, sondern meinem Mann gab.

Inzwischen reichte unser Einkommen aus, um eine eigene Wohnung bezahlen zu können. Ich sprach mit der Wirtin darüber, daß es günstig wäre, ein Haus in der Nähe der Gaststätte zu finden. Dann bliebe mir die lästige tägliche Fahrerei erspart. Schon am nächsten Tag zeigte sie mir eines der winzigen, uralten Fachwerkhäuschen, wie sie früher für die Eifel typisch waren. Es lag an der Hauptstraße des Dorfes. »Eigentlich wollte ich die Bude abreißen«, sagte der Eigentümer, »aber wenn Sie dort einziehen wollen, habe ich auch nichts dagegen. Die Miete beträgt nur 200 Mark monatlich, und in den ersten drei Monaten können Sie sogar kostenlos wohnen, wenn Sie dafür die Räume renovieren.«

Noch am gleichen Tag besichtigte ich das Haus mit meinem Vater. Es war leider in einem weitaus schlechteren Zustand, als ich gedacht hatte. »Das wird wohl doch nichts«, sagte ich entmutigt, »hier kann keiner wohnen.« Das Fensterglas war fast überall gesprungen, die Leitungen, die Wände und die Fußböden waren ruiniert. Es würde ein Vermögen kosten, alles zu reparieren. Vater war jedoch guter Dinge. »Mach dir mal keine Gedanken, das schaffen wir schon.« Der Vermieter ließ uns gleich die Schlüssel da, und innerhalb weniger Tage zauberten Vater, Brahim und meine Brüder aus der Bruchbude ein bewohnbares, gemütliches Heim. Mutter half mir beim Reinemachen. Es fiel so viel Müll an, daß wir einen Lastwagen leihen mußten, um alles zur Deponie zu fahren. Innerhalb einer Woche war das Haus so weit fertig, daß wir einziehen konnten. Wenigstens ein Problem hatte sich damit erledigt: Wir hatten wieder eine eigene Wohnung. Durch den Umzug würde ich allerdings auch den Schutz meines Vaters verlieren, das war mir klar, und bei diesem Gedanken wurde es mir doch mulmig. Aber ich hatte die Hoffnung noch nicht restlos aufgegeben, daß Brahim sich wirklich bessern würde.

*

Nach wie vor fehlte uns die Bestätigung, daß Brahim seinen Wehrdienst absolviert hatte, und deshalb konnten wir seine Aufenthaltserlaubnis beim Ausländeramt noch immer nicht einfordern. Brahim paßte auf Sabrije auf, und er erledigte sogar einen Teil der Hausarbeiten, während ich kellnerte. Gelegentlich besuchte er mich bei der Arbeit. Dort hatte ich inzwischen zusätzliche Verantwortung übernommen, denn wenn die Chefin nicht da war, führte ich den ganzen Laden alleine. Es machte mir einen Heidenspaß zu erleben, daß ich einerseits erfolgreich und andererseits auch bei den Gästen beliebt war.

»Ich will noch mal in die Disco«, teilte Brahim mir eines Tages mit. Solange wir bei meinen Eltern gewohnt hatten, hatte er sich solche Touren verkniffen, doch jetzt fing er wieder damit an. Zunächst ging er nur an den Wochenenden aus. Sabrije lieferte er vorher bei meiner Mutter ab, wo sie die Nacht über schlafen konnte, denn sonst wäre sie alleine zu Hause gewesen, während ich kellnerte. Nach einigen Wochen reichten ihm die Discobesuche an den Samstagen nicht mehr. »Du mußt zwischendurch mal einige freie Tage nehmen. Ich kann doch nicht die ganze Woche über zu Hause hocken, nur um auf das Kind aufzupassen«, klagte er. »Mich fragt keiner danach, wie viele Tage ich arbeiten möchte«, entgegnete ich säuerlich, aber meinen Einwand verstand Brahim überhaupt nicht. So fingen unsere Streitereien wieder von vorne an.

Der Winter kam, und Vater brachte uns Holz. Eine Heizung hatten wir nicht, deshalb mußten wir die Zimmer mit altmodischen Holzöfen beheizen. Sabrije, die inzwischen vier Jahre alt war und längst laufen konnte, hatte Spielkameraden gefunden, mit denen sie in unserem reichlich verwilderten Garten umhertollte. Mir wurde immer ganz warm ums Herz, wenn ich die Kleine unbeschwert mit den Nachbarskindern beim Versteckspiel oder beim Bau von kleinen Holzbüdchen im Garten beobachtete. Ich schwor mir, daß Sabrije niemals das gleiche Schicksal erleiden dürfte wie alle anderen Mädchen aus unserer Familie. Sie würde sich eines Tages selbst ihren Ehemann auswählen dürfen, sie sollte im Gegensatz zu mir glücklich werden.

Brahim ging jetzt jeden Abend aus. Ich sah ihn nur noch, wenn er nachts nach Hause kam und über mich herfiel. Er schlief tagsüber, wenn ich bei der Arbeit war. Sobald ich nach Hause kam, verließ er das Haus. Wenn ich ihn fragte, wohin er gehe, antwortete er nicht, sondern ging ohne ein Wort. Daß er reichlich Schnaps trank, roch ich an seiner Fahne, wenn er nachts zu mir ins Bett gekrochen kam. Eines Abends beschloß ich, ihn zur Rede zu stellen, denn so konnte es mit uns nicht weitergehen. Frühmorgens hörte ich das Knarren der Haustür. Schwankend trat mein Mann in die Küche, wo ich auf ihn gewartet hatte. »Wo warst du?« wollte ich wissen. »Laß mich in Ruhe, ich bin müde«, lallte er. Ich hielt ihn an der Schulter fest. »Wir müssen miteinander reden, ich will wissen, wo du deine Nächte verbringst.«

»Halt's Maul und geh ins Bett. Da kannst du von den Männern in deiner Kneipe träumen«, höhnte Brahim. Dann brüllte er mich an: »Ich bin ein Mann, und ich kann tun und lassen, was ich will! Ich habe lange genug nach deiner Pfeife getanzt, jetzt bin ich wieder der Herr im Haus!«

Die gleichen grauenhaften Szenen wie früher spielten sich wieder ab. Aber ich wollte mich nicht mehr unterdrücken lassen, so durfte er mit mir nicht mehr umgehen. Ich war schließlich kein Stück Dreck. »Du spinnst«, sagte ich halb im Scherz, und Sekundenbruchteile später traf mich unerwartet seine Hand mitten im Gesicht. Mit der anderen Hand riß er mich an den Haaren und brüllte: »Halt endlich dein Maul, sonst mach ich dich kalt!«

Ich zweifelte keine Sekunde, daß er das genau so meinte, wie er es sagte. Hätte ich noch einen Ton gesagt, wäre er mir an die Gurgel gegangen. Aber auch so hörte Brahim erst auf, mich zu schlagen, als ich aus Mund und Nase blutete und mein rechtes Handgelenk gebrochen war. Dann nahm er seine Jacke und verließ fluchend das Haus, um erst drei Tage später zurückzukehren. Morgens brachte ich Sabrije zu meiner Mutter, nachdem im Krankenhaus ein Gipsverband um meine Hand gelegt worden war. Mama erzählte ich, daß ich eine Treppe hinuntergefallen sei und mir dabei die Hand gebrochen hätte. Ich log weiter: »Brahim ist krank, er kann nicht auf die Kleine aufpassen.« Die Wahrheit konnte ich ihr nicht sagen, denn schließlich war es auch meine Schuld: Ich hatte Brahim für verrückt erklärt, und das konnte er sich als Mann nicht bieten lassen. Eine solche Beleidigung entehrte ihn. In den

Augen meiner Eltern wäre es sogar seine Pflicht gewesen, mich zu bestrafen.

Im Gegensatz zu meiner Mutter merkte meine Chefin sofort, daß etwas nicht stimmte. »Du siehst nicht gut aus, was ist los?« fragte sie besorgt. Inzwischen hatte ich Vertrauen zu ihr gefaßt und erzählte ihr die Kurzfassung meiner Geschichte. Mitfühlend sagte sie: »Das darfst du dir nicht länger bieten lassen. Ich weiß, wovon ich rede, denn mein Mann hat mich auch so lange geschlagen, wie ich mir das gefallen ließ. Anfangs habe ich die Schuld immer bei mir gesucht – bis zu dem Tag, an dem ich dem Spuk selbst ein Ende gemacht habe.« Zwar konnte sie mich nicht wirklich verstehen, denn sie wußte nichts von den Sitten meines Landes, doch ich erwiderte nichts weiter. Sie schickte mich für den Rest der Woche nach Hause und riet mir: »Erhol dich erst mal, und dann sehen wir weiter.«

Ich machte mir inzwischen Sorgen um Brahim. Als er nach drei Tagen endlich wieder auftauchte, sah er frisch geduscht aus. »Wo warst du?«, fragte ich aufgelöst. Statt zu antworten, sah er mich kalt an und stellte eine Gegenfrage: »Wo ist das Geld, das du in den letzten Tagen verdient hast?«

»Ich war nicht zur Arbeit«, erwiderte ich mit fester Stimme, »deshalb habe ich nichts verdient.«

»Wie kannst du das machen? Einer muß doch schließlich Geld verdienen!« fauchte Brahim. Mich ärgerte sein rüder Ton. »Ich kann doch nicht mit Sabrije zur Arbeit gehen«, hielt ich ihm trotzig entgegen. »Du mußt mal wieder richtig erzogen werden«, tönte Brahim, bevor seine geballte Faust meine Nase traf. »Mach das Essen«, forderte er, »ich habe Kohldampf.« Während ich in der Küche arbeitete, stieg in mir gegen diesen Mann ein grimmiger Haß auf. Trotz all seiner Versprechungen trank er wieder Schnaps und trieb sich nachts herum. Er prügelte mich blutig, und wahrscheinlich hatte er auch wieder eine Geliebte, da war ich mir ziemlich sicher. Als ich im Wohnzimmer den Tisch decken wollte, stand bereits eine Flasche Whisky auf dem Tisch. »Du hast wohl vergessen, daß du mir versprochen hast, keinen Schnaps mehr zu trinken«, fuhr ich ihn an. »Mach deine Arbeit, ich bin alt genug, um selbst zu entscheiden, was ich tue und lasse«, sagte er lediglich. Da übermannte mich, gegen jede Vernunft, der Zorn. Zitternd vor Wut riß ich das Fenster auf und schleuderte die Flasche im hohen Bogen in den Garten. Brahim rannte sofort hinaus und fand den Whisky, die Flasche hatte den Flug überstanden. Als er wutentbrannt ins Wohnzimmer zurückkehrte, schlug und trat er rüde auf mich ein. Sobald ich versuchte, den Schlägen auszuweichen, trafen seine Füße und Fäuste mich um so gnadenloser. Die Tortur hörte erst auf, als Brahim selbst so erschöpft war, daß er keine Luft mehr bekam. Sabrije stand neben mir und hielt sich die Augen zu, sie schrie und weinte. Mein Mann ließ mich zusammengekrümmt auf dem Boden liegen, setzte sich und nahm einen Schluck aus der Whiskyflasche. Mit letzter Kraft raffte ich mich auf, nahm Sabrije und schleppte mich ins Schlafzimmer, wo wir beide völlig ermattet Arm in Arm einschliefen.

Irgendwann in der Nacht hörte ich ihn. Er stand, inzwischen völlig betrunken, neben meinem Bett und flüsterte: »Komm ins Wohnzimmer, damit die Kleine nicht wach wird.« Als ich zögerte, drohte er mir wieder Schläge an, und da folgte ich ihm wehrlos und verzweifelt. Ich wäre sowieso nicht gegen ihn angekommen. »Ausziehen!« forderte Brahim mit drohendem Unterton im Wohnzimmer. Kaum stand ich nackt und in Erwartung seiner brutalen Gier vor ihm, da riß er mich auf den Teppich und fiel noch wütender und mit größerer Lust an der eigenen Grausamkeit über mich her als die Male davor. Diesmal litt ich wahre Höllenqualen, und mein Ekel vor ihm wuchs ins Unermeßliche. Mir wurde schlecht und schwarz vor Augen, und mein Unterleib war nichts als ein einziger großer Schmerz. Halb besinnungslos flehte ich ihn an, doch endlich aufzuhören. Aber es dauerte eine Ewigkeit, wie so oft, wenn er mich betrunken vergewaltigte. Dann brauchte er zwei- oder dreimal so lange wie in nüchternem Zustand, bevor er zum Orgasmus kam.

Als er endlich erschöpft und dumpf befriedigt von mir abließ, lief ich ins Badezimmer und übergab mich. Als ich wieder stehen konnte, ließ ich eine halbe Stunde lang Duschwasser über mich laufen. Ich seifte mich mindestens zehnmal ein, aber selbst danach hatte ich das Gefühl, daß sein Gestank noch an mir haftete. Ich bereute bitterer als je zuvor, ihn jemals kennengelernt zu haben.

»Die freien Tage haben dir aber nicht sonderlich gutgetan«, sagte meine Chefin am nächsten Morgen. Vollkommen mit meinen Nerven am Ende, erzählte ich ihr von meiner Tortur, und sie kümmerte sich liebevoll um mich. »Ruh dich erst mal aus. Ich werde dir ein Bad einlassen, und danach legst du dich bei mir auf die Couch.« Ich zögerte, aber sie ließ bereits das Badewasser laufen. Stunden später fühlte ich mich tatsächlich deutlich besser. Danach lenkten mich die Gespräche mit den Thekenbesuchern fürs erste von dieser qualvollen vergangenen Nacht ab.

Als ich nach der Arbeit nach Hause kam, saß mein Vater mit Brahim im Wohnzimmer. Die Gelegenheit schien mir günstig, ihm zu sagen, wie unmenschlich mich mein Mann wieder behandelte. »Er trinkt sich um den Verstand, und er schlägt mich auch«, klagte ich. Brahim sprang auf und behauptete: »Das ist nicht wahr. Gegen ein paar Bierchen kann keiner was haben, und ich habe ihr nur eine gelangt, weil sie mich für verrückt erklärt hat.« Vater stand ebenfalls auf und sah mich wütend an. »Du hast wohl deine Tracht Prügel verdient, wenn du deine Zunge nicht hüten kannst. Du sollst mich nicht in Schwierigkeiten bringen, denn ich will stolz sein auf meine Kinder.« Sprach's und marschierte aus dem Haus. Meine Bitterkeit über die Ignoranz meines Vaters war grenzenlos. Bis dahin hatte ich meistens das Gefühl gehabt, daß Vater zumindest innerlich auf meiner Seite stand, doch jetzt wollte er noch nicht einmal hören, was ich zu Brahims verlogenen Rechtfertigungen zu sagen hatte. Ich wurde wütend, denn Vater ging es gar nicht um seine Kinder: Was für ihn zählte, war nur, daß er sein Gesicht nicht verlor. Das war auch Brahim nicht entgangen, und er schlug sofort in diese Kerbe, als Vater draußen war. »Du kannst gar nichts machen, ich habe dich in der Hand. Du gehörst mir, und keiner wird etwas dagegen unternehmen können«, frohlockte er.

Nachts kam Brahim natürlich wieder völlig betrunken heim, und die gewohnte Quälerei begann von neuem. Ich hielt still, viel zu resigniert, um mich zur Wehr zu setzen. Dann erbrach er sich ins Bett, und wortlos wechselte ich die Bettbezüge. Am nächsten Morgen gab ich vor, früher zur Arbeit zu müssen, doch tatsächlich fuhr ich zu meinen Eltern. Kaum hatte ich die Tür geschlossen, brüllte ich meinen Vater voller Zorn an: »Du tust mir unrecht! Ich bin dir immer eine gute Tochter gewesen, und du mußt dich auf meine Seite stellen!«

»Das kann ich nicht, wenn du im Unrecht bist«, antwortete Vater betont sachlich. »Du mußt tun, was dein Mann von dir verlangt, Widerworte darfst du ihm nicht geben. Wenn meine Schwiegertöchter das sähen, würden sie meinen Söhnen auch widersprechen, und das könnte ich nicht zulassen. Außerdem hast du mir nicht immer gehorcht. Brahim hast du schließlich gegen meinen Willen geheiratet, und nun mußt du mit diesem Mann leben, du mußt ihn ertragen bis zum Tod. Aber ich weiß wohl, daß du anders denkst als wir, du denkst deutsch.« Deutsch war für ihn in diesem Zusammenhang alles Verderbliche, alles, was seinen Sitten widersprach. Ich lief hinaus und knallte die Tür hinter mir ins Schloß. Im Weggehen hörte ich, wie Vater meine Mutter anbrüllte. »Das ist deine Tochter, sorge gefälligst dafür, daß sie nicht so mit mir umspringt.«

Meiner Chefin schilderte ich die neueste Entwicklung. »Du mußt ihn rauswerfen«, riet sie mir aufgebracht, »ich werde dir weiterhelfen.« Doch das war unmöglich, denn ohne die Unterstützung meines Vaters gab es auch weiterhin keinen Ausweg: Wenn ich meinem Mann die Koffer vor die Tür setzte, würde mich meine Familie umbringen. Ich tröstete mich selbst. »Irgendwann werde ich wohl auch mal ein glückliches Leben führen.« Die Chefin fragte mich: »War dein Leben denn früher einmal glücklich?« Ich dachte nach. Aber es fiel mir nicht ein, wann ich wirklich eine unbeschwerte Zeit erlebt hatte. Seit ich zehn Jahre alt war, hatten mich meine Eltern eingesperrt. Mit 15 Jahren war ich auf Brahim hereingefallen, und seitdem war mein ganzes Leben bestimmt von Lieblosigkeiten, Schlägen und Vergewaltigung. Nein, froh war ich nur darüber, Sabrije zur Welt gebracht zu haben, ansonsten war mein Leben seit vielen Jahren eine einzige Qual. Obwohl ich eigentlich ein sehr geselliger Mensch war, hatte ich das Lachen weitgehend verlernt. Nur wenn ich kellnerte, gab es Momente, in denen ich Brahims Tyrannei vergessen konnte.

Nach der nächsten unerträglichen Nacht mit Brahim gingen mir noch einmal die Jahre durch den Kopf, die ich mit ihm verbracht hatte. Und der Abscheu gegen diesen Mann, der zwar der Vater meines Kindes war, aber auch mein Peiniger, wuchs ins Unendliche. Ich ging in die Küche, um mir einen Apfel zu schälen. Als ich die Schublade öffnete, fielen mir die langen Messer ins Auge. »Ich bringe ihn um. Es ist besser, wenn meine Familie mich anschließend tötet, als wenn Brahim mich totschlägt«, schoß es mir durch den Kopf. Ich nahm das größte Messer, das ich finden konnte und ging ins Schlafzimmer. Brahim lag im Vollrausch auf dem Bett und schnarchte leise. Als ich die Hand mit dem Messer hob, blickte ich ins Gesicht meiner Tochter. Sie schlief so friedlich! Mir sank der Mut, und plötzlich konnte ich es nicht mehr tun. Was würde aus Sabrije werden, wenn ich ins Gefängnis müßte? Ich fiel auf die Knie und schluchzte hemmungslos, denn ich sah nun überhaupt keinen Ausweg mehr.

Am nächsten Morgen packte ich Brahims Kleidung in eine Reisetasche. Als er seinen Rausch ausgeschlafen hatte, befahl ich ihm ruhig: »Du verschwindest, ich will dich hier nie wieder sehen.« Er sagte lachend: »Du kannst mich gar nicht hinauswerfen ohne Zustimmung deines Vaters.«

»Den habe ich nicht gefragt, als ich dich geheiratet habe, und ich frage ihn nicht, wenn ich dich an die Luft setze«, erwiderte ich heftig. Er blieb erstaunlich ruhig. »Du hast recht, so kann es nicht weitergehen. Aber du wirst mich nicht hinauswerfen, sondern ich werde selbst gehen. Du holst mir ein Busticket nach Jugoslawien, und schon bin ich fort.« Ich traute meinen Ohren nicht. So einfach sollte das sein? Jahrelang quälte er mich, und jetzt sollte alles so problemlos zu Ende gehen?

Eilig besorgte ich ihm noch am gleichen Tag die Fahrkarte. Meinem Vater gegenüber behauptete Brahim, er wolle nur seine Familie besuchen, doch diese Lüge störte mich nicht: Hauptsache, er war bald weg. Bis zur Abreise sprach ich kein Wort mehr mit ihm. Ich schlief im Wohnzimmer, er im Schlafzimmer. Als Vater Brahim abholte, um ihn zum Bahnhof zu fahren, kam mein Mann ins Schlafzimmer und wollte sich von mir verabschieden. Ich drehte ihm den Rücken zu und herrschte ihn an, er solle verschwinden. Brahim lachte und ging, und als das Auto um die nächste Ecke bog, mußte ich weinen vor lauter Freude. Doch später keimten in mir Zweifel auf: Wieso hatte er diesmal nicht damit gedroht, mir Sabrije wegzunehmen? Ich ahnte, daß Brahim etwas im Schilde führte, aber ich wußte nicht, was.

Mutter schlief während Brahims Abwesenheit bei mir. Nach zwei Wochen kam ein Brief von meinem Mann. Er schrieb, er vermisse mich, und er bereue alles, was er getan habe, doch das ließ mich kalt. Ich wußte sowieso, daß es gelogen war. Mama schilderte ich an diesem Tag noch einmal meine ganze Misere. Doch statt mich in dem Entschluß zu bestärken, mich von meinem Mann zu trennen, meinte sie, es wäre besser für mich, bei Brahim zu bleiben. Sonst, so argumentierte Mama, würde alles noch schlimmer werden. »Glaub mir, denn ich weiß, wovon ich spreche«, sagte sie leise. »Sonst mußt du deine Tochter hergeben. Und dann wird Vater dir einen anderen Mann in Jugoslawien suchen, und den mußt du heiraten. Dein neuer Mann wird dir dein Leben lang vorwerfen, daß du keine gute Frau bist, weil du zweimal geheiratet hast. Die Zukunft würde noch schlimmer sein als das Leben, das du jetzt führen mußt.«

»Dann werde ich eben einen Deutschen heiraten«, kündigte ich leichthin an, denn inzwischen war ich mit meinem Latein am Ende. »Die haben eine ganz andere Mentalität, und da werde ich es besser haben.«

»Das wird die Familie nicht dulden«, bremste Mutter mich. »Du kannst keinen Christen heiraten, denn dann würde Vater das Gesicht verlieren. Du weißt: Eher würde er dich umbringen, als seine Ehre aufs Spiel zu setzen.«

In dieser Nacht gingen mir die Worte meiner Mutter im Kopf herum, und ich erkannte, daß sie recht hatte. Meine Lage war schier aussichtslos.

*

Eine Woche später stand völlig überraschend Brahim in der Gaststätte. Ich dachte, ich sähe nicht richtig: »Was machst du denn hier?«

»Ich bin zurück, und du solltest nicht so ein unfreundliches Gesicht ziehen«, antwortete er lachend. Meine Chefin blickte mich traurig an, denn sie sah, daß er wieder einmal gewonnen hatte. Brahim ging zu unserem Haus, und wenig später folgte ich ihm. »Sei nicht so kindisch«, antwortete er auf meine Frage, wieso er nun doch keine Trennung wolle, »du weißt, das geht eben nicht.«

Von der ersten Stunde an war wieder alles so niederschmetternd wie vorher. Mein Mann war noch nicht ganz zu Hause, da leerte er schon die erste Flasche Bier, und wenig später war Brahim wieder auf Tour. Er kam betrunken zurück und erzwang das, was er unter Liebe verstand. Ich ließ es einmal mehr angeekelt und widerwillig zu, denn die Worte meiner Mutter klangen mir noch in den Ohren. Vermutlich ging es allen Frauen aus dem Kosovo so wie mir, nur spürte ich das unwürdige Leben schmerzlicher als andere, weil ich auch das Leben der Deutschen kannte.

Im Dezember bekam ich unerträgliche Unterleibsschmerzen. Meine Chefin riet mir, zum Arzt zu gehen: vielleicht sei ich schwanger. Doch das konnte nicht sein, denn bis dahin hatte ich regelmäßig meine Periode bekommen. Die Schmerzen wurden immer schlimmer. Eines Abends lag ich im Bett und krümmte mich, weil ich mich vor Schmerzen nicht mehr bewegen konnte. Wie üblich war Brahim nicht da. Sabrije versuchte, mir auf ihre kindliche Art zu helfen, wußte aber nicht, wie. Sie setzte sich neben meinen Kopf, hob ihn hoch und legte ihn auf ihren Schoß, dann streichelten ihre kleinen Hände meine Stirn. Ein Telefon hatte ich nicht im Haus, und um zur Telefonzelle zu gehen, fühlte ich mich zu schwach. Als Brahim Stunden später kam, lief Sabrije zu ihm ins Nebenzimmer und versuchte, ihm zu erklären, daß ich krank sei. Er trug sie auf dem Arm, als er hereinkam, und brüllte sofort los: »Was liegst du schon wieder faul auf dem Sofa herum? Die Kleine gehört längst ins Bett!« Prügel konnte ich in meiner Situation am wenigsten brauchen. So bat ich ihn so ruhig wie irgend möglich, er solle ins Nebenzimmer gehen. Ich würde die Kleine ins Bett bringen und dann nachkommen.

Als Brahim das Zimmer verlassen hatte und ich nebenan das Fernsehgerät hörte, zog ich mich mühsam an. Dann nahm ich Sabrije und schlich mich schmerzgekrümmt aus dem Haus. Wie Messerstiche spürte ich ein Bohren im Unterleib, und ich bekam Todesangst. Die Strecke bis zur Telefonzelle konnte ich kaum gehen. Wankend tastete ich mich an den Hauswänden entlang. Sabrije hielt mich fest an der Hand. Der Weg schien mir endlos, aber ich hatte keine andere Wahl: Ich mußte meinen Vater anrufen, damit er mich zu einem Arzt brachte. Mit letzter Kraft wählte ich die Nummer meiner Eltern. Mein Bruder Mehmed ging an den Apparat, und ich berichtete in knappen Sätzen, daß ich dringend seine Hilfe brauchte, und er sagte sofort zu.

Während ich ihn draußen auf einer Bank erwartete, hielt Sabrije meine Hände fest, um mich zu wärmen, denn es war sehr kalt. Mit quietschenden Reifen hielt wenig später der Wagen meines Bruders neben uns. Er hatte uns im Scheinwerferlicht auf der Bank entdeckt. Vorsichtig hob er mich auf seine starken Arme und trug mich zum Auto, wo er mich auf die Rückbank legte. »Wo ist Brahim?« wollte mein Bruder wissen. »Zu Hause«, erwiderte ich, und mein Bruder fuhr wütend dorthin. Wenig später holte er Brahim aus der Wohnung, und mein Mann gab sich völlig unwissend. »Wenn ich geahnt hätte, daß sie krank ist, hätte ich ihr selbstverständlich sofort ein Taxi gerufen«, log er und mimte den Besorgten. Mehmed war sauer auf ihn, was er ihn auf der Fahrt ins Krankenhaus deutlich spüren ließ, obwohl er wenig sprach. Vor der Notaufnahme wollte Brahim mir beim Aussteigen helfen, aber mein Bruder schubste ihn zur Seite. »Kümmere dich um deine Tochter. Meiner Schwester helfe ich.« Er wollte mich tragen, doch das lehnte ich ab. An der Pforte holte man sofort einen Rollstuhl, in den ich mich setzen konnte. Einerseits stand mir der Schweiß auf der Stirn, andererseits fror ich ganz erbärmlich. Mein Bruder versuchte mich zu beruhigen: »Gleich kommt der Arzt. Er wird dir helfen, und dann werden die Schmerzen schnell nachlassen.« Eine konkrete Ursache für meine Qualen fand der Arzt auf Anhieb nicht, allerdings zeigte das Fieberthermometer fast 40 Grad an. Man legte mir einen Tropf, und ich bekam Medikamente. Im Lauf der Nacht ließen die Schmerzen nach, und ich schlief erschöpft ein.

Am nächsten Morgen kamen Vater und Mutter mit Sabrije, um nach mir zu sehen. Sie waren sehr besorgt, aber als sie sahen, daß es mir besser ging, beruhigten sie sich. Nachdem Vater weg war, erzählte Mutter, er sei mit Brahim hart ins Gericht gegangen. Er habe ihm ordentlich den Kopf gewaschen, und sie glaube, daß Brahim sich nun bessern würde. Ich hörte ihre Worte, aber Glauben schenkte ich ihnen nicht.

Im Krankenhaus stellte man mich regelrecht auf den Kopf. Von Blutuntersuchungen bis zur Magenspiegelung wurde ein großes Diagnoseprogramm abgespult, aber ein klares Ergebnis kam dabei nicht zutage. Brahim besuchte mich am zweiten Tag. Er entschuldigte sich, daß er erst jetzt gekommen sei. »Ich hatte soviel zu tun mit dem Haushalt«, redete er sich heraus. Ich wußte, daß er log. Sicher war er wieder mit seinen Zechkumpanen unterwegs gewesen.

Auch am dritten Tag waren meine Schmerzen noch nicht völlig verschwunden, aber mit Hilfe von Medikamenten konnte ich sie allmählich ertragen. Als ich von einer Untersuchung zurück ins Krankenzimmer kam, lag ein Strauß Blumen auf meinem Bett, und ich rätselte, wer mir den gebracht haben könnte. Ich vermutete, die Blumen kämen von meiner Chefin. Als ich sie anrief, um mich zu bedanken, war sie sehr erstaunt, denn von ihr waren sie nicht. Sie wünschte mir gute Erholung. Da ich allein auf dem Zimmer lag, konnte ich sonst niemanden fragen, wer mir den Strauß gebracht hatte. Als Brahim später kam, entdeckte er die Blumen natürlich auf den ersten Blick und wollte mißtrauisch wissen, wer sie mir geschenkt habe. »Sie sind von meiner Chefin«, antwortete ich im Brustton der Überzeugung, »das ist bei den Deutschen so. Wenn jemand im Krankenhaus liegt, schickt man ihm Blumen.« Mit dieser Antwort gab er sich zufrieden.

*

Am nächsten Morgen erhielt ich eine Vollnarkose für eine Magen- und Darmuntersuchung. Als ich aufwachte, saß Mutter neben mir. Sie hielt meine Hand. »Geh nach Hause«, sagte ich matt. »Du hast doch Wichtigeres zu tun, als hier zu hocken.« Ihre von der Arbeit rauh und hart gewordenen Hände streichelten mir zärtlich übers Haar. »Nichts ist wichtiger für mich, als du es bist«, versicherte sie mir. Später kam Vater und wollte wissen, ob die Untersuchung ein Ergebnis gebracht hatte, aber ich erfuhr selbst erst am nächsten Tag bei der Visite, daß die Ärzte nicht den Hauch einer Ahnung hatten, woher meine Schmerzen rührten. Sie entließen mich noch am gleichen Tag ohne Befund mit einer Überweisung zum Gynäkologen, denn an diesem Krankenhaus gab es keinen Frauenarzt.

Ich rief bei meinen Eltern an und bat darum, daß jemand mich abholte. Wenig später stand Vater im Zimmer, und er wollte wissen, an welcher Krankheit ich litt. Ich antwortete wahrheitsgemäß, man wisse es nicht. Von der Überweisung zum Gynäkologen sagte ich nichts, denn über so etwas konnte ich allenfalls mit meiner Mutter sprechen. Es gehörte sich nicht, Frauenkrankheiten mit seinem Vater zu besprechen. Aus dem gleichen Grund bat ich ihn auch nicht darum, mich am nächsten Tag zum Frauenarzt zu fahren. Ich wollte den Bus benutzen. Nachdem wir Sabrije bei meiner Mutter abgeholt hatten, fuhr Vater mich nach Hause. Brahim war nicht dort, und das ganze Haus war eiskalt. So heizte ich die Öfen an, während Vater heimfuhr. Er hatte Nachtschicht und brauchte seinen Schlaf. Ich nahm an, daß Brahim mit dem Bus Richtung Krankenhaus gefahren sei, um mich zu besuchen, denn er wußte ja nicht, daß ich heute entlassen worden war. Abends war er jedoch immer noch nicht zurück. Als ich den Kühlschrank öffnete, um Sabrije und mir etwas zu essen zu machen, merkte ich, daß Brahim in den letzten Tagen überhaupt nichts gegessen hatte: Alle Vorräte waren noch da. Daß er nicht zu Hause gewesen sein könnte, kam mir zunächst nicht in den Sinn. Nach einer Weile ging ich mit meiner Tochter zu Bett. Doch auch am nächsten Morgen war Brahim noch nicht aufgetaucht. Hatte mein Mann eine Freundin? Dieser Gedanke schoß mir durch den Kopf und ließ mich nicht mehr los. Wo sonst sollte er sich die ganze Zeit herumtreiben? Irgendwann machten schließlich alle Kneipen einmal zu. Doch vorerst hatte ich dringendere Sorgen, ich mußte mich zunächst um meine Gesundheit kümmern. Mit dem Bus fuhr ich zum Gynäkologen. Während Dr. Bredow mich untersuchte, beschäftigte die Arzthelferin draußen liebevoll meine Tochter. Lediglich eine Blutprobe wurde entnommen, dann konnte ich wieder nach Hause fahren. Erst das Ergebnis der Blutuntersuchung ermögliche weitere Schlüsse, hatte Dr. Bredow erläutert.

Zu Hause stand ein mir unbekanntes Auto vor der Wohnung, und Brahim saß mit einem Mann im Wohnzimmer. Er stellte den Fremden als Landsmann vor, der in der Kreisstadt wohne. Beide unterhielten sich über ein Geschäft, aber ich verstand nicht, worum es dabei ging. »Woher kommst du?« fragte Brahim barsch. »Und wo warst du die ganze Nacht über?« entgegnete ich. »Natürlich zu Hause«, log mein Mann, ohne mit der Wimper zu zucken. Er hatte offenbar gar nicht gemerkt, daß ich schon gestern aus dem Krankenhaus entlassen worden war. Vor dem Gast wollte ich nicht nachfragen. Später erzählte mir Brahim, er habe den Jugoslawen in einer Disco kennengelernt. Als ich wissen wollte, wo er in der Nacht zuvor gewesen sei, druckste er erst herum, dann sagte er unwirsch: »Das geht dich nichts an!« Um weiteren Ärger zu vermeiden, ließ ich die Sache auf sich beruhen.

Als ich gerade das Mittagessen zubereitete, hielt ein Taxi vor unserem Haus. Jemand klingelte und fragte nach mir. Ein Mann stellte sich vor und sagte: »Dr. Bredow schickt mich. Er muß ganz dringend mit Ihnen sprechen, aber Sie haben kein Telefon, deshalb bin ich mit dem Taxi gekommen.« Mir war klar, daß die Eile mit meiner Blutuntersuchung zusammenhängen mußte. Da ich schlecht alleine zu dem fremden Mann ins Auto steigen konnte, bat ich Brahim, mitzukommen. Unterwegs schnürte mir die Angst die Kehle zu: Was hatte Dr. Bredow nur entdeckt? Litt ich an einer gefährlichen Krankheit, oder warum war es plötzlich so eilig? Vor der Praxis stieg ich zitternd aus dem Taxi. Ich wurde sofort ins Sprechzimmer geführt, und Dr. Bredow ließ nicht lange auf sich warten. »Sie müssen sich keine Sorgen machen«, beruhigte er mich. »Aber ich muß Sie noch einmal untersuchen, denn die Blutanalyse hat Hinweise auf eine Schwangerschaft ergeben.« Da er jedoch bei seiner ersten Untersuchung in der Gebärmutter keine Anzeichen für einen Fötus gefunden habe, sei eine Eileiterschwangerschaft nicht auszuschließen. »Das würde auch Ihre Schmerzen erklären«, sagte er sachlich. Ich sah ihn fragend an, und er fuhr fort: »Normalerweise wächst der Fötus in der Gebärmutter heran. Wenn er aber im Eileiter steckengeblieben ist, kann das sehr gefährlich für die Mutter werden. Daran kann man sogar sterben.« Ich fröstelte und zitterte wieder am ganzen Leib. Eine sehr ausführliche Ultraschalluntersuchung bestätigte wenig später Dr. Bredows Verdacht. »Es tut mir leid«, sagte er, »aber Sie müssen sofort ins Krankenhaus. Sie werden so schnell wie möglich operiert.« Während er die Überweisung schrieb, zog ich mich wieder an. Der Gynäkologe riet mir, mich in einem etwas entfernteren Krankenhaus operieren zu lassen, weil man dort mehr Erfahrung mit solchen Komplikationen habe als in dem Hospital, in dem meine Tochter geboren worden war. Energisch drängte er zur Eile. »Sie können von hier aus noch zu Hause anrufen, aber dann lasse ich Sie sofort mit einem Krankenwagen hinbringen.«

Vater ging ans Telefon. Als ich sagte, daß ich mit dem Rettungswagen ins Krankenhaus gebracht werden würde, fragte er natürlich sofort nach dem Grund, doch den mochte ich ihm nicht nennen, dazu schämte ich mich zu sehr. Statt dessen bat ich ihn hastig, Brahim und meine

Tochter beim Arzt abzuholen, dann legte ich rasch den Hörer auf. Brahim versuchte ich zu erklären, daß ich schwanger sei, aber daß das Kind unglücklicherweise im Eileiter stecke. Er freute sich. »Es wird auch Zeit, daß wir ein zweites Kind bekommen!« Natürlich hatte er den Ernst der Lage nicht begriffen, aber für weitere Erklärungen hatte ich keine Zeit, denn der Notarztwagen stand schon vor der Tür.

Als ich Stunden nach der Operation aus der Narkose erwachte, hielt mein Bruder Orhan meine Hand. »Was machst du nur für Sachen?« fragte er zärtlich, und ich mußte sofort weinen. Er versuchte, mich zu beruhigen, doch ich schluchzte hemmungslos weiter. Wenig später kam der Arzt und tröstete mich. Es sei völlig normal, daß Frauen nach einer solchen Operation weinten, das liege an der Hormonumstellung, sagte er. Dann gab er mir ein Beruhigungsmittel, und ich schlief erneut ein. Orhan saß immer noch neben mir, als ich wieder die Augen aufschlug. Inzwischen war es weit nach Mitternacht. Ich fragte nach meiner Tochter und nach Mutter. Mein Bruder sagte, Mama sei im Krankenhaus gewesen und der Arzt habe ihnen alles erklärt. Ich schämte mich, denn nun wußte auch Orhan Bescheid, und den Männern meiner Familie hatte ich den Grund der Operation ja eigentlich verschweigen wollen.

Morgens fragte er, wie es mir gehe, und erstaunlicherweise fühlte ich mich recht fit. Als ich im Bett ein Stückchen nach oben rutschen wollte, spürte ich einen Stich im Bauch. Das mußte die Narbe sein. Als Orhan sich abwandte, um sich am Waschbecken frisch zu machen, hob ich kurz die Bettdecke, damit ich meinen Bauch sehen konnte. Ein großes Pflaster bedeckte die Wunde, sonst war nichts zu sehen.

Als das Frühstück kam, stellten die Schwestern auch

meinem Bruder ein Tablett mit Kaffee und belegten Broten hin. Ich hatte schon wieder guten Appetit. Nach dem Frühstück sagte ich Orhan, er könne ruhig nach Hause fahren. Mir ging es wieder gut, und die Pfleger kümmerten sich rührend um mich. Mir wurde ganz warm ums Herz, als ich daran dachte, wie fürsorglich Orhan sich um mich bemüht hatte. Auf diesen Bruder war Verlaß, aber eigentlich hätte an seiner Stelle mein Mann die ganze Nacht neben mir sitzen müssen, dachte ich. Mir war inzwischen vollkommen klar, daß ich Brahim nach all seinen Fehltritten niemals lieben könnte. Doch ich mußte aushalten: Noch war es nicht soweit, daß ich etwas ändern konnte. Ich dachte an meine Mutter, die mir gesagt hatte: »Irgendwann ist es bei Vater und mir auch besser geworden.« Das war allerdings nur ein schwacher Trost, denn so lange wollte ich keineswegs warten.

»Sie werden bald wieder auf Bäume klettern können«, sagte der Arzt fröhlich bei seiner Visite. »In fünf Tagen können Sie nach Hause.« Die Operation sei problemlos verlaufen.

Da stand Mutter plötzlich in der Tür. Ihr erstes Interesse galt keineswegs meinem Befinden, sondern der Frage, ob ich jemals wieder Kinder bekommen könne. »So viele, wie sie will«, antwortete uns der Gynäkologe. Vater gab mir einen Kuß auf die Stirn. »Wir haben uns große Sorgen gemacht«, berichtete Mutter. »Brahim erzählte uns etwas von einer Eileiterschwangerschaft und daß man davon sterben könne. Von dieser Krankheit habe ich noch nie etwas gehört.« Sabrije ging es gut. Sie hätten ihr nur gesagt, daß ihre Mama Bauchschmerzen habe, sagte Mutter zögernd. Auf meine Frage, wo Brahim sei, antwortete Vater gleichgültig: »Vermutlich zu Hause«, woraufhin ich zweifelnd fragte: »Bist du da sicher?«

Bevor meine Eltern wieder nach Hause fuhren, berichteten sie noch, daß ein starker Wintereinbruch die Eifel ereilt habe, viele Straßen seien unbefahrbar. Deshalb solle ich mich nicht wundern, wenn sie nicht jeden Tag kommen könnten.

Stunden später klingelte das Telefon neben meinem Bett. Es war Brahim. »Wie geht es dir?« wollte er wissen. »Seit wann interessiert dich das?« fauchte ich zurück. »Ich habe mich immer um dich gesorgt«, behauptete mein Mann. »Und wieso bist du dann nicht hier?« wollte ich wissen. »Weil ich kein Auto habe und niemanden finde, der mich ins Krankenhaus fährt.« Mir kam die Galle hoch, aber ich konnte mir andererseits das Lachen nicht verkneifen. Ich war absolut sicher, daß jeder meiner Brüder und auch Vater ihn liebend gerne ins Krankenhaus gefahren hätte, wenn er denn irgendwo zu finden gewesen wäre. Am Telefon konnte er mich nicht schlagen, deshalb riskierte ich es, ihm die Meinung zu sagen. »Als ich aus dem Krankenhaus kam, bin ich die ganze Nacht mit Sabrije allein zu Hause gewesen. Ich weiß, daß du derweil mit einer Nutte die Nacht verbracht hast. Paß auf, was du tust, sonst wirst du es eines Tages bereuen.« Er kam nicht zu einer Antwort, denn ich legte den Hörer auf. Ich war mit mir zufrieden, und ich nahm mir ganz fest vor, ihm auch künftig von Angesicht zu Angesicht die Meinung zu sagen. Wenn ich mich schon nicht von ihm trennen konnte, so sollte er doch nicht glauben, alles mit mir machen zu können. Mehr als totschlagen konnte er mich nicht, und ich war so weit, daß mir auch das gleichgültig war.

Kaum eine Stunde war seit Brahims Anruf vergangen, da stand er im Türrahmen. »Darf ich reinkommen?« zwitscherte er übertrieben freundlich. Er trat ans Bett und wollte mir einen Kuß geben, aber ich schob ihn angewidert fort und hoffte von ganzem Herzen, daß er wieder verschwinden möge. Doch er blieb. Er sei von einem

Freund gebracht worden, erzählte Brahim. »Du scheinst plötzlich viel Mut zu haben«, sagte er nach einer Pause. »Das muß wohl an der Narkose liegen«, antwortete ich sarkastisch. Als ich erneut nachbohrte, wo er seine Nächte verbringe, sagte er: »Erinnerst du dich an den Mann aus der Kreisstadt, der neulich bei uns war? Für ihn verkaufe ich Waren, und dafür bekomme ich Geld. Seither trinke ich kaum noch.« Ich blieb skeptisch. »Bist du sicher, daß du wegen dieser Geschäfte mit niemandem Ärger bekommen kannst?«

»Niemals«, wehrte er ab. »Das sind ganz normale Deals.« Nach einigen Minuten wurde Brahim unruhig: Sein Freund warte auf ihn, deshalb müsse er sofort weg.

Meine Operationsnarbe heilte sehr gut, und einige Tage später durfte ich wieder nach Hause. Ich rief Vater an und bat ihn, mich abzuholen, doch das ging nicht, weil er wegen einer anderen dringenden Angelegenheit wegfahren mußte. Mutter versprach, mir jemand anders zu schicken. So kamen mein Schwager und mein Mann ins Krankenhaus. Die Heimfahrt verzögerte sich etwas, denn ich verspürte beim Gehen immer noch Schmerzen im Unterleib. Der Schwager drängelte, weil er wenig Zeit hatte, aber mir fehlte noch der Entlassungsbrief des Arztes. Auch Brahim war ungeduldig. »Such den Arzt und sieh zu, daß du den Wisch endlich bekommst.« Als die beiden nicht aufhörten, mich anzutreiben, wurde ich ärgerlich: »Wenn ihr keine Zeit habt, dann fahrt ohne mich! Ich kann auch warten, bis Vater kommt.« Schließlich kam der Arzt doch noch. Er sagte, es sei normal, daß ich noch Schmerzen hätte, und ich könne ruhig nach Hause fahren. Nur baden dürfe ich noch nicht, und ich müsse meinen Bauch schonen. Ich dürfe beispielsweise nichts Schweres tragen, erklärte der Frauenarzt. Meine wenigen Sachen hatte ich schnell in eine Plastiktüte gestopft. Mein Schwager war schon zum Auto vorausgegangen. Im Aufzug fragte ich Brahim, ob er nicht die Tüte tragen könne. Da sah er mich ganz seltsam an und sagte: »Du hast in der letzten Zeit ziemlich viel Mut. Hast du keine Angst, daß ich dich umbringen könnte?«

»Das ist mir ziemlich egal«, antwortete ich matt. »Ich habe sowieso keine Lust mehr zu leben. Mir ist es ganz recht, wenn du meinem Leben ein Ende machst.«

»Das könnte schon bald passieren«, sagte Brahim gefährlich leise. »Dann tu es sofort!« sagte ich aufbrausend, doch in diesem Moment öffnete sich die Tür des Aufzuges, und Brahim ging zum Ausgang, wo mein Schwager bereits mit dem Wagen wartete.

Draußen schneite es, und es war bitter kalt. Ich fror, nachdem ich eine Woche im warmen Bett gelegen hatte. Die Scheiben im Wagen waren mit Eiskristallen bedeckt, als mein Schwager den Motor startete. Die Fahrbahn lag unter einer festgefahrenen Schneedecke, und alle Autos fuhren nur Schrittempo. Mein Schwager schaltete zügig in den zweiten und weiter in den dritten und vierten Gang hoch. »Was soll das?« fragte ich ängstlich. »Das ist doch viel zu schnell für dieses Wetter.« Wenn es ums Autofahren ging, war mein Schwager ein Angeber, er benahm sich wie ein Rennfahrer. Ich spürte, daß der Wagen hinten rutschte. »Daß du ein guter Fahrer bist, weiß ich. Das brauchst du mir nicht zu zeigen, du kannst ruhig langsamer fahren«, rief ich unruhig. Da legte er die Hand auf den Schalthebel, bremste aber nicht. Statt dessen schaltete er vom vierten in den ersten Gang. Der Wagen geriet sofort ins Schleudern. »Wir werden alle sterben!« hörte ich Brahim voller Panik rufen. Dann erkannte ich, was er meinte: Wenige Meter vor uns fiel eine Böschung steil ab, auf die wir in einer Wolke aus aufgewirbeltem Schnee zurutschten. Würden wir diesen Hang hinunterstürzen, hätten wir keine Überlebenschance. Der Wagen überschlug sich, ich schloß die Augen und fing an zu beten. Das Auto blieb auf den Rädern stehen, und ich sah, daß wir kurz vor dem Abgrund in einem kleinen Graben hängengeblieben waren. »Raus hier!« brüllte mein Schwager. »Ist jemand verletzt?« fragte ich, aber niemand antwortete. Beide standen bereits neben dem Auto, aber keiner von beiden kümmerte sich um mich, als ich mich nach draußen zwängte. Statt dessen sahen sich die Männer die Schäden am Wagen an. »Wir haben einen Schutzengel gehabt«, murmelte ich, »Gott hat uns gerettet.« Mein Schwager sah mich an und erklärte: »Nicht Gott hat uns beschützt, sondern ich habe durch meine gute Reaktion unser Leben gerettet!«

»Du Vollidiot!« brüllte ich ihm ins Gesicht, und mir platzte jetzt endgültig der Kragen. »Durch deine Blödheit sind wir doch erst in Gefahr geraten!«

Das Auto hatte außer ein paar Beulen nichts abbekommen. Mein Schwager stellte sich an die Straße und hielt einen anderen Wagen an. Dessen Fahrer war sehr hilfsbereit: Er holte ein Abschleppseil aus dem Kofferraum und zog unseren Wagen zurück auf die Fahrbahn, dann stiegen wir alle wieder ein. Ich hatte zwar panische Angst, aber was hätte ich tun können? Mir blieb nichts weiter übrig, als mitzufahren. Den Rest der Strecke fuhr mein Schwager sehr vorsichtig, trotzdem war ich heilfroh, als ich endlich das Ortsschild unserer Heimatstadt sah.

Am Haus meiner Eltern sprang ich aus dem Wagen. Vor lauter Angst waren mir vorübergehend alle Schmerzen vergangen. Nicht einmal die Narbe spürte ich. Mutter merkte sofort, daß etwas nicht stimmte. Zuerst wollte ich nichts sagen, aber dann erzählte ich doch von dem Unfall. »Gott hat euch beschützt«, rief Mama erleichtert. Doch der Schwager wiederholte, es sei sein Verdienst gewesen, uns gerettet zu haben. Mutter fauchte ihn an, er solle nicht solche Reden halten. »Allah ist groß und sieht alles. Menschen wie dich wird er beizeiten bestrafen.« Der Schwager lachte nur und ging seiner Wege.

Sabrije war gerade erst eingeschlafen, und ich wollte sie nicht wecken. Als ich sie so ruhig schlafen sah, dachte ich darüber nach, daß sie durch den Unfall beinahe zur Halbwaise geworden wäre, und ich mußte vor Wut und Erleichterung weinen. Mutter wollte mich erst noch etwas bei sich zu Hause pflegen, doch Brahim bestand ärgerlicherweise darauf, daß ich mit ihm käme. »Sie ist meine Frau, und sie hat bei ihrem Mann zu sein!« Als Sabrije aufwachte, freute sie sich riesig, mich wiederzusehen, und ich war nicht weniger glücklich, sie wieder um mich zu haben. Dann fuhr der Schwager uns nach Hause, wo Brahim mich zur Eile antrieb. »Du mußt ein gutes Essen zubereiten, denn wir bekommen heute Besuch.«

»Das war aber mutig von dir, Leute einzuladen, ohne zu wissen, ob ich überhaupt so gesund sein würde, um kochen zu können«, erwiderte ich bissig. »Du schaffst das schon«, sagte mein Mann leichthin und schob mich Richtung Küche. Ich bereitete für die Gäste ein *Tof Me Oriz* vor. Das ist ein traditionelles Reisgericht mit Hähnchenfleisch aus dem Kosovo. Dazu servierte ich später Brot, Joghurt und eingemachte Tomaten.

Während ich am Herd stand, kam schon der Besuch, Brahims Freund aus der Kreisstadt mit seiner Frau und ihrem Sohn. Die Frau sah, daß es mir nicht gutging. Sie half mir in der Küche, wo sie nur konnte, und dafür war ich ihr dankbar. Beim Essen fragte ich, welchen Job sie meinem Mann denn nun verschafft hätten. Ohne Zögern sagten sie mir ins Gesicht, daß sie stahlen und die erbeuteten Sachen zum halben Preis einem Hehler verkauften.

Ich verstand die Welt nicht mehr: Da klauten zwei Leute wie die Raben und erzählten das auch noch stolz herum. Mein Vater wäre vor Scham im Erdboden versunken, wenn er diese Prahlerei gehört hätte. »Damit mußt du sofort aufhören«, fuhr ich Brahim an. Mein Mann brüllte: »Halt dich da raus.« Er sprang auf und holte aus, um nach mir zu schlagen, doch der Gast fiel ihm in den Arm. »Das kannst du nicht machen, jedenfalls nicht, wenn Besuch da ist.« Ich staunte nicht schlecht, als ich Brahim daraufhin sagen hörte: »Schukrana hat recht, ich werde nicht mehr mit dir auf Diebestour gehen.« Schon bald darauf verabschiedeten sich seine Gäste. An der Haustür sagte der Mann zu mir gewandt: »Entschuldigen Sie, wir wollten keine Unruhe in Ihre Familie bringen. Ich werde ab sofort wieder alleine arbeiten.«

*

Als wir ins Haus zurückgingen, warf ich Brahim wütend seine Rücksichtslosigkeit vor: »Ich habe doch alles für dich getan. Du hast Geld, du hast deine Freiheit. Wieso klaust du jetzt auch noch?« Statt einer Antwort gab es wieder einmal eine heftige Ohrfeige, aber die spürte ich kaum noch. »Du kannst mich ruhig schlagen, es macht mir nichts aus«, sagte ich ruhig. In diesem Augenblick hatte ich wirklich keine Angst mehr vor ihm. Mein Mann verließ zornig das Haus, und ich hatte das befriedigende Gefühl, ein Gefecht gewonnen zu haben, denn er hatte gesehen, daß er mir keine Angst mehr machen konnte. Mein Leben mußte sich nun radikal ändern. Auch wenn andere Frauen dieses Leben ertragen konnten: Ich konnte und ich wollte es nicht mehr erdulden.

Am nächsten Morgen lag Brahim derart betrunken im Bett, daß es mir nicht gelang, ihn aufzuwecken. Ich mußte zur Nachuntersuchung zum Gynäkologen, und bis der Bus kam, hatte ich noch etwas Zeit. Also besuchte ich meine Chefin auf eine Tasse Kaffee. Als ich ihr von meiner unglücklichen Schwangerschaft erzählte, sagte sie, letztlich sei der Verlust des Kindes mein Glück gewesen. Denn sonst wäre meine Situation noch schwieriger geworden. Zum Abschied teilte ich ihr frohen Herzens mit, daß ich vielleicht in einer Woche wieder arbeiten könne.

Dr. Bredow untersuchte mich gründlich. Als er meinen Bauch mit dem Ultraschallgerät inspizierte, zuckte er plötzlich wie elektrisiert zusammen. »So etwas habe ich noch nie gesehen«, murmelte er. Er nahm noch einmal den ärztlichen Bericht zur Hand, den ich vom Krankenhaus mitbekommen hatte, und während er las, schnürte mir die Angst die Kehle zu. Aufgeregt fragte ich, was denn nun wieder los sei. »Sie sind schwanger«, stellte er klar und deutlich fest. Trotzdem glaubte ich, ihn nicht richtig verstanden zu haben. »Ich bin was?«

»Ja«, sagte Dr. Bredow, »offenbar war es eine Zwillingsschwangerschaft. Ein Fötus steckte im Eileiter, und einer hatte sich in der Gebärmutter eingenistet. Der in der Gebärmutter war allerdings bisher nicht erkennbar.« Der Arzt konnte zwar nicht verstehen, wieso diese zweite Schwangerschaft im Krankenhaus nicht festgestellt worden war, aber er blieb bei seiner Diagnose. »Ich bin ganz sicher, daß Sie ein Kind erwarten.« Mir war natürlich klar, daß ich dieses Kind bei einer von Brahims Vergewaltigungen empfangen haben mußte. Aber ich würde mich mit ihm abfinden, obwohl dieses Kind es in Brahims Haus nicht gut haben würde. Was blieb mir auch anderes übrig? Es war nun einmal passiert.

Zu Hause erzählte ich meinem Mann zögernd von der Schwangerschaft, und Brahim freute sich. Auch Mutter berichtete ich die Neuigkeit. Sie bedauerte nur, daß ich das eine Kind verloren hatte. »Es wäre schön für dich gewesen, Zwillinge zu haben.« Sie wollte schon immer Zwillingskinder in der Familie, warum also nicht von meinem prügelnden Ehemann und mir.

Mit Brahim erlebte ich das gleiche Desaster wie früher. Meistens war er unterwegs, und wenn er zu Hause war, stritten wir. War er betrunken, fiel er wie gewohnt über mich her. Inzwischen kellnerte ich auch wieder, und der Chefin hatte ich von meiner Schwangerschaft erzählt. Ich konnte sie ohnehin nicht mehr verheimlichen, weil ich mich andauernd übergeben mußte. »Ich hätte es an deiner Stelle abtreiben lassen«, sagte sie. »Das will ich nicht«, entgegnete ich, »und selbst wenn ich wollte, könnte ich es nicht. Brahim würde mich anschließend totschlagen.«

Kurz vor dem Jahreswechsel kam ein Brief der Polizei, der an Brahim gerichtet war. Ich öffnete ihn und las erstaunt, daß er zu einer Vernehmung vorgeladen werden sollte: Man hatte ihn beim Ladendiebstahl erwischt. Ich kochte innerlich, als mir aufging, daß er wohl immer noch mit seinem Freund auf Diebestour ging. Wie hatte ich nur so dumm sein können, anzunehmen, daß er damit aufhören würde? Natürlich hatte er mir nur deshalb versichert, nicht mehr zu stehlen, weil er Angst davor hatte, ich würde meinem Vater alles erzählen. In diesem Fall hätte ihn ein Donnerwetter sondergleichen erwartet, also hatte er einfach gelogen.

Ich konnte es kaum abwarten, bis Brahim nach Hause kam. Gegen Mitternacht hörte ich ihn an der Haustüre. »Du hast ein Problem«, sagte ich ohne Umschweife. Er lachte nur und fragte: »Willst du mich erschießen?«

»Das wird schon die Polizei für mich tun«, antwortete ich bissig. Er holte sich eine Flasche Whisky aus dem

Schrank. »Hör zu, es ist wichtig«, fuhr ich ihn an. »Ich bin ja nicht taub«, brummte er. »Die Polizei hat dich zum Verhör bestellt, weil du beim Diebstahl erwischt worden bist.« Ich merkte ihm an, daß er wußte, worum es ging. »Wo seid ihr denn ertappt worden?« wollte ich weiter wissen. »Einmal in der Kreisstadt, einmal in Köln«, räumte er ein, »aber ich hätte nicht gedacht, daß die Bullen wegen dieser Kleinigkeiten einen solchen Aufstand machen würden.«

»Du kannst wirklich nicht mehr ganz bei Trost sein«, warf ich ihm an den Kopf. Meine Wut war grenzenlos, aber seine nicht minder. Er riß mich an den Haaren und schlug mich mit der flachen Hand ins Gesicht, aber ich beschimpfte ihn hartnäckig weiter.

»Ich bring dich um!« drohte er, und ich warnte ihn: »Die Polizei hat dich schon im Visier. Du kannst dir jetzt nichts mehr leisten.« Immer wieder schlug er zu und tobte wie ein Wilder: »Ich verfluche deine Mutter dafür, daß sie dich geboren hat!« Ich schrie ebenfalls meinen ganzen Zorn aus mir heraus, statt mich gegen seine Schläge zur Wehr zu setzen. Ich empfand überhaupt nichts mehr, Schmerzen spürte ich trotz Brahims heftiger Attacken nicht. Es gelang mir, einfach abzuschalten.

Irgendwann ging er aus dem Haus, und am nächsten Morgen war er noch nicht zurück. Weil ich zur Arbeit mußte, brachte ich Sabrije zu meiner Mutter. An diesem Tag bekam ich auch mein Telefon, das ich beantragt hatte, nachdem ich aus dem Krankenhaus entlassen worden war, denn ich hatte ja gesehen, daß im Notfall ein Telefon lebensrettend sein konnte. Nachmittags rief ich Vater an und bat ihn, mich zurückzurufen. Ich wollte das Telefon klingeln hören. Am frühen Abend brachten meine Eltern Sabrije zu mir. Vater fragte nach Brahim. »Ich weiß nicht, wo er ist«, sagte ich wahrheitsgemäß. Dann erzählte ich von dem Brief der Polizei, und Vater war sehr betroffen.

»In unserer Familie hat noch keiner gestohlen. Wieso macht er so etwas?« Als Brahim nachts immer noch nicht zurückgekommen war, legte Vater sich in mein Bett, denn er wollte mich nicht allein lassen. Er ahnte nicht, daß ich seit längerer Zeit jede Nacht allein war. Allerdings wußte er, daß Brahim trank und daß er fremdging, zudem war ihm jetzt auch klar, daß mein Mann stahl. Er wollte nicht mehr Ärger als nötig provozieren, aber er wollte verhindern, daß die Leute mit dem Finger auf ihn und mich zeigten. In diesem Moment haßte Vater meinen Mann. Mutter sagte nichts dazu, aber ich spürte deutlich, daß sie sehr traurig über die gesamte Entwicklung war. Als ich mit ihr allein war, konnte ich die Tränen nicht mehr zurückhalten. »Mutter, ich halte es nicht mehr aus. Hilf mir, ich kann nicht mehr!« flehte ich sie an. Aber sie wehrte entschieden ab: »Da mußt du durch. Dieses Leid ist dein Schicksal.«

Brahim kam am frühen Morgen, und Vater stand auf, um ihn zur Rede zu stellen. Er kochte vor Wut, was Brahim nicht entging. »Ist das der Dank dafür, daß ich dich nach Deutschland geholt habe?« brüllte Vater ihn an. »Ich habe dich geliebt, aber jetzt verspüre ich nur noch Wut. Paß auf, sonst schicke ich dich nach Jugoslawien zurück, dann kannst du dein schönes Leben vergessen und bei Wind und Wetter auf dem Marktplatz stehen.«

»Dann geht Sabrije mit!« rief Brahim. Vater ließ dieser Trumpf in Brahims Hand kalt. »Nimm sie mit. Aber ich schwöre dir, daß ich dafür sorgen werde, daß es ihr gutgeht.« Als Brahim einwandte, daß es ihr nicht gutgehen könne, wenn er Not leide, sah Vater rot. Einen Augenblick lang sah es so aus, als ob er sich auf meinen Mann stürzen würde, aber dann bezwang er sich und brüllte lediglich: »Halt's Maul, sonst breche ich dir jeden Knochen im Körper.«

Brahim kriegte einmal mehr das heulende Elend. Er gestand alle seine Verfehlungen und versprach, sich zu bessern. Ich wußte, daß das nichts als Gerede war, aber letztlich überzeugte er meinen Vater doch noch einmal, ihm sein Vertrauen zu schenken. An der Haustür bat ich Papa inständig, endlich entschlossen gegen Brahim vorzugehen, doch er wies mich zurück: »Du hast ihn geheiratet, ohne mich zu fragen, jetzt bitte mich nicht um Hilfe. Das könntest du nur, wenn ich dir einen schlechten Mann besorgt hätte. Sieh selber zu, wie du da rauskommst.«

Wenig später war für mich die Nacht vorüber. Ich erledigte entnervt die Hausarbeit, dann ging ich kellnern. An diesem Tag hatten wir besonders viel zu tun, denn in der Wirtschaft wurden die Sparkästchen geleert. Das war jedesmal ein großes Fest, bei dem es etliche Freibiere und ein Gratis-Essen gab. Die ganze Wirtschaft war voller Gäste, sie sangen und tanzten, und ich machte zum ersten Mal in meinem Leben mit. Mehrmals ließ ich mich von Gästen auf die Tanzfläche führen. Es dauerte bis weit nach Mitternacht, bevor ich die Theke abräumen und nach Hause gehen konnte.

Ich war im vierten Monat schwanger, und an diesem Tag hatte ich mich erstmals seit langem gut gefühlt. Als ich die Haustür öffnete, fiel Brahim über mich her. Ich hatte schon viele Prügelorgien erlebt, aber dies war die bei weitem schlimmste. Er hatte mich durch die Fensterscheiben der Gaststätte tanzen gesehen und lachen gehört. »Du bist eine Nutte, du bist eine Nutte!« schrie er ein ums andere Mal wie eine gesprungene Schallplatte. »Ich bringe dich um! Das ist dein letzter Tag!« kreischte er, während er ausholte. Brahim drosch mit dem Staubsaugerrohr so lange auf mich ein, bis ich besinnungslos war.

Als ich aufwachte, saß Sabrije neben mir auf dem Fußboden. Sie weinte und streichelte mit blutverschmierten Händchen mein Gesicht. Als ich mich aufrichtete, erkannte ich, daß ich mein ungeborenes Kind verloren hatte. Das Blut floß mir in Bächen die Beine herab.

Ich griff entsetzt zum Telefon und wählte die Nummer 110. Ein Polizist meldete sich und fragte, was los sei. »Mein Mann hat mich geschlagen«, erklärte ich und rang nach Fassung. »Ich blute!« Doch das schien den Beamten nicht zu interessieren. »Das sind Familienstreitigkeiten, da kann die Polizei nichts machen. Am besten wenden Sie sich an einen Anwalt«, meinte der Beamte am anderen Ende der Leitung mit entnervender Gleichgültigkeit.

Resigniert ließ ich den Hörer sinken. Ich schleppte mich unter die Dusche, um wenigstens die schlimmsten Spuren der Nacht von meinem Körper zu waschen. Ich kämpfte mit Unterleibsschmerzen, deshalb rieb ich die schmerzenden Stellen mit einer Ringelblumensalbe ein und legte mich ins Bett. Gegen 23.00 Uhr rief ich meine Chefin an und erzählte ihr stark beunruhigt von meiner Blutung, die zu meinem Leidwesen immer noch nicht aufhören wollte. »Ich schicke dir sofort einen Arzt«, kündigte sie mir mit energischem Ton an. Wenig später klingelte es auch schon. Sabrije, die nur wußte, daß es mir nicht gutging, öffnete die Tür. Es war ein Hausarzt aus der Nachbarschaft. Er sah nur kurz nach mir, um angesichts der Blutung unverzüglich einen Rettungswagen anzufordern, der mich ins Krankenhaus brachte. Der Hausarzt rief bei meinen Eltern an und informierte sie, er werde Sabrije bei meiner Chefin abgeben, dort solle man sie abholen. Im Krankenhaus erlebte ich die folgenden Stunden wie hinter einer dichten Nebelwand. Man untersuchte mich, dann nahmen die Ärzte eine Ausschabung vor, und einen Tag später durfte ich wieder nach Hause gehen.

*

Es war der Morgen vor dem Jahreswechsel 1990/91. Wie überall auf der Welt freuten sich die Menschen auch bei uns auf das neue Jahr. Die letzten Feuerwerkskörper wurden gekauft, der Sekt kalt gestellt. In unserer Familie war es üblich, diesen Abend ausgelassen zu feiern. Es gab zu Silvester ein reichhaltiges Essen. Da bei uns auch Alkohol getrunken wurde, ging es regelmäßig hoch her zur Begrüßung des neuen Jahres. Wir sangen und tanzten immer, bis der Morgen des 1. Januar dämmerte.

Aber diesmal war alles anders. In mir fühlte ich eine unendliche Leere. Ich war wie betäubt, und kam mir völlig leblos vor: tot wie das Kind, das Brahim in meinem Bauch erschlagen hatte. Es fiel mir schwer, im Krankenhaus auch nur kleine Alltagsdinge zu regeln. Mich zu waschen erschien mir als unlösbare Aufgabe, und meinen Pullover fand ich nicht, obwohl er direkt vor mir auf dem Bett lag. Es dauerte eine Ewigkeit, bis ich mich angezogen hatte, um nach Hause fahren zu können.

Als ich endlich im Bus saß, der mich die paar Kilometer bis zu unserem Dorf bringen sollte, schwirrten mir die Gedanken nur so durch den Kopf. Ich erkannte deutlicher als je zuvor, daß ich nie frei gewesen war. Immer hatten andere über mein Leben bestimmt. Ich war zur Sklavin für Haus und Bett erzogen worden.

Die Ursache für meine Misere lag auf der Hand: Es waren die Sitten meiner Eltern, die man mir übergestülpt hatte, die mich in steter Unfreiheit hielten. Diese Erziehung würde ich nicht ändern können, dazu waren die Traditionen zu fest verankert in den Köpfen der Leute, die über mein Leben bestimmten. Aber diese Sitten waren andererseits nicht gottgegeben, keine Naturgesetze, an denen man nichts ändern konnte. Ich sah doch jeden Tag, daß die Menschen um mich herum anders lebten. Junge Frauen aus meiner Nachbarschaft hatten zärtliche Männer, sie liebten sich, einer nahm auf den anderen Rücksicht. Keine von diesen Frauen ließ sich schlagen und vergewaltigen. Sie führten das Leben, nach dem ich mich sehnte.

Wenn ich schon das überkommene, verhaßte Männersystem in meiner Umgebung nicht verändern konnte, so könnte ich doch versuchen, ihm zu entrinnen, überlegte ich. Ich könnte meine Tochter nehmen und versuchen zu verschwinden – irgendwohin, wo mich niemand finden würde. Ich könnte mir ein neues, freies Leben aufbauen, und niemand würde dort wissen, daß ich noch nie wirkliche Freiheit genossen hatte. Doch natürlich brauchte ich diese Flucht gar nicht erst ernsthaft ins Auge zu fassen. Meine Familie und die meines Mannes würden mich suchen und mich finden. Umbringen würden sie mich, totschlagen, so wie man eine Mücke erschlägt. Ohne Hilfe konnte ich nicht einfach weglaufen. Doch von wem hätte ich Unterstützung erwarten dürfen? Der Kontakt zu meinen früheren Freundinnen war abgerissen, seit Brahim in Deutschland war. So erkannte ich glasklar, daß ich bleiben mußte, wollte ich die Welt der kosovo-islamischen Sitten, mein Gefängnis, gegen die Freiheit westeuropäischer Frauen eintauschen. Denn hier konnte ich taktieren, konnte Zeit zum Nachdenken gewinnen, und ich war in der Lage, mir Verbündete zu suchen. Diesmal war ich wild entschlossen, offensiv für meine eigene Freiheit und für ein menschenwürdiges Leben als Frau zu kämpfen, während ich bisher immer nur die Angriffe gegen mich abgewehrt hatte.

Als der Bus in unserem Dorf hielt, wußte ich, daß ich an dem entscheidenden Wendepunkt in meinem Leben angekommen war. Entweder würde es mir jetzt und hier gelingen, meine Fesseln abzustreifen, oder ich würde endgültig unter der Knute meines Mannes und unserer Familiensitten untergehen. Doch ich hatte neue Zuversicht gefaßt, und als ich zu Fuß zu unserem Haus ging, fühlte ich die Kraft einer Löwin in mir. Ich wußte, daß ich diesen Kampf gewinnen konnte. Noch ahnte ich allerdings nicht wie, aber die Zeit war auf meiner Seite. Wenn nicht heute, dann morgen. Irgendwann würde meine Chance kommen, und ich würde sie so sicher ergreifen, wie Brahim mein Kind erschlagen hatte.

Eine erste Gelegenheit, gegen ihn vorzugehen, hatte ich allerdings schon verpaßt. Als die Ärzte im Krankenhaus meinen geschundenen Körper gesehen hatten, vermuteten sie natürlich sofort eine Mißhandlung. Ein Arzt fragte, ob mein Mann mich so zugerichtet habe, doch nach der Erfahrung mit der Polizei glaubte ich nicht, daß mir der Arzt gegen Brahim helfen konnte. Ich schüttelte den Kopf, und er bohrte nicht weiter nach. Als ich wieder nach Hause kam, fragte Brahim nach meinem Befinden. »Du bist ein Mörderschwein!« brüllte ich ihn an und wandte mich angewidert ab. Nie wieder würde ich zulassen, daß er mich niedermachte, wie es ihm beliebte. In mir hatte sich etwas geändert: Ich wollte jetzt mit aller Macht frei sein. Brahim weinte, doch berührten mich seine Tränen nicht. Ich ignorierte ihn, und er ließ mich in Ruhe.

An diesem Tag fand ich im Briefkasten ein amtliches Schreiben, aber mir war nicht danach, unwichtige Briefe zu lesen. Ich steckte den Umschlag ungeöffnet in meine Jackentasche und vergaß ihn schnell wieder. Zur Silvesterfeier war die ganze Familie bei einem Onkel eingeladen. Ich hatte keine Lust hinzugehen, und das ließ ich dem

Onkel mitteilen. Doch nachmittags kam er persönlich, um mich abzuholen. Er befahl mir regelrecht mitzukommen, und ich gehorchte voller Unlust. Die ganze Familie war bei meinem Onkel versammelt, und alle konnten und mußten sehen, was mit mir los war. Mein Gesicht war von Brahims Schlägen immer noch verquollen, beide Augen waren von Blutergüssen unterlaufen, und ein Schlag auf den Oberschenkel hatte dazu geführt, daß ich hinkte. Jeder wußte, woher meine Verletzungen kamen, aber keiner interessierte sich dafür. Es war nebensächlich, weil es ganz normal war, daß Männer ihre Frauen züchtigten. Mama hatte ich erzählt, daß ich das Kind verloren hatte und daß Brahim es mir aus dem Leib geschlagen hatte. Sie weinte ununterbrochen, denn sie hatte Mitleid mit mir, aber sie war machtlos, wie alle Frauen in der Familie.

Abends betranken sich Brahim und die anderen jüngeren Männer hastig mit Schnaps, und schon bald machten sie sich aus dem Staub. Sie wollten irgendwo in einer Disco feiern. Ich wußte, daß sie in dieser Nacht sowieso nicht mehr nach Hause kommen würden, deshalb suchte ich jemanden, mit dem ich reden konnte. Meine Chefin fiel mir ein, der ich ein glückliches neues Jahr wünschen wollte. Ich erklärte Mutter, was ich vorhatte, und sie gab mir Vaters Wagenschlüssel, damit ich hinfahren konnte. Sie wollte mir helfen, über den Verlust des Kindes hinwegzukommen.

»Und was hast du dir für das neue Jahr vorgenommen?« fragte meine Chefin, als ich sie zur Begrüßung umarmte. »Ich will alles besser machen«, antwortete ich vieldeutig. In Kneipentrubel hätte ich ihr Einzelheiten ohnehin nicht erklären können, zumal auch für mich selbst noch nicht alles klar geordnet war. Aber die Marschrichtung stand fest, und nichts auf der Welt würde mich daran hindern, meinen bedeutendsten Neujahrsvorsatz zu verwirklichen: Ich würde mich von Brahim unter allen Umständen trennen.

Als ich mir später die Jacke anzog, um nach Hause zu fahren, fiel der Brief, den ich morgens ungelesen eingesteckt hatte, aus der Tasche. Ich hob ihn auf und las das Schreiben im Flur. Es war vom Amtsgericht und an Brahim adressiert: Er sollte sich wegen seiner Diebstähle vor Gericht verantworten. Als ich den Brief nachdenklich wieder einsteckte, dämmerte mir, daß er vielleicht der Schlüssel für mein Tor zur Freiheit sein könnte.

Ich fuhr zu meinem Elternhaus, um dort den Rest der Nacht zu verbringen. Mutter war noch wach. »Wieso bist du so guter Dinge?« wollte sie verwundert wissen. Ich lächelte und schwieg. Denn auf der Fahrt war mir eine Idee gekommen, wie ich zumindest mein größtes Problem – Brahim – bald loswerden könnte. Noch war es nur eine vage Vermutung, ein Hauch von einer Idee. Aber sie durchflutete mich mit einer Woge von Zuversicht, wie ich sie schon lange nicht mehr so wohlig erlebt hatte.

Bis nach den Feiertagen ignorierte ich Brahim völlig. Das war nicht schwer, weil er sowieso meistens unterwegs war. Sicher war er zum Saufen aus, vermutlich würde er mich auch betrügen, aber das war mir mehr als gleichgültig. Von seiner Vorladung zur Gerichtsverhandlung hatte ich ihm nichts gesagt. Ich hoffte, er würde durch den verpaßten Termin noch mehr Ärger mit der Staatsanwaltschaft bekommen, als er jetzt schon hatte. Ich nutzte den Leerlauf, um nachzudenken.

Am ersten Arbeitstag nach Neujahr brachte ich Sabrije zu meiner Mutter. »Ich muß wieder arbeiten gehen, und Brahim ist nicht da«, entschuldigte ich mich. Das war gelogen, aber Mutter war ganz selbstverständlich bereit, auf meine Tochter aufzupassen. Bei dem, was ich in Wahrheit vorhatte, konnte ich Sabrije nicht gebrauchen. Sie hätte mich mit ihrem unschuldigen Plappermaul vielleicht eines Tages verraten können. Von meiner Chefin hatte ich mir ein Auto geliehen, mit dem ich in die Kreisstadt fuhr. Das dortige Ausländeramt kannte ich schon. Einer der führenden Mitarbeiter, Rudi Haas, schien mir wohlgesonnen zu sein, aus irgendeinem unerfindlichen Grund hatte er mich in sein Herz geschlossen. Vor ihm legte ich meine Karten offen auf den Tisch. Haas hörte mir wohl anderthalb Stunden geduldig zu, als ich erzählte, wie ich mit Brahim durchgebrannt war, weil ich zwangsweise verheiratet werden sollte. Ich nahm kein Blatt vor den Mund, berichtete, welche Sklavenarbeit ich für seine Mutter hatte erledigen müssen, erzählte von den zahllosen Vergewaltigungen und Schlägen, und schließlich vom Verlust meines ungeborenen Kindes. Haas unterbrach mich nur ganz selten, wenn er bestimmte Details wissen wollte, zwischendurch notierte er sich Stichworte.

Schließlich kam ich zum Kern meines Anliegens. Ich konnte meine Erregung kaum verbergen, als ich fragte: »Können Sie Brahim ausweisen, weil er bisher keine Aufenthaltserlaubnis hat und sich jetzt strafbar gemacht hat?« Gleichzeitig legte ich Haas die Vorladung zu Brahims Gerichtsverhandlung auf den Schreibtisch. Der Beamte nahm sich Zeit mit einer Antwort. Schließlich sagte er vorsichtig: »Ein Ermittlungsverfahren der Staatsanwaltschaft gilt in Deutschland nicht als schwerwiegender Grund, was jedoch eine Voraussetzung für eine Ausweisung ist. So einfach können wir ihn nicht ausweisen, weil er vermutlich mit Hilfe eines Anwalts Widerspruch gegen unsere Verfügung einlegen würde. Dann käme es zu einer langwierigen juristischen Prozedur.«

»Und was wäre, wenn mein Mann keinen Widerspruch einlegte?« hakte ich gespannt nach. »Dann wäre es kein Problem. Wenn Sie verhindern, daß er Widerspruch einlegt, werde ich Ihnen die Ausweisungsverfügung für Brahim nach Hause schicken.«

Äußerlich blieb ich ruhig, aber innerlich jubilierte ich. Mein Plan schien aufzugehen. Brahim kannte sich mit den deutschen Gesetzen überhaupt nicht aus, er konnte kaum Deutsch sprechen, lesen schon gar nicht. So würde ich ihm über den Inhalt seiner Post erzählen können, was ich wollte, er würde mir notgedrungen glauben müssen. Als ich die Kreisverwaltung verließ, war ich fest entschlossen, meinen Mann auszutricksen. Und ich fühlte, daß ich es auf diese Weise schaffen konnte.

*

Zu Hause ließ ich mir meine Freude nicht anmerken. Brahim gegenüber verhielt ich mich ausgesprochen höflich. Wenn er nicht ständig betrunken gewesen wäre, hätte er vielleicht Lunte riechen können, aber mein Mann lebte nur noch im Tran, und er kam und ging, wann er wollte. Das ließ mich fortan kalt, weil ich wußte, daß dieses Leben nicht mehr lange dauern würde. Brahim dachte hingegen, ich hätte eingesehen, daß er der unumschränkte Herr im Hause sei. Wenn er mich provozieren wollte, überhörte ich das. Ich ließ ihn in dem Irrglauben, er habe meinen Willen endgültig gebrochen, denn ich lebte in der angenehmen Gewißheit, daß das Gegenteil der Fall war. Ich tat, was er verlangte, und wenn er mit mir schlafen wollte, ertrug ich auch das.

Täglich lief ich voller Erwartung zum Briefkasten, wenn der Postbote kam, und Anfang Februar 1991 kam endlich das ersehnte Behördenschreiben: Es war der Brief vom Ausländeramt mit der Ausweisungsverfügung. Ich tat so, als sei ich furchtbar entsetzt über das, was in dem Schreiben stand. »Du wirst ausgewiesen. Bis spätestens Ende März mußt du Deutschland verlassen haben, oder du wirst von der Polizei nach Jugoslawien gebracht«, übersetzte ich für Brahim. Für ihn brach augenblicklich eine Welt zusammen, denn sein jetziges Leben gefiel ihm ausgesprochen gut: Er hatte sich wunderbar in seinen bequemen Tagesrhythmus eingelebt, ging aus und machte eben, was er wollte. Selbst seine aufmüpfige Ehefrau schien er endlich gezähmt zu haben. Und nun diese drohende Abschiebung in sein Heimatland, wo seine Perspektive darin bestand, sich künftig wieder jeden Tag auf dem Marktplatz zu plagen. »Was kann ich dagegen tun?« wollte er aufgeregt wissen. »Keine Ahnung«, antwortete ich. »Es scheint alles beschlossene Sache zu sein.«

»Wir nehmen uns sofort einen Rechtsanwalt und gehen dagegen an«, beschloß Brahim nervös, »das lasse ich mir nicht gefallen.« Damit hatte ich nicht gerechnet, doch ich ging überlegt zum Angriff über. Diese Chance, ihn loszuwerden, wollte ich mir nicht nehmen lassen. »Ich gehe alleine hin«, sagte ich. »Du hast gestohlen, und das gefällt auch keinem Rechtsanwalt. Besser, wenn ich ihm alles erkläre.« Das leuchtete meinem Mann ein, zumal mir noch ein weiteres Argument einfiel: »Ich sage dem Anwalt, daß ich mit dir fahren müßte, wenn du ausgewiesen werden würdest, und daß ich in Jugoslawien nicht leben könnte.« Die Idee fand Brahim fabelhaft, und er ließ mich sofort alleine gehen. Ich atmete auf, die erste Hürde war genommen.

Tatsächlich hatte ich natürlich alles andere im Sinn, als seine Ausweisung zu verhindern. Im Gegenteil: Ich wollte, daß er sämtliche Fristen für juristische Gegenmaßnahmen versäumte, bis er schließlich in der Falle sitzen würde. Statt zum Anwalt ging ich zu meiner Chefin, um mit ihr ein Plauderstündchen zu halten. Sie ahnte, daß ich irgend etwas im Schilde führte, aber ich hielt mich bedeckt. Zu groß war die Gefahr, daß mein schöner Plan durch ein unbedachtes Wort gefährdet wurde. Nach zwei Stunden kehrte ich heim. »Wir müssen erst mal abwarten, hat der Anwalt gesagt. Nächste Woche soll ich noch einmal zu ihm kommen«, log ich Brahim vor, und ich hatte nicht einmal ein schlechtes Gewissen dabei. Später rief ich meinen Vater an. »Brahim soll ausgewiesen werden, weil er geklaut hat.«

»Ich ahnte, daß so was mal kommen würde«, sagte Vater niedergeschlagen. Wenig später wußte jeder in der ganzen Familie, daß Brahim ein Dieb war und Ärger mit Polizei und Ausländeramt hatte. Allerdings beeindruckte sein ramponierter Ruf meinen Mann nicht sonderlich. Er ging weiter auf Diebestour.

Dann gab ich vor, wieder zum Rechtsanwalt zu gehen. Als ich zurückkehrte, setzte ich noch eine Etage auf mein Lügengebäude: »Der Rechtsanwalt fordert von uns 2.000 Mark Honorar«, log ich, »aber Anwälte sind nun mal teuer.«

»Wir müssen es auf jeden Fall versuchen«, jammerte Brahim. Da wir die 2.000 Mark natürlich nicht auf der hohen Kante liegen hatten, mußte und durfte ich fortan so oft und so lange arbeiten, wie ich wollte. Damit hatte ich mir erneut ein Stück Freiheit ergattert, denn damals fühlte ich mich nirgends wohler als bei meiner Arbeit. Dort brauchte ich schließlich Brahim nicht zu ertragen. Immer öfter machte ich den Schlußdienst in der Gaststätte. Dann kam ich natürlich sehr spät nach Hause, oft erst nach Mitternacht. Wenn Brahim sich gelegentlich darüber beklagte, sagte ich: »Das tue ich doch nur für dich. Schließlich muß ich deinen Anwalt bezahlen.« In der Familie hatte sich herumgesprochen, daß ich schuften mußte, um das angebliche Anwaltshonorar zu verdienen. Meine Schwester bot mir eine Putzstelle in einem Nachbarort an, und das konnte ich schlecht ablehnen, weil ja jeder glaubte, daß ich das Geld dringend benötigte. Außerdem gab mir diese zusätzliche Arbeit die Möglichkeit, Brahim noch mehr aus dem Weg zu gehen. Vater bot zwar an, mir das Geld zu schenken, aber das lehnte ich, scheinbar aus Stolz, ab.

Bei der Putzstelle in einem Hotel verdiente ich zwölf Mark pro Stunde. Morgens um 7.00 Uhr fing ich dort an. Ich mußte die Gästezimmer und die Küche reinigen. Dieser Zusatzjob führte zwar zu der glücklichen Lösung, daß ich Brahim praktisch gar nicht mehr zu Gesicht bekam, aber leider sah ich auch meine Tochter kaum noch. Ich wußte immerhin, daß sie bei meiner Mutter in guten Händen war. Außerdem konnte ich mit dem Wagen meiner Chefin nachmittags öfter zu meinen Eltern fahren, um mich dort mit Sabrije zu beschäftigen.

Mitte März beschloß ich, mein Spielchen mit Brahim noch weiterzutreiben. So ging ich wieder einmal angeblich zum Anwalt. Zu Hause erzählte ich später, er habe gesagt, Brahim komme nicht umhin, zunächst nach Jugoslawien zu fahren. Der Anwalt würde dann in der Eifel versuchen, eine Aufenthaltserlaubnis für ihn zu erwirken. Vor Ablauf der Frist, die das Ausländeramt eingeräumt hatte, sei dies jedenfalls unmöglich. Zum Schluß setzte ich noch eins drauf: »Wenn du nicht bis Ende des Monats ausgereist bist, wird alles noch schlimmer, hat der Anwalt gesagt.« Brahim brach zusammen, aber er hatte mir die Geschichte abgekauft. »Ich werde fahren. Und was machst du?« wollte er matt wissen. »Ich muß natürlich hierbleiben, um das Honorar für den Anwalt zu verdienen«, sagte ich so demütig, als ob es mir schwerfiele, nicht mit ihm gemeinsam auf den Balkan zu reisen. Innerlich hüpfte ich vor Freude, denn die von mir inszenierte Aktion lief noch weitaus besser, als ich gedacht hatte.

Brahim überlegte. »Was ist, wenn der Rechtsanwalt keinen Erfolg hat, wenn ich nicht wieder nach Deutschland darf? Was machst du dann?« fragte er mich mißtrauisch. »Dann bleibe ich hier«, antwortete ich sehr selbstbewußt. »Ich werde nicht wieder alles hinschmeißen. Deine Schwierigkeiten hast du dir selbst zuzuschreiben. Du hast gestohlen, obwohl du von mir alles bekommen hast, was du brauchtest.«

»Du wirst auf jeden Fall nach Jugoslawien nachkommen«, verkündete Brahim drohend. Ich lachte und sagte: »Das wirst du schon noch sehen.«

Die zwei Wochen bis zu Brahims Abreise vergingen wie im Fluge. Morgens fuhr ich ihn mit dem Wagen der Chefin zur nächsten Bahnstation. In Köln mußte er noch einmal umsteigen und konnte dann durchfahren bis nach Belgrad. Das Ticket hatte ich ihm schon in der Eifel besorgt, damit nur ja nichts schiefging. Zum Abschied gab es weder einen Kuß noch ein zärtliches Wort. Statt dessen forderte Brahim mich auf: »Ruf mich oft an, damit ich erfahre, was der Rechtsanwalt sagt.« Ich versprach es leichthin, er stieg in den Zug und fuhr davon. Für immer, wie ich hoffte.

Ich wußte, daß ich eine Schlacht im Krieg um meine Befreiung gewonnen hatte. Der Sieg war noch nicht errungen, aber ich war ein ganzes Stück weitergekommen. Ich war stolz, daß ich es immerhin so weit gebracht hatte, daß dieser Mann mich nie wieder schlagen und vergewaltigen würde, wie er es in den vergangenen sechs Jahren so oft getan hatte. Später, als ich kellnerte, kam Vater in die Gaststätte. »Ich will nicht, daß du alleine wohnst. Deshalb schläfst du ab sofort wieder bei uns.« Das war mir ziemlich egal. Es hatte sogar den Vorteil, daß ich meine Tochter länger und öfter sehen würde als in den vergangenen Wochen. Für die nächtliche Heimfahrt lieh mir die Chefin ihren Wagen. Ich blickte so zuversichtlich in die Zukunft wie seit vielen Jahren nicht mehr. Und ich hatte keine Zeitnot, nichts mußte übers Knie gebrochen werden.

Morgens ging ich putzen, den Rest des Tages arbeitete ich in der Wirtschaft. Brahim hatte ich inzwischen aus meinen Gedanken verdrängt.

Eines Tages bekam ich starke Kopfschmerzen. Meine Chefin scherzte: »Es ist Zeit, daß dich mal ein netter Mann verwöhnt.« In diesem Moment kam ein gutaussehender Gast ins Lokal: Er war blond, mittelgroß, er hatte gutmütige Augen und ein sympathisches Gesicht. »Wie wäre es denn mit dem?« fragte ich leise. »Den kannst du vergessen. Er ist Schotte, verheiratet und hat zwei Kinder«, gab sie nüchtern zurück, und wir lachten. Der Schotte kam nun fast jeden Tag. Er trank ein Pils oder eine Cola, dann ging er wieder. Er schien keinen von den anderen Gästen zu kennen, denn er sprach selten ein Wort. Er grüßte nur freundlich, bestellte, trank aus und ging.

Regelmäßig ging ich zu meiner Wohnung, um den Briefkasten zu leeren. Etwa zwei Wochen nach Brahims Abreise kam eine Vorladung vom Amtsgericht. Mein Mann sollte sich dort wegen der Diebstähle verantworten. Da fiel mir ein, was der zweite Schritt in meinem »Befreiungskrieg« sein könnte. Ich rief Brahim an und sagte: »Der Rechtsanwalt konnte wegen deiner Aufenthaltserlaubnis noch nichts erreichen. Aber du mußt dich vor Gericht wegen deiner Klauerei verantworten.« Brahim war ratlos: »Was soll ich nun tun?« Ich zeigte ihm mit gespielt trauriger Stimme die Alternativen auf: »Wenn du nicht kommst, wirst du zu einer Gefängnisstrafe verurteilt. Wenn du aber kommst, gibt es Probleme mit dem Ausländeramt.« Ich wußte, daß er zu feige sein würde, um noch einmal nach Deutschland zurückzukommen. »Das Gericht kann mich mal«, erklärte Brahim großspurig. »Ich werde doch nicht freiwillig nach Deutschland kommen, um im Knast zu landen!« Ich trieb die Situation noch weiter auf die Spitze. »Weißt du überhaupt, was du mir angetan hast? Jetzt habe ich deinetwegen hier einen Riesenärger«, tobte ich, erstmals im befriedigenden Bewußtsein, Macht über den Mann zu haben, der mir jahrelang das Leben zur Hölle gemacht hatte. Dann knallte ich den Hörer auf die Gabel.

Damit war unser zweites Gefecht eingeleitet. Nachmittags ging ich zu meinen Eltern. In der Küche, wo alle beisammen saßen, gab ich mich völlig verzweifelt. »Was ist los mit dir?« wollte Mutter wissen. Ohne Vorwarnung schrie ich sofort los: »Das fragst du? Brahim hat mir solche Schwierigkeiten gemacht, daß ich nicht mehr ein noch aus weiß!« Ich warf die Vorladung des Amtsgerichtes auf den Tisch. »Mein Mann hält es nicht für nötig, zu diesem Termin zu erscheinen«, brüllte ich weiter. »Er muß wissen, was er tut«, unterbrach mich Vater kühl. Aber ich fuhr ihm in die Parade. »Ich werde sehen, ob ich ihm helfen kann, aber glaubt bloß nicht, daß ich nach Jugoslawien fahre, wenn es hier schiefgeht. Dann hat er sich alles weitere selbst zuzuschreiben.« Vater lenkte ein: »Du hast ja recht, beruhige dich.« Anscheinend tat ich ihm leid, und als ich das Zimmer verließ, hörte ich, wie Vater zu Mutter sagte: »Wegen dieses Dreckskerls muß Schukrana arbeiten wie ein Tier, und er versucht noch nicht einmal, ihr zu helfen. Ich hasse ihn. Wenn ich könnte, würde ich ihn umbringen.«

Auf dem Flur traf ich meinen Bruder Orhan. Er fragte, was der Tumult im Wohnzimmer zu bedeuten hätte, und ich erzählte ihm die gleiche Lügengeschichte wie meinen Eltern. »Du solltest noch einmal versuchen, mit Brahim zu reden«, schlug Orhan milde vor. Ich versprach, das gleich von der nächsten Telefonzelle aus zu erledigen, um Vaters Telefonrechnung nicht über Gebühr zu strapazieren. Natürlich hatte ich das nicht wirklich im Sinn, aber als ich losging, schickte mein Bruder seine Tochter mit mir zur Telefonzelle. Fieberhaft suchte ich beim Gehen nach einem Ausweg. Denn wenn die Nichte am Telefon mithörte, konnte der ganze schöne Plan platzen wie eine Seifenblase. Zu meinem Glück war Brahim stinksauer auf mich. »Wieso störst du mich schon wieder?« brüllte er in den Hörer. »Es interessiert mich nicht, was du treibst. Ich komme jedenfalls nicht nach Deutschland!« Meine Nichte hatte alles mit angehört. Sie schüttelte den Kopf, als Brahim den Hörer hinwarf, und zu Hause mimte ich wieder die Empörte. Meinen Bruder keifte ich an. »Deinetwegen mußte ich mir jetzt das Geschrei meines Mannes anhören.« Seine Tochter erzählte, was sie mitbekommen hatte. Ich ging hinaus und knallte die Tür. Wieder ein Scharmützel gewonnen!

Während der Arbeit war ich glücklich, aber bei meinen Eltern ließ ich jeden Tag durchsickern, wie unglücklich ich über die Entwicklung sei. Eines Tages konnte Vater es nicht mehr aushalten. »Mach dich nicht verrückt«, sagte er. »Wenn es nicht anders geht, dann geben wir Brahim eben den Laufpaß. Ich werde schon einen neuen Mann für dich finden.« Und er fuhr fort: »Brahim hat sich mittlerweile so viel zuschulden kommen lassen, daß sogar die Gerichte im Kosovo einer Scheidung zustimmen würden. Selbst wenn es mich ein Vermögen kosten sollte, würde ich dir bei der Scheidung helfen.« Immerhin wußte ich so, daß meine Familie auf meiner Seite stand. Einen neuen Krieg gegen beide Parteien gleichzeitig würde es also für mich nicht mehr geben. Andererseits hatte ich natürlich absolut keine Lust, mir von Vater einen neuen Ehemann aussuchen zu lassen. Das wäre wieder jemand aus dem Kosovo gewesen, und vermutlich hätte alles wieder von vorne begonnen. So erwiderte ich haßerfüllt: »Wenn ich Brahim loswerden sollte, werde ich nie wieder heiraten!«

Inzwischen kellnerte meine Schwester Naslije in der gleichen Gaststätte wie ich. Sie war bei den Gästen sehr beliebt. Meistens half sie der Chefin in der Küche, und wenn dort nichts zu tun war, bediente sie an der Theke. Eines Tages hatte sie sich mit dem gutaussehenden Engländer unterhalten, und dabei stellte sich heraus, daß er gar kein Engländer war, sondern Schotte. Außerdem ließ er sich gerade von seiner Frau scheiden. »Man merkt, daß du ihn anders ansiehst als die übrigen Gäste«, sagte meine Schwester vorwurfsvoll. »Du spinnst!« entgegnete ich. »Du solltest doch eigentlich wissen, daß ich von Männern die Nase voll habe.« Allerdings räumte ich ein, daß er mir leid tat. Ein Schotte, allein in Deutschland, ohne Freunde und Familie: Das war sicher nicht angenehm. Insgeheim mußte ich mir selbst jedoch eingestehen, daß ich tatsächlich ein Auge auf ihn geworfen hatte.

Er war anders als die anderen Männer in dieser Wirtschaft. Während die meisten nach Feierabend an die Theke kamen, um sich ein Bier nach dem anderen zu bestellen, trank er normalerweise Cola. Nur hin und wieder nahm er etwas Alkoholisches zu sich, aber betrunken war er nie. Seit Brahim immer wieder im Vollrausch über mich hergefallen war, haßte ich es, wenn Leute sich in der Kneipe betranken. Natürlich hatte ich gelernt zu unterscheiden: Andere Betrunkene mußten ja nicht so die Kontrolle über sich verlieren wie Brahim, aber meine Aversion gegen betrunkene Männer blieb bestehen.

*

Von Natur aus war ich immer sehr aufgeschlossen und kontaktfreudig gewesen. Ich machte jeden Ulk mit, und während meiner Arbeit in der Gaststätte gewannen diese jahrelang unterdrückten Eigenschaften wieder die Oberhand. Nur hier war ich von den Zwängen der Kosovo-Sitten befreit. An der Theke konnte ich die fröhliche Seite meines Wesens wieder ausleben. Eines Tages fragten mich ein paar Gäste, ob ich mit ihnen einige Runden »schocken« würde. Das ist ein Würfelspiel, das im Rheinland häufig an der Theke gespielt wird. Ich liebte es, denn man bekam dabei viel zu lachen. Einer der Mitspieler sah den Schotten in der Ecke sitzen und fragte scherzhaft, ob er Lust habe, eine Runde zu verspielen, denn der Verlierer mußte den Mitspielern jeweils ein Bier bezahlen. Der Blonde schien sich über die Einladung zu freuen, jedenfalls rückte er näher und nahm einen Würfelbecher in die Hand. »Wie heißt du?« fragte einer, und der Schotte antwortete mit sanfter Stimme: »Connor.«

»Mein Name ist Schukrana«, stellte ich mich vor, und damit waren wir auch schon im Gespräch. Als er hörte, daß ich eine Tochter hatte, war er sehr erstaunt. »Wie alt bist du denn?« fragte er.

»Gut zwanzig Jahre«, antwortete ich wahrheitsgemäß, und seine Augenbrauen zogen sich zusammen. »Und wie alt ist deine Tochter?«

»Vier«, sagte ich. »Da mußt du ja schon früh angefangen haben«, antwortete er amüsiert in ziemlich gutem Deutsch, und alle lachten. »Früh übt sich's besser«, sagte ich schmunzelnd. »Schock sechs!« triumphierte ich, denn damit hatte ich den zweithöchsten Wurf geschafft, den man beim Schocken erzielen kann. Ich sah mich schon als Gewinner der Runde. Nur Connor mußte noch würfeln, aber seine Chancen, mich zu übertreffen, standen ausgesprochen schlecht. »Schock aus!« rief er, sprang auf, und klatschte mit den Händen auf seine Oberschenkel. Ich hatte das Nachsehen, aber ich freute mich trotzdem für den Schotten.

Einer der Gäste fragte mich im Lauf des Spiels scherzhaft, ob ich ihn nicht heiraten wolle. »Dich doch nicht«, erwiderte ich. »Da muß schon ein Millionär kommen, um mich noch einmal zum Standesamt zu schleppen.« Dann mußte Connor leider gehen, denn er wollte sich ein Rennen im Fernsehen anschauen. An der Tür fragte ich ihn lachend, ob er nicht zufällig einen schottischen Millionär kennen würde, den ich heiraten könne. Alle lachten, und als ich verdutzt guckte, klärten sie mich auf: »Jeder weiß doch, daß die Schotten die größten Geizkragen überhaupt sind.« Bis dahin wußte ich noch nicht einmal, daß es Schottland als eigenen Staat gab. Ich hatte immer gedacht, das sei ein Teil von England. »Vielleicht habe ich gerade geschwänzt, als wir in der Schule über Schottland gesprochen haben«, räumte ich leicht verschämt ein, aber Connor schien mir meine Bildungslücke nicht übelgenommen zu haben.

Meine Chefin bat mich, ihren Hund auszuführen, danach könne ich Feierabend machen. Meine Schwester half an diesem Tag in einer benachbarten Gaststätte aus. Als ich den Hund zurückbrachte, saß Connor wieder an der Theke, und bei seinem Anblick mußte ich grinsen. »Wieso hast du mir nicht gesagt, daß alle Schotten Geizkragen sind?«

»Das stimmt ja auch nicht. Sie verdienen nur nicht so

viel wie die Deutschen«, antwortete er ernst. Eigentlich wollte ich das Lokal sofort wieder verlassen, aber Connor fragte freundlich, ob er mich auf ein Glas einladen dürfe, sozusagen als Beweis dafür, daß die Schotten nicht auf ihrem Geldsack säßen. Wir tranken gemeinsam an der Theke eine Cola und unterhielten uns. Er wußte, daß ich von meinem Mann getrennt lebte, sonst wußte er nichts über mein Leben, und ich redete auch nicht darüber. An diesem Abend hatten wir noch viel Spaß. Nachdem wir ausgetrunken hatten, wollte ich nachsehen, ob meine Schwester schon Feierabend hatte. »Kommst du mit?« fragte ich Connor, und er nickte. Meine Schwester guckte erstaunt, als sie mich mit dem Schotten sah, doch sie hielt sich mit Kommentaren zurück.

Den Arbeitgeber meiner Schwester, einen Griechen mit Namen Joanis, kannte ich recht gut. Er war stets zu einem Schabernack aufgelegt. Unter anderem tat er immer so, als sei ich seine Geliebte. Als er mich sah, kam er mit großer Gestik und Mimik auf mich zu und umarmte mich. »Da bist du ja endlich, mein Schatz.«

»Ja, ich liebe dich auch«, scherzte ich mit. »Ist das dein neuer Mann?« fragte Joanis mit Blick auf Connor. »Nur wenn du uns auf der Stelle verheiratest«, antwortete ich. Das ließ der Wirt sich nicht zweimal sagen. Mit todernster Miene fragte er: »Willst du, Schukrana, diesen Connor hier zum Manne nehmen?« Alle hatten ihren Spaß, und ich war an diesem Abend so ausgelassen wie seit Kindertagen nicht mehr.

Connor erbot sich am Ende des wunderbaren Abends, mich nach Hause zu fahren, und ich nahm dankend an. Meine Schwester konnte alleine nachkommen, sie war nicht auf mich angewiesen. Einige hundert Meter vor meinem Elternhaus hielt Connor den Wagen an. Ich sah ihn erstaunt an. »Was soll das werden?«

»Ich wollte fragen, ob ich dich zum Essen einladen darf«, sagte der Schotte.

»Du brauchst mir wirklich nicht zu beweisen, daß deine Landsleute nicht geizig sind«, flachste ich.

»Das habe ich nicht vor. Ich dachte nur, es wäre schön, mit dir gemeinsam zu speisen.«

Über dieses Angebot freute ich mich, und es rührte mich, denn ich fühlte mich zu Connor hingezogen. Ich akzeptierte seine Einladung, obwohl ich wußte, daß ich etwas Verbotenes tat, denn noch lebte ich schließlich bei meinen Eltern, und damit nicht in dieser Welt, sondern in ihrer. Ich hatte mich an ihre Sitten zu halten, und damit verbot es sich von selbst, daß ich mir einen Freund suchte. Aber die Verlockung, mit diesem netten jungen Mann, der mich als Frau umgarnte und der sich eine mir völlig unbekannte Mühe mit mir gab, essen zu gehen, war größer als meine Angst. Bevor wir ins Restaurant gingen, mußten wir noch einmal zu meiner Schwester fahren, um sie zu informieren. Denn wäre sie vor mir nach Hause gekommen, dann hätten meine Eltern bestimmt gefragt, wo ich bliebe. Das Grinsen im Gesicht meiner Schwester gefiel mir nicht, als ich sie einweihte. »Es ist nichts weiter. Er ist nur ein netter Mann, und wir werden uns unterhalten«, erklärte ich ihr. Mein Einwand schien sie nicht sehr zu beeindrucken, denn ihr anzügliches Grinsen wurde noch breiter. »Du kannst uns nachher in der Pizzeria abholen«, sagte ich ungeduldig zu ihr, bevor wir gingen.

Beim Essen erzählte Connor, er habe bisher in einer Fabrik gearbeitet, aber in zwei Wochen werde er in einer anderen Firma eine neue Stelle antreten. Mir fiel plötzlich auf, daß auch mein Bruder in dieser Fabrik beschäftigt war. Connor kannte ihn, und er wußte auch, daß ich seine Schwester war. Als sie über die Gaststätte gesprochen hatten, wo ich kellnerte, habe mein Bruder gesagt, daß seine Schwester dort arbeite. Mit meinem Bruder verstand Connor sich gut. »Du darfst ihm nicht erzählen, daß wir im Restaurant waren«, bat ich ziemlich besorgt. Er sah mich an und versprach es, obwohl er nicht verstand, was die Geheimniskrämerei sollte. Ich hätte einen Riesenärger bekommen, wenn mein Bruder von dieser Eskapade erfahren hätte.

Connor wechselte das Thema. »Ich habe jetzt zwei Wochen Urlaub, in denen ich meine neue Wohnung tapezieren möchte.«

»Da könnte ich dir gut helfen«, sprudelte es aus mir heraus. Ich hatte den Satz noch nicht zu Ende gesprochen, da wußte ich schon, daß ich einen Fehler machte. Wie sollte ich ihm helfen? Schließlich konnte ich nicht einfach aus meinem Elternhaus gehen und arglos ankündigen: »Ich helfe einem Freund, seine Wohnung zu tapezieren.« Egal, jetzt hatte ich es versprochen, und ich würde schon einen Weg finden. Ich bat ihn, mich am nächsten Vormittag um 7.00 Uhr am Bahnhof abzuholen. Er nickte und lächelte verschmitzt. Connor hatte die ganze Zeit ein mir bei Männern unbekanntes Strahlen in den Augen, während wir uns unterhielten. Er sah mich immer an, als ob er mir irgend etwas sagen wollte und die rechten Worte nicht fände.

Meine Schwester kam, und Connor fuhr uns nach Hause. Weit vor unserem Haus bat ich ihn, meine Schwester und mich aussteigen zu lassen. Den Rest des Weges gingen wir zu Fuß. »Wie war es?« wollte sie neugierig wissen. »Wir haben nur geredet, aber das hat mir gutgetan«, antwortete ich leichthin. Sie lachte mich aus, und ich herrschte sie ärgerlich an, sie solle aufhören. Aber meine Schwester lachte noch mehr. »Merkst du eigentlich nicht, daß du verliebt bist?« Ich erschrak. »Bist du verrückt? Du weißt doch genau, daß Vater ein Verhältnis mit dem Schotten niemals zulassen würde. Das würde er notfalls mit Gewalt verhindern. Du darfst zu Hause kein Sterbenswörtchen sagen!« Sie versprach es. Vater erzählten wir, daß wir mit dem Bus gekommen seien, Mutter bat ich, mich am nächsten Morgen um 6.00 Uhr zu wecken, denn ich müsse meiner Chefin beim Hausputz helfen.

Ich spielte noch ein wenig mit Sabrije, bis sie einschlief, dann ging ich ebenfalls zu Bett. Wenig später kam meine Schwester und legte sich neben mich. »Träumst du von Connor?« Ich schubste sie von der Bettkante. »Laß mich bloß in Ruhe, du blöde Kuh!« Sie ging, aber ich fragte mich verwundert, was ich da eigentlich tat. Wieso wollte ich diesem Schotten helfen? War da mehr im Spiel, war ich vielleicht wirklich verliebt? Bei dem Gedanken bekam ich eine Gänsehaut: Das durfte einfach nicht sein, die Konsequenzen wären nicht auszudenken.

Am nächsten Morgen war ich schon wach, als Mutter mein Zimmer betrat, um mich zu wecken. Punkt 7.00 Uhr war ich am Bahnhof, aber obwohl ich eine geschlagene Stunde ungeduldig wartete, kam Connor nicht. Ich trottete niedergeschlagen wieder nach Hause. Mutter schwindelte ich vor, daß meine Chefin wohl die Klingel nicht gehört hätte, jedenfalls habe sie die Tür nicht geöffnet. Später rief Joanis an, der griechische Wirt. Ich hatte versprochen, ihm nachmittags bei einem großen Familienfest zu helfen. Eigentlich wollte er mich abholen, aber das hatte er vergessen. Jetzt bot er mir an, daß mich jemand anders holen komme: »Dein Mann.« Mir stockte der Atem. Das konnte doch nicht wahr sein. Wieso war Brahim zurückgekehrt? Fing jetzt alles wieder von vorne an, war alles vergebens gewesen? »Bist du sicher, daß es mein Mann ist?« fragte ich mit unsicherer Stimme. »Na klar, ich habe euch doch gestern abend selbst verheiratet«, sagte Joanis, und erst da fiel bei mir der Groschen: Er sprach von Connor. »Du hast mir einen gewaltigen

Schrecken eingejagt«, sagte ich, »aber du kannst ihm sagen, daß er mich in zehn Minuten am Bahnhof abholen kann.«

»Ich habe verschlafen«, entschuldigte sich Connor, nachdem ich zu ihm in den Wagen gestiegen war. Er schien deshalb sehr bedrückt zu sein, und mehrfach entschuldigte er sich. Nachdem er verspätet aufgewacht sei, habe er auch nicht anrufen können, weil er nicht wußte, wo ich genau wohnte und wie mein Nachname war. Auch ich hatte ihn nicht anrufen können, weil ich seine Nummer nicht wußte. »Das wird das erste sein, was wir gleich bei Joanis tun werden: Wir tauschen unsere Telefonnummern aus«, bestimmte Connor.

»Du kannst mir deine Nummer gern geben, aber meine kannst du nicht bekommen«, sagte ich mit Nachdruck, erklärte meine Weigerung jedoch nicht weiter. Er schien etwas enttäuscht, aber er fragte nicht weiter nach. Es war ausgeschlossen, daß er bei meinen Eltern anrief: Die hätten sofort ein Höllenspektakel veranstaltet, wenn sie gemerkt hätten, daß ich mit einem Mann telefonierte.

Connor wollte wiedergutmachen, daß er unser Treffen am Bahnhof verpaßt hatte. »Wir könnten etwas Nettes unternehmen, es muß ja nicht unbedingt Tapezieren sein.«

»Ich würde furchtbar gerne schwimmen gehen«, schlug ich vor. So verabredeten wir uns für den nächsten Tag. Er wollte mich nach der Arbeit in der Gaststätte abholen. Ich wußte, daß ich wieder etwas Verbotenes tat, aber mein Drang, etwas zu tun, was mir Spaß machte, war unendlich viel größer als meine Angst.

Zu Hause lag ein Brief von der Polizei. Vater gab ihn mir am Abend: Es war eine neue Vorladung, die an Brahim gerichtet war. An seiner Stelle ging ich am nächsten Tag zur Vernehmung. Dem Kriminalbeamten erklärte ich, daß Brahim Deutschland verlassen habe, dann legte ich beherzt die Karten auf den Tisch. Ich schloß mit den Worten: »Das ist meine einzige Chance, ihn endgültig loszuwerden.« Die Taktik, diesem Beamten gegenüber mit offenen Karten zu spielen, bewährte sich erfreulicherweise. Er erklärte, daß es sich nicht nur um einen Diebstahl handele. Vielmehr sei Brahim sogar dreimal erwischt worden, und da er nicht zur Gerichtsverhandlung erschienen sei, fahndete die Polizei jetzt per Haftbefehl nach ihm. Mir konnte das nur recht sein. In Jugoslawien könne man nicht gegen Brahim vorgehen, erläuterte mir der Beamte, aber sobald er in Deutschland erwischt werde, nehme man ihn fest. Das waren durchaus gute Nachrichten für mich, denn damit hatte ich eine weitere starke Waffe gegen meinen Mann in der Hand. Auf die Gefahr hin, hier festgenommen zu werden, würde er keinen Fuß mehr auf deutsches Territorium setzen. Ich mußte ihm den Stand der Dinge nur noch mitteilen.

Zu Hause tat ich wieder ganz aufgeregt. »Brahim muß ins Gefängnis! Jetzt habe ich noch mehr Probleme wegen seiner Dummheiten«, schimpfte ich. Ich sagte meinen Eltern, daß er mehrfach beim Diebstahl erwischt worden sei. »Das muß ich sofort mit dem Rechtsanwalt besprechen«, kündigte ich an, und dieses Gespräch diente mir sofort als willkommener Vorwand, um zur Gaststätte zu fahren, wo ich mit Connor verabredet war. Wir wollten schwimmen gehen.

Wir fuhren noch kurz an meiner Wohnung vorbei, damit ich meine Badesachen holen konnte. Eine Freundin hatte mir vor Jahren einen Bikini geschenkt, den ich nun endlich einmal ausprobieren wollte. Ich schlug vor, in ein größeres Erlebnisbad zu fahren. Connor dachte, ich wollte dorthin, weil es so schön sei, aber in Wahrheit ging es mir darum, daß mich dort niemand kannte. Als Muslime durfte ich schließlich nicht ins Schwimmbad gehen, denn man hätte mir vorgeworfen, mich halbnackt in der Öffentlichkeit zu zeigen. Erst recht in meiner Situation hätte Vater mich hart bestraft, wenn er davon erfahren hätte: Schließlich war ich immer noch verheiratet und durfte selbstverständlich nicht mit anderen Männern ausgehen. Connor stellte nicht viele Fragen, und dafür mochte ich ihn.

Der Nachmittag im Schwimmbad war wunderschön. Später gingen wir noch eine Tasse Kaffee trinken. Ich nutzte die Gelegenheit, ihm vieles über unsere Sitten zu erzählen. Meine Ehe ließ ich weitgehend aus dem Spiel, aber das Gespräch tat mir gut, und ich vergaß für einige Stunden alles um mich herum. Zum ersten Mal im Leben hatte ich einen richtigen Freund, der mir zuhörte und der mich verstand. Ich fühlte mich sicher und geborgen bei ihm, und das war ein völlig neues und wunderbares Gefühl.

Auf dem Heimweg hielt Connor den Wagen an und stieg aus. »Ich bin gleich wieder da«, sagte er und verschwand. Wenig später tauchte er mit einem großen bunten Blumenstrauß wieder auf. Daß die Blumen für mich sein könnten, kam mir nicht in den Sinn. Nachdem er eingestiegen war, drückte er mir den Strauß in die Hand, und ich schaute ihn fragend an. »Heute ist nicht mein Geburtstag«, sagte ich. »Du hast mir einen wunderschönen Tag geschenkt, und dafür will ich dir danken«, sagte Connor ernst. Ich war gerührt, denn noch nie hatte mir jemand Blumen geschenkt, mit der einen Ausnahme, als ich im Krankenhaus gelegen hatte. Aber bis zu diesem Tag hatte ich nicht herausfinden können, wer sie geschickt hatte.

Ich kämpfte mit den Tränen, und mir wurde wohlig warm im Bauch. So ein angenehmes Gefühl hatte ich noch nie verspürt. Ich überlegte, was das sein konnte, aber so recht fand ich keine Bezeichnung für dieses Empfinden.

Zu Hause erklärte ich, daß meine Chefin mir Blumen geschenkt habe. Mutter fand sie allein wegen dieser Blumen nett, obwohl sie die Wirtin noch nie gesehen hatte.

»Was hat der Rechtsanwalt gesagt?« wollte sie wissen, und mich durchfuhr ein Schreck. Ich hatte nur über Connor nachgedacht, aber nicht, was der Anwalt angeblich gesagt haben könnte. »Es sei zu spät, jetzt noch etwas zu ändern«, log ich hastig. »Der Anwalt meint, erst müsse Brahim seine Strafe absitzen, dann könne er wegen der Ausweisung noch einmal tätig werden.«

»Das mußt du sofort Brahim erzählen«, sagte Mutter besorgt. Ich lehnte das ab mit dem Hinweis, ich müsse erst noch einmal über alles nachdenken.

Als ich am nächsten Tag zur Arbeit kam, saß Connor schon an der Theke. »Kannst du nicht früher Feierabend machen?« fragte er. »Dann könnten wir noch etwas gemeinsam unternehmen.« Die Chefin stimmte zu, und ich schlug vor, zur Rollschuhbahn in der Kreisstadt zu fahren. Als Kind war ich für mein Leben gerne Rollschuh gefahren, aber seit ich Brahim kennengelernt hatte, war es damit vorbei gewesen. Connor hatte noch nie auf Rollschuhen gestanden, und er stellte sich anfangs sehr tapsig an. Alle naselang saß er auf dem Hinterteil, und jedesmal bekam ich einen richtigen Lachkrampf.

Einmal steuerte er, mit den Armen durch die Luft rudernd, genau auf mich zu. Er konnte weder bremsen noch ausweichen, und unsere Körper stießen heftig gegeneinander. In diesem Moment durchzuckte mich etwas wie ein Blitz. Wir hatten direkten Blickkontakt, und er schaute mir tief in die Augen. Dieser Blick verriet mir, daß es bei Connor mehr war als Freundschaft, und bei mir war es nicht anders, was mir sofort klar wurde. In mir war ein tiefes Verlangen nach ihm entstanden. Doch das durfte nicht sein, ich wandte mich ab und fuhr schnell einige Meter weiter. Mit aller Kraft versuchte ich, meine Gefühle für diesen Mann unter Kontrolle zu halten. Ich redete mir ein, daß ich überhaupt keinen Mann mehr wollte, also auch keinen Connor, ganz nach der Devise, daß nicht sein konnte, was nicht sein durfte.

Später lud Connor mich zum Essen in ein chinesisches Lokal ein. Es lag ganz in der Nähe der Rollschuhbahn, und ich war sehr gespannt, denn ich hatte noch nie chinesisch gegessen. Als ich die Karte las, konnte ich mich lange Zeit nicht entscheiden. Ich kannte keines der dort angebotenen Gerichte. Connor riet mir zu einer indonesischen Reisplatte, die wir gemeinsam verspeisen könnten, und ich stimmte zu. Er würde schon wissen, was er bestellte. »Eigentlich weiß ich noch gar nichts von dir«, sagte ich. Er lebe seit neun Monaten getrennt von seiner Frau, teilte er mir mit. »Wieso?« fragte ich ebenso indiskret wie neugierig. Connor zögerte kurz und erzählte dann: »Sie hat mich betrogen, und dadurch ist die Ehe in die Brüche gegangen. Die beiden Kinder leben bei der Mutter. Seitdem ich in Deutschland wohne, sehe ich sie nur noch sehr selten, aber ich bin froh, aus Schottland weg zu sein.« Sobald er seine Ex-Frau traf, gab es unweigerlich Streit.

Dann kam unsere Reisplatte. Wir versuchten, mit Stäbchen zu essen, und dabei mußten wir viel lachen, denn keiner von uns hatte jemals vorher solche Stäbchen in der Hand gehabt. Später nahmen wir Messer und Gabel zu Hilfe, um überhaupt etwas in den Magen zu bekommen. Das Essen war ganz vorzüglich, es schmeckte so ganz anders als alles, was ich jemals gegessen hatte.

Anschließend gingen wir noch im Stadtwald spazieren, und wir redeten ununterbrochen. Ich erfuhr alles von ihm und er nun auch alles von mir. Er hörte, daß ich keine neue Beziehung eingehen konnte, selbst wenn ich gewollt hätte.

»Jedes Land hat seine eigenen Sitten«, überlegte Connor, »aber ich denke, daß jeder Mensch das tun sollte, was er möchte.«

Ich schaute ihn zweifelnd an: »Natürlich ist es schön, wenn man so denken kann. Aber es ist eben für mich sehr schwierig, solche Gedanken in die Tat umzusetzen.«

»Du mußt dich von deiner Familie losreißen, dann kannst du dein eigenes Leben führen«, riet Connor entschlossen. Doch so weit war ich noch nicht: »Mein Vater würde mich finden, und er würde mich umbringen«, erklärte ich Connor traurig. Ich war vorerst froh, mein Problem mit Brahim gelöst zu haben, da wollte ich nicht schon wieder einen neuen Krieg mit meiner Familie entfachen. Das hätte meine Kraft überstiegen.

Die Zeit war vergangen wie im Fluge, und ich mußte dringend wieder zurück zu meiner Arbeit. In der Gaststätte war allerdings an diesem Abend nicht viel los, und meine Chefin ließ mir freie Hand. Es standen nur ein paar Leute an der Theke. Sie schockten, und Connor und ich spielten mit. Wie immer ging es um Bierrunden. Da ich kein Bier mochte, mußte ich bei jeder Runde ein anderes Getränk nehmen. Nach einiger Zeit stand mir die Cola bis zum Hals, und ich wechselte zu Likör. Schnell fühlte ich mich entspannt, alles war irgendwie leichter als sonst, ich lachte oft und etwas zu laut: Ich hatte einen prächtigen Schwips. Irgendwann schlug ich vor, zu Joanis in die Wirtschaft zu wechseln. Der Grieche hatte ein Billardspiel, und ich wollte das einmal ausprobieren.

Connor warf eine Mark in den Apparat, die Kugeln rollten ratternd in ihr Sammelfach. Während er seinen Queue in die blaue Kreide rieb, um die Spitze griffiger zu machen, gestand ich kleinlaut: »Ich habe keine Ahnung, wie man Billard spielt.« Connor lachte und sagte: »Du bist wirklich ein verrücktes Huhn. Willst ein Spiel spielen, das du gar nicht kennst. Aber ich werde dir die Regeln beibringen.«

Ich hatte mir einen weiteren Likör bestellt, und mittlerweile redete ich nur noch Unsinn. Ich erfand meine eigenen Spielregeln, und Connor lachte viel. Dabei sah ich, daß er tadellose weiße Zähne hatte. Dann wollte er mir zeigen, wie man den Queue richtig halten und wie man sich hinstellen muß. Als ich mich umdrehte, um zu fragen, ob es so richtig sei, stand er ganz dicht hinter mir, unsere Blicke kreuzten sich und ließen sich nicht mehr los. Ich war wie gelähmt. In diesem Augenblick wünschte ich, daß er mich berührte, daß er mich ganz fest in seinen Armen halten würde, und ich wollte, daß er mich küßte. Ich konnte gar nicht genug von seinen Küssen haben, immer wieder berührten sich unsere Lippen, es war ein einziges großes Glücksgefühl – den ersten schönen Kuß meines Lebens genoß ich vier Jahre nach der Geburt meiner Tochter.

Ich öffnete die Augen und lag in meinem Bett. Hatte ich alles nur geträumt? Ich wußte nichts mehr, aber in meinem Kopf hämmerte es und mir war todübel. Ich fühlte mich wie gerädert. Mutter kam ins Zimmer und fragte, was ich mit meinen Socken gemacht hätte. Ich hatte keine Ahnung. »Die waren mal weiß«, sagte Mutter, »aber jetzt sind sie rabenschwarz, als ob du in einem Kohlenkeller gewesen wärst.« Da begriff ich, daß ich am Abend vorher völlig betrunken gewesen sein mußte, aber ich wußte nicht mehr, was passiert war. Zum Glück fiel mir eine Ausrede ein: »Ich habe so lange gekellnert, bis mir die Füße wehgetan haben. Da habe ich die Schuhe ausgezogen und auf Strümpfen bedient.« Mutter glaubte mir, und sie bedauerte mich, weil ich so schwer arbeiten mußte. Doch es half nichts, ich mußte meine Frühschicht antreten und im Nachbarort putzen gehen. Ich konnte mich kaum auf die Arbeit konzentrieren und war heilfroh, als ich endlich wieder gehen konnte. Ich konnte mich immer noch nicht erinnern, was am Vorabend passiert war. Vor der Wahrheit fürchtete ich mich: Hatte ich Connor wirklich geküßt? Als ich gerade Feierabend machen wollte, sah ich ihn. Er saß auf einem Stuhl im Flur und wartete auf mich. Meine Angst wurde noch größer. »Wir waren doch hier verabredet«, sagte er verwundert. »Du hast mich gebeten, dich hier abzuholen.« Ich mußte wirklich einen totalen Blackout gehabt haben, denn auch davon wußte ich nichts. »Wir fahren zu meiner Schwester«, entschied Connor, als wir im Auto saßen. »Mir ist schlecht«, jammerte ich, »ich fühle mich wie eine ausgepreßte Zitrone, ich kann nicht fahren.«

»Kein Problem«, antwortete er. »Wir trinken jetzt einen starken Kaffee, dann geht es dir bestimmt bald besser. Da du dir auch für heute frei genommen hast, haben wir den ganzen Tag für uns.« Von einem freien Tag wußte ich auch nichts mehr. Schon Connors Gegenwart sorgte aber dafür, daß es mir bald besser ging. So wie er hatte mich außer meiner Mutter noch nie jemand umsorgt. Ich war heftig in ihn verliebt. Es war sogar noch mehr: Ich empfand die erste wirkliche Liebe meines Lebens.

In der Wohnung seiner Schwester tranken wir einen Kaffee, dann fragte Connor, ob ich Lust hätte, mir seine Wohnung anzusehen. Er lebte in einem Zimmer im Keller. Dort zeigte er mir seine Sammlung von Modellautos und ich mußte lachen. »In deinem Alter spielst du noch mit Autos?«

»Die sind nicht zum Spielen, die stehen nur so herum. Das sind Sammlerautos.« Als wir aufstanden, trafen sich wieder unsere Blicke. Er sah ängstlich aus, als er langsam auf mich zukam. Ganz vorsichtig legte er die Arme an meine Schultern, zog mich mit sanftem Druck an seinen Körper und küßte mich auf die Lippen. Ich zuckte zurück. »Habe ich etwas falsch gemacht?« fragte er. »Ich habe einfach Angst«, entschuldigte ich mich. »Ich kann mich an nichts erinnern, was gestern abend gewesen ist.« Enttäuscht wandte er sich ab und sagte: »Gestern abend hast du meine Liebe erwidert.« Als ich ihn fragend anschaute, fuhr er fort: »Weißt du, daß wir uns geküßt haben?« Ich nickte und hakte ängstlich nach: »War sonst noch etwas?« Connor schien noch enttäuschter zu sein. »Du glaubst doch nicht, daß ich es ausgenutzt hätte, daß du betrunken warst. Dafür bin ich nicht der Typ. Wir haben uns nur geküßt.«

»Als ich morgens aus dem Haus gegangen bin, hatte ich weiße Socken, aber heute früh waren sie schwarz«, sagte ich zweifelnd. Er lachte. »Als ich dich nach Hause gefahren habe, hast du die Schuhe im Auto ausgezogen. Während ich tanken mußte, hast du nach einer Toilette gesucht, aber keine gefunden, dann bist du auf Strümpfen ins Gebüsch gegangen.« Seine Antwort war mir peinlich. »Das ist doch kein Grund, rot zu werden«, beruhigte mich Connor.

Ich lächelte ihn an und spürte, daß ich ihn verunsichert hatte. Er wußte nicht mehr, woran er mit mir war. Da legte ich meine Arme um seinen Hals, aber er stand stocksteif da, seine Arme hingen unentschlossen an seinem Körper herab. Als ich ihn küßte, ging ein Ruck durch ihn hindurch, und er erwiderte meine Küsse voller Leidenschaft. Wir konnten gar nicht mehr aufhören. Später trug er mich zu seinem Bett und streichelte mein Haar und meinen ganzen Körper. Soviel Zärtlichkeit war mir völlig unbekannt. Ich war eingetaucht in ein Meer aus Glück und Liebe. Kein Zweifel: Das war mein Mann fürs Leben.

Den Rest des Tages blieben wir auf dem Zimmer und liebkosten uns.

*

Nichts sollte mich jemals wieder von Connor trennen. Seine Nähe machte mich so glücklich, wie ich nie zuvor mit einem Mann gewesen war. Wenn er mich umarmte und liebkoste, wünschte ich, die Zeit bliebe stehen, doch bald holte mich die Wirklichkeit ein. Diese Liebe durfte nicht sein, denn sie widersprach den Wünschen meiner Familie. Erstens war ich noch mit Brahim verheiratet, zweitens war Connor ein Christ. Er merkte, daß mich etwas bedrückte, und ich erklärte ihm den Grund für meine Traurigkeit: »Meine Eltern werden nicht zulassen, daß wir uns lieben.«

»Es wird auch für uns einen Weg ins Glück geben, wir müssen nur wollen«, erwiderte Connor zuversichtlich. Ich wollte ihm so gerne glauben, aber ich sah keinen realisierbaren Weg für unsere gemeinsame Zukunft.

Abends fand ich im Briefkasten ein Schreiben von der Polizei. Als ich es aufgeregt öffnete, dachte ich, mich träfe der Schlag: Da stand, ich sei beim Ladendiebstahl in einem Geschäft in der Nähe von Aachen erwischt worden. Deswegen sollte ich von der Kripo vernommen werden. Ich mußte lachen, obwohl mir eher zum Weinen zumute war: In diesem Ort war ich noch nie gewesen, geschweige denn in dem beschriebenen Geschäft. Es konnte sich nur um ein Mißverständnis handeln. Zu Hause erläuterte ich Vater den Inhalt des Schreibens. »Bestimmt steckt Brahim dahinter«, sagte Papa sofort, »eine andere Erklärung gibt es nicht.«

Am nächsten Morgen war ich schon früh bei der Polizei. Der Beamte beschuldigte mich, ich sei mit Brahim und seinem Freund aus der Kreisstadt in dem Aachener Geschäft von einem Kaufhausdetektiv beim Diebstahl erwischt worden. Das ließe sich sogar beweisen, behauptete der Kriminalbeamte: »Der Detektiv hat die Nummer Ihres Reisepasses notiert.« Ich beteuerte, daß ich von alledem nichts wisse, doch der Polizist schien mir nicht zu glauben. Ich konnte mir die Geschichte nur so zusammenreimen, daß Brahim meinen Paß dazu benutzt hatte, um die Frau seines Kumpanen zu retten. Zuzutrauen war ihm das, denn auf mich hatte er ja nie Rücksicht genommen. Der Polizist beruhigte mich: »Wir können die Geschichte aufklären. Stellen Sie sich persönlich dem Detektiv vor, der wird entscheiden können, ob Sie damals dabei waren oder nicht.«

Einige Tage später war ich in Aachen und sprach mit dem Mann. Er erkannte sofort, daß eine Verwechslung vorlag und schrieb mir eine Bestätigung, daß nicht ich, sondern eine andere Frau mit meinem Mann beim Diebstahl ertappt worden sei. Somit war das Thema eigentlich erledigt, aber ich nutzte die günstige Gelegenheit aus, um bei meinem Vater weiter Stimmung gegen Brahim zu machen. Dadurch hoffte ich, meine Position gegen meinen Mann zu stärken. Alles, was Brahim schadete, konnte mir nur von Nutzen sein. Papa regte sich furchtbar auf. »So etwas hat mir noch keiner angetan. Ich verfluche Brahim!« schrie er. »Diese Sache werde ich aufklären, und zwar mit deinem Schwiegervater.« Ich wollte mir Papas Ärger zunutze machen und ergänzte: »Jetzt kann ich nichts mehr für Brahim tun. Alles weitere hat er sich selbst zuzuschreiben. Du brauchst gar nicht mit seinem Vater zu verhandeln, denn ich will nichts mehr von Brahim wissen. Wir sind ab sofort geschiedene Leute.«

Das Stichwort »geschieden« holte meinen Vater sofort wieder auf den Teppich. »Reg dich nicht so auf«, beschwichtigte er mich. »Du kannst dich bekanntlich nicht so einfach von deinem Mann trennen.« Offenbar hatte Vater sich wieder einmal darauf besonnen, daß eine Ehe wie die unsere nicht ohne weiteres geschieden werden konnte. Tief im Innersten war er immer noch gegen eine Scheidung. Ich dachte an Connor. Was würde aus unserer Beziehung werden, wenn die Trennung von Brahim weiterhin an Vaters Widerstand scheitern würde? Meine Wut richtete sich gegen mich selbst. Ich machte mir Vorwürfe, weil ich nicht imstande war, mein Leben so zu ändern, daß eine gemeinsame Zukunft mit Connor möglich wurde. Voller Zorn brüllte ich Vater deshalb an: »Halt dich bloß aus dieser Geschichte heraus! Du siehst doch selbst, was ich wegen ihm schon alles ertragen mußte. Ich habe dich nicht gefragt, als ich Brahim geheiratet habe, und bei meiner Scheidung werde ich dich auch nicht fragen!« Nun wurde Vater ebenfalls wütend. »Sprich nicht in einem solchen Ton mit mir. Ich bin immer noch dein Vater, und ich werde bestimmen, wie deine Zukunft aussieht!« Beim Hinausgehen warf er erbost die Zimmertür ins Schloß. Auch Mutter machte mir Vorhaltungen: »Das kannst du nicht machen, er will doch nur dein Bestes.« Ich schimpfte, völlig außer mir: »Du weißt doch genau, was der Kerl mir angetan hat. Und trotzdem hilfst du mir kein bißchen.« Ich lief hinter Vater her und rief: »Du weichst schon wieder aus. Hör zu, damit wir das ein für allemal klären!« Doch er winkte ab. »Mach, was du willst. Ich werde jetzt nicht mit dir streiten, sonst würde ich dich schlagen, und das will ich nicht.«

Ich nahm meine Tochter und verließ das Haus, in der Hoffnung, daß an der frischen Luft mein Ärger verpuffen würde. Es tat mir schon wieder leid, daß ich so rüde mit meinen Eltern geredet hatte, aber was hätte ich tun sollen? Ich wollte Connor heiraten, und vorher mußte ich

Brahim loswerden. Dieses Ziel war im Moment wichtiger als alles andere. Zu Hause sprach später niemand mehr das Thema an. Alle hatten gesehen, wie fuchsteufelswild ich geworden war, und ich nahm an, daß sie nun endlich begriffen hatten, daß ich wirklich die Trennung von Brahim wollte.

Mit Connor hatte ich verabredet, daß wir am nächsten Tag mit Sabrije für ein paar Stunden in den Vergnügungspark »Phantasialand« fahren würden. Das war risikolos, weil meine Tochter mit ihren vier Jahren noch zu klein war, um mich zu Hause durch ein unbedachtes Wort zu verraten. Mutter hatte ich vorgelogen, wir würden mit meiner Chefin wegfahren. Connor empfing uns mit einem Fotoapparat, den er sich extra für den Besuch im Phantasialand gekauft hatte. Obwohl Connor und ich uns wegen der Kleinen sehr zurückhalten mußten, verlebten wir einen wunderschönen Tag. Für uns alle drei ging er viel zu schnell vorüber. Connor fotografierte ununterbrochen, schließlich hatte er mindestens hundert Bilder von Sabrije und mir gemacht. Wie immer stieg ich am Bahnhof meiner Heimatstadt aus seinem Wagen, damit meine Eltern uns nicht zusammen sahen.

Zu Hause paßte ich, noch ganz in Gedanken an diesen gelungenen Tag, einige Minuten nicht auf Sabrije auf. Schon war das Unglück passiert: Sie hatte im Nähzimmer meiner Mutter gespielt und dabei offensichtlich die Nähmaschine in Gang gesetzt. Panisches Geschrei ließ mich hochfahren, dann sah ich, was geschehen war. Die Nadel war in ihren Finger eingedrungen und nagelte ihn regelrecht auf den Arbeitstisch der Maschine fest. Vor Entsetzen schrie ich laut um Hilfe. Als Mutter die Handkurbel drehte, bis die Nadel sich löste, konnte ich gar nicht hinsehen. Schließlich brach die Nadel ab, und wir wußten nicht, ob noch ein Stück davon in Sabrijes Finger steckte. Die Kleine mußte sofort zum Arzt, aber Vater war nicht da, um uns zu fahren, und ich besaß kein Auto mehr. Da fiel mir Connor ein. Ich rief ihn an, um ihn zu bitten, uns zu fahren, und wenig später stiegen Sabrije und ich zu ihm in den Wagen. Wir hatten ihn an einer nahegelegenen Querstraße erwartet. Selbst in dieser Situation wollte ich nicht riskieren, daß Connor mich zu Hause abholte. Meine Eltern hätten Fragen gestellt, deren wahrheitsgemäße Beantwortung dazu geführt hätte, daß Vater Connor und mich sofort getrennt hätte.

Der Arzt beruhigte mich: »Das ist nur eine ganz ungefährliche Verletzung. Sie können Ihre Tochter wieder mit nach Hause nehmen.« So erleichtert hatte ich mich lange nicht mehr gefühlt. Auf dem Heimweg schlug Connor vor, daß wir gemeinsam noch in einem Restaurant zu Abend essen sollten. Ich willigte ein, und auch Sabrije schien sich zu freuen. An diesem Tag hatte Connor im Phantasialand viele Pluspunkte bei ihr gesammelt; er hatte eine neue kleine Freundin gewonnen. Beide spielten so vertraut miteinander, als ob sie sich schon ewig kannten. Wenn die Kleine etwas sagte, hörte Connor genau zu und ging auf ihr Geplapper ein. So ein inniges Verhältnis hatte es zwischen Sabrijes leiblichem Vater und ihr niemals gegeben.

Am nächsten Morgen saß Vater am Küchentisch und trank Tee, während ich mir einen Kaffee zubereitete. Er sah mich mit ernstem Blick an. »Wir müssen vernünftig miteinander reden«, begann er das Gespräch, und ich ahnte, daß nichts Gutes dabei herauskommen würde. »Du bist nun seit drei Monaten von Brahim getrennt«, fuhr Vater fort. »Das ist eine ernste Sache. So kann es auf Dauer nicht weitergehen, und es ist klar, daß du dich nicht von ihm scheiden lassen kannst. Hör auf mich, ich meine es gut mit dir.« Mein Puls schlug sofort höher, und die Zornesröte stieg mir ins Gesicht. Schließlich forderte er nichts weniger von mir, als daß ich wieder zu Brahim zurückgehen sollte. Völlig außer mir rief ich: »Du weißt genau, was ich mit ihm alles durchgemacht habe. Hast du eigentlich überhaupt kein Mitleid mit mir?« Vater antwortete sehr ruhig: »Gerade weil du mir leid tust, sage ich das, denn wenn du nicht meine Tochter wärst, könnte es mir gleichgültig sein, was aus dir wird.« Er fuhr fort: »Du mußt auch wegen Sabrije zu deinem Mann zurück. Ich will nicht, daß du deine Tochter weggeben mußt. Bei Mevlyde habe ich gesehen, wie sie unter der Trennung von ihrem Kind gelitten hat. Außerdem«, fuhr er fort, »will ich nicht, daß du noch einmal heiraten mußt und dann womöglich noch mehr Pech hast als jetzt.«

»Wer sagt, daß ich wieder heiraten müßte?« muckte ich auf. Doch den Einwand ließ Vater nicht gelten. »Du bist keine Deutsche und kannst hier nicht alleine wohnen, also mußt du verheiratet sein. Am besten fährst du nach Jugoslawien zu Brahim.«

Kein Argument der Welt hätte Vater umstimmen können. Nur eine neuerliche List würde mir helfen können, ihn auf meine Seite zu ziehen. Also gab ich mich scheinbar geschlagen und stimmte zu, in den Kosovo zu fahren. Aber ich spürte, daß ihn noch etwas bedrückte. »Was ist denn noch?« fragte ich. »Wenn du jetzt nach Jugoslawien fährst, könnte es passieren, daß du deine Aufenthaltserlaubnis in Deutschland verlierst«, sagte er. »Was kümmert dich das?« fragte ich zurück. »Schließlich hast du gerade erst von mir verlangt, daß ich endgültig in den Kosovo ziehen soll.«

»Man weiß nie, was passiert«, erwiderte Vater bedächtig. »Ich könnte meinen Rechtsanwalt fragen«, sagte ich in der Hoffnung, Zeit zum Nachdenken zu gewinnen. Papa hielt das auch für eine gute Lösung, und damit war das Thema vorerst beendet.

Das Gespräch hatte mir trotz allem gezeigt, daß Vater mein künftiges Leben nicht gleichgültig war. Im Lauf des Tages dachte ich nach, und tatsächlich fiel mir eine Möglichkeit ein, wie ich Papa vielleicht überlisten könnte. Wieder spielte die Justiz dabei eine Rolle, genauso wie damals, als ich Brahim ausgetrickst hatte. Ich log Vater vor, daß wegen des angeblichen Ladendiebstahls in Aachen immer noch ein Verfahren gegen mich laufe. Der Rechtsanwalt habe gesagt, daß ich an der Gerichtsverhandlung auf jeden Fall teilnehmen müsse. Sonst würde auch gegen mich ein Haftbefehl erlassen, dann dürfte ich nie wieder nach Deutschland einreisen. »Der Anwalt hat vorgeschlagen, daß ich zu Brahim fahren und versuchen soll, ihn ebenfalls zu der Gerichtsverhandlung in die Eifel zu holen. Dann könnte alles wieder ins rechte Lot kommen. Aber Brahim müsse auf jeden Fall dabei sein«, bekräftigte ich.

Diese List hatte ich mir sehr genau überlegt. Ich war nahezu sicher, daß Brahim auf gar keinen Fall nach Deutschland kommen würde. Er hatte viel zuviel Angst davor, hier zu einer Gefängnisstrafe verurteilt zu werden. Wenn er die Reise nach Deutschland ablehnen würde, ginge der Schwarze Peter wieder an ihn.

Vater pflichtete mir bei: »Dann fahr sofort nach Jugoslawien und hol ihn.« Zu Mutter gewandt bemerkte er: »Schukrana ist es gelungen, die deutschen Behörden davon zu überzeugen, daß Brahim wieder einreisen darf.« Offensichtlich hatte er mich falsch verstanden, aber das machte nichts. Sollte er das ruhig glauben: Es paßte in meinen Plan. Ich wollte selbst aus zwei Gründen nach Jugoslawien: Einerseits wollte ich Brahim so reizen, daß er mich aus dem Haus warf und sich somit auch in den

Augen meines Vaters ins Unrecht setzen würde. Andererseits wollte ich die standesamtliche Scheidung vorantreiben. Scheidungsverfahren waren bei dem jugoslawischen Standesamt, wo man zuvor geheiratet hatte, eine recht unbürokratische Formalie. Auf den Ämtern saßen meistens serbische Beamte, die diese Angelegenheiten völlig sachlich erledigten. Der Unterschied zu einer deutschen Scheidung war, daß man im Kosovo das Verfahren innerhalb eines Tages beenden konnte. Problematisch waren die Scheidungen nur wegen der Kosovo-Sitten, die völlig unabhängig vom staatlichen Scheidungsrecht bestanden. Eine Scheidung von Staats wegen galt im Kosovo noch nichts.

»Wenn ich Brahim nicht davon überzeugen kann, mit mir nach Deutschland zu kommen, kehre ich alleine zurück«, sagte ich zu Mutter. Sie war allerdings insgeheim davon überzeugt, daß ich in Jugoslawien bleiben würde. Auch Vater war zufrieden, denn er glaubte, ich würde im Kosovo versuchen, mit Brahim ganz von vorne anzufangen. Ich ließ sie in dem Glauben. Als ich ankündigte, mir eine Busfahrkarte zu kaufen, hielt Vater mich zurück. Zufällig sei gerade ein Vetter in Deutschland, der eine Woche später nach Jugoslawien fahren werde, mit ihm könne ich reisen. Vermutlich hatte Vater das schon länger so geplant, aber ich verkniff mir dazu jeden Kommentar.

Connor berichtete ich noch am gleichen Tag, was ich vorhatte. Er war überhaupt nicht begeistert. »Ich habe Angst, daß du nicht mehr zurückkommst. Wer weiß, was alles passieren kann. Auf jeden Fall solltest du Sabrije in Deutschland lassen.« Doch ich beruhigte ihn: »Um nichts auf der Welt würde ich in Jugoslawien bleiben. Während meiner Ehe habe ich viel gelernt, jetzt weiß ich mich zu wehren. Und Sabrije kann nichts passieren, wenn ich bei ihr bin.« Doch Connor war keineswegs beruhigt. »Ich will dich nicht verlieren«, sagte er sehr besorgt, »ich will mein restliches Leben mit dir verbringen.«

»Genau das will ich ja auch«, versicherte ich ihm glücklich, während er mich in die Arme nahm. »Aber um dieses Ziel zu erreichen, muß ich erst einen Schlußstrich unter mein bisheriges Leben ziehen«, beendete ich resolut die Diskussion.

Am Tag vor der Reise hieß es Abschied nehmen. Doch wir konnten uns nicht trennen. »Ich will keinen Tag mehr ohne dich leben«, flüsterte Connor mir zärtlich ins Ohr. Mir ging es genauso. Der Abschied tat weh. Wir waren jetzt vier Wochen zusammen und hatten uns jeden Tag heimlich getroffen. Nun würde ich ihn für mindestens eine Woche nicht sehen können. »Ich melde mich, sobald ich zurück bin«, versprach ich, wandte mich ab und konnte vor lauter Abschiedsschmerz die Tränen nicht zurückhalten. Es zerriß mir fast das Herz, aber jetzt war die kurze Trennung nötig, um das Tor aufzustoßen für unsere gemeinsame glückliche Zukunft. Hätten wir gewußt, welches Leid diese Jugoslawienfahrt uns beiden bringen würde: Ich hätte wohl auf Connor gehört und wäre in der Eifel geblieben.

*

Mein Vetter fuhr ziemlich zügig, so daß wir die Strecke bis zum Kosovo innerhalb von einem Tag und einer Nacht zurücklegten. Vor dem Haus meiner Schwiegereltern stieg ich aus, und der Vetter fuhr sofort weiter. Schwiegervater war sehr erstaunt, als er mich sah. »Mit dir hatten wir hier nicht mehr gerechnet«, sagte er schlechtgelaunt. »Ich bin gekommen, um Brahim zu holen. Wir sollen uns beide vor einem Gericht in Deutschland wegen der Diebstähle verantworten«, erklärte ich. Dieser Frontalangriff war durchaus kalkuliert. Ich rechnete damit, daß meine Schwiegereltern alles tun würden, um ihren Sohn daran zu hindern, in Deutschland ins Gefängnis zu gehen. Schließlich war Brahim für sie eine wertvolle Arbeitskraft. Im Gegensatz zu seinen Brüdern unterstützte er seine Eltern, wo er nur konnte. Auch jetzt war er wieder auf dem Markt, um Trödel zu verkaufen. »Brahim soll selbst entscheiden, was er tut«, knurrte Schwiegervater, als wir ins Haus gingen.

In dieser Nacht kam Brahim nicht nach Hause. Das war mir ziemlich egal. Am nächsten Tag mußte ich, ganz wie früher, die Hausarbeit machen. Diesmal war ich allerdings allein, denn meine Schwägerinnen waren inzwischen als Asylbewerberinnen nach Deutschland gegangen. Die Arbeit machte mir nichts aus, allerdings gab ich mir nicht viel Mühe damit. Ich hatte nichts zu verlieren, denn es würde das letzte Mal sein, daß ich in diesem Hause die Magd spielen mußte.

Brahim kam gegen Mitternacht. Seine Augen zeigten mir schon von weitem, daß er betrunken war, unverzüglich füllte Alkoholdunst den Raum. Erstaunt zog er die Augenbrauen hoch. »Was machst du denn hier?« fragte er lallend. »Willst du dich etwa in unserem Haus breitmachen?« Er nahm allen Ernstes an, ich sei gekommen, um wieder zu ihm zu ziehen. »Ich will dich abholen«, verkündete ich scheinbar gutgelaunt, denn er sollte noch nicht merken, daß ich die Trennung von ihm wollte. »Du sollst in Deutschland deine Strafe absitzen, dann können wir ein normales Leben führen.« Er glotzte mich aus glasigen Augen an. »Bist du verrückt?« fragte er. »Ich verfluche dich! Du weißt doch genau, daß ich nicht in einen deutschen Knast gehen werde.«

»Natürlich habe ich vermutet, daß du das sagen würdest. Aber ich wollte nichts unversucht lassen, um dich doch noch nach Deutschland zu holen«, log ich, und freute mich insgeheim schon, daß mein schöner Plan aufzugehen schien. Jetzt mußte er mich nur noch hinauswerfen, dann waren wir auch in den Augen meines Vaters geschiedene Leute. Der Alkohol brachte Brahims Blut zusätzlich in Wallung. »Verschwinde, bevor ich mich vergesse«, brüllte er. »Nichts lieber als das«, antwortete ich, nahm Sabrije und eine Decke und ging in einen Nebenraum. Wenig später stand er neben mir und brüllte erneut los: »Du kommst sofort in das andere Zimmer zurück!« Statt einer Antwort lief ich ins Zimmer seines Vaters. Er schlief schon, aber ich weckte ihn auf. »Brahim ist betrunken und will mich schlagen«, klagte ich. Schwiegervater erhob sich, und ich hörte, wie er auf meinen Mann einredete: »Du machst alles noch schlimmer. Jetzt benimm dich und sei nett zu deiner Frau, sonst wird sie abhauen, und du bist schuld, wenn sie sich scheiden lassen will.« Brahim verkroch sich in sein Zimmer, und ich schlief in dieser Nacht allein bei Sabrije.

Mein Mann blieb auch am folgenden Tag bei seiner Weigerung, mit mir nach Deutschland zu kommen. Nun mußte ich versuchen, irgendwie in die Bezirkshauptstadt zu gelangen, um dort meine Scheidung einzureichen. Doch das erwies sich als sehr schwierig, denn Brahims Familie sperrte mich in ihrem Haus ein. So wurde mir klar, daß ich gezwungen sein würde, die Scheidung später in Deutschland einzureichen.

»Ich weiß, daß du etwas im Schilde führst«, bemerkte mein Mann. Es gab wiederholt heftigen Streit, wenn er betrunken war. Irgendwie schien er zu ahnen, daß ein anderer Mann in mein Leben getreten war, und ein paar Tage später sagte Brahim: »Wenn ich herausfinde, daß du eine Affäre hast, bringe ich dich um.«

»Tu das«, antwortete ich möglichst ruhig.

Schwiegermutters Haß gegen mich war ungebrochen.

Wo sie konnte, schikanierte und quälte sie mich, aber ich ließ mir nicht mehr den Mund verbieten. Ich gab ihr Kontra, wann immer sie mich angriff. In den folgenden beiden Wochen forderte ich täglich einen Streit mit meinem Mann heraus. Eines Tages lächelte Schwiegermutter ihren Sohn merkwürdig an. Ich spürte, daß etwas passieren würde, denn diese kalte Vorfreude kannte ich. Sie setzte immer eine solche Miene auf, wenn sie zum Schlag gegen mich ausholte. »Tust du mir einen Gefallen?« fragte sie Brahim. Mein Mann zögerte keine Sekunde, denn er wußte genau, was seine Mutter von ihm erwartete. »Dann zeig der Schlampe endlich, wer hier der Herr im Hause ist!« keifte Sabrije, und prompt sprang der Feigling auf und gab mir eine schallende Ohrfeige. Während mir die Tränen in die Augen schossen, schrie ich meiner Schwiegermutter ins Gesicht: »Eines Tages wirst du es bereuen, mich immer wie ein Stück Dreck behandelt zu haben. Fünf Jahre lang habe ich meinen Mund gehalten, aber jetzt reicht es. Ich habe gearbeitet wie ein Tier, und niemals hat jemand danke gesagt. Du mußt nicht glauben, daß ich hier als deine Sklavin leben werde. Und dein lieber Sohn ist kein Stück besser als du.«

Bei den letzten Worten holte Brahim aus, um erneut nach mir zu schlagen. Seine Mutter faßte ihn energisch am Arm. »Mach dir an der die Finger nicht schmutzig.« Brahim wandte sich einen Augenblick ab, dann sagte er ganz ruhig: »Pack deine Sachen und verschwinde, und zwar sofort.« Ich sah mich schon am Ziel: Er warf mich aus dem Haus, und damit gab er mir auch nach den Sitten des Kosovo den Laufpaß. Endlich schien der Weg frei für die Scheidung, und auch meine Eltern hätten dann kein Argument mehr, mit dem sie mich an Brahims Seite zwingen konnten.

Während ich die Reisetasche packte, betrat mein Mann

das Zimmer. Mit schneidender Stimme rief er: »Sabrijes Sachen kannst du wieder auspacken. Mein Fleisch und Blut bleibt selbstverständlich hier.« Das Blut gefror mir in den Adern, damit hatte ich nicht gerechnet. Was wollte er mit dem Kind? Er hatte sich noch nie um Sabrije gekümmert. Bisher hatte er sie meistens als lästiges Anhängsel behandelt, und nun wollte er sie für immer von mir trennen. Ich würde sie nie wiedersehen können, weil es im Kosovo kein Besuchsrecht für die Mutter gab. Und was das schlimmste war: Nach den Sitten dieses Landes war er sogar im Recht. Er hatte einen Anspruch darauf, daß sein Kind bei ihm blieb.

»Das kannst du nicht machen!« kreischte ich am Rande eines Nervenzusammenbruches. »Du weißt doch, daß du gar nicht in der Lage bist, das Kind zu erziehen, und deine Mutter hat auch keine Zeit, sich um unsere Tochter zu kümmern.«

Aber Brahim ließ sich nicht umstimmen. Er nahm meine fast fertig gepackte Reisetasche und kippte den Inhalt auf den Fußboden. Dann sortierte er Sabrijes Sachen aus und brüllte: »Jetzt verschwinde endlich!« Als ich Schwiegervater, der den Auftritt vom Nebenzimmer aus gehört hatte, schluchzend um Hilfe bat, lehnte er ab. »Du bist an allem schuld, weil du nicht gehorchst. Hier hast du alles, was du brauchst, und trotzdem willst du nach Deutschland zurückkehren.«

»Ihr werdet schon sehen, was mein Vater dazu sagt«, erwiderte ich kämpferisch. »Noch habe ich in Deutschland ein Aufenthaltsrecht, und das werde ich nicht ohne Not aufgeben.«

Da packte mich Brahim bei den Schultern und warf mich vor die Türe. »Scher dich mit deinem Vater zum Teufel!« höhnte er mir noch hinterher, dann fiel die Tür zu.

Laut weinend stand ich auf der Straße, und die Verzweiflung übermannte mich vollends. Alles war schiefgegangen. Was nutzte mir die Trennung von Brahim, wenn ich ihm als Preis dafür meine kleine Sabrije überlassen mußte. Ohne sie würde ich nicht leben können, ich würde um sie kämpfen, das schwor ich mir. Vielleicht konnte Vater helfen, vielleicht auch die deutschen Behörden, denn schließlich war Sabrije in Deutschland geboren. Womöglich würde ich auch Unterstützung bei Brahims Verwandtschaft finden. Nebenan wohnte sein Onkel, und zu dem ging ich in meiner Not. Immer wieder von Schluchzen unterbrochen, erzählte ich dem alten Mann, daß Brahim mich hinausgeworfen habe und daß er Sabrije behalten wolle. Er versprach, sich für mich einzusetzen, und ging zum Haus seines Bruders. Wenig später kam er kopfschüttelnd zurück. »Die sind für mich gestorben«, sagte er zornig. »Sie sagen, ich soll mich nicht einmischen. Dabei ahne ich, was nun kommen wird. Dein Vater wird diese Schmach nicht auf sich sitzen lassen. Er wird sich an unsere Vorschriften halten und sagen, daß Brahims Vater der Schuldige ist, und er wird ihn umbringen.« Brahims Onkel bot mir an, diese Nacht bei ihm auf dem Sofa zu schlafen. Ich nahm dankend an. Wohin hätte ich sonst gehen sollen? Aber ich machte kein Auge zu. Immerzu mußte ich an Sabrije denken, die ich schutzlos in der Gewalt von Brahims Familie zurücklassen mußte. Allein der Gedanke daran marterte mich so, daß ich zeitweise fürchtete, den Verstand zu verlieren. Am nächsten Morgen unternahm ich einen weiteren verzweifelten Versuch, meine Tochter aus dem Haus meines Mannes zu holen, aber niemand öffnete mir die Tür.

Ich beschloß, einen im gleichen Ort lebenden Bruder meines Vaters um Hilfe zu bitten. Aber dort stieß ich auf taube Ohren. »Dir kann außer deinem Vater niemand helfen.« Ich dachte nach und kam zu dem Schluß, daß ich im Kosovo ohne weiteres meine Tochter nicht aus Brahims Händen würde befreien können. So kaufte ich mir eine Bahnfahrkarte nach Deutschland. Dort, so hoffte ich, würde ich bessere juristische Möglichkeiten finden, um meine Tochter zurückzuholen. Im Zugabteil sprach mich eine junge Serbin an, als sie sah, daß ich dauernd weinte. Nachdem ich ihr erzählt hatte, daß ich mein Kind zurücklassen mußte, schüttelte sie den Kopf. Die Serben hatten ganz andere Gebräuche als der Kosovo, für sie waren diese Sitten ebenso unverständlich und mittelalterlich wie für mich.

*

Vom Münchner Bahnhof aus rief ich Connor an. Aus den beabsichtigten sieben Tagen Trennung waren drei Wochen geworden, und es tat so gut, nach langer Zeit endlich wieder seine Stimme zu hören. Ich fühlte mich sofort besser. »Ich mußte Sabrije in Jugoslawien lassen«, erklärte ich schluchzend. Dann verabredeten wir, daß er mich an der Bahnstation in der Eifel abholen würde. Wenn ich dort sei, würde ich anrufen, und zehn Minuten später könnte er bei mir sein. Zu meinen Eltern wollte ich erst am folgenden Tag gehen. »Ich kann es kaum erwarten«, seufzte Connor zum Abschied in den Hörer.

Während ich noch auf dem Bahnsteig auf meinen Zug Richtung Köln wartete, sprach mich ein älterer Mann an: »Kommst du mit zu mir nach Hause? Ich wohne mit fünf Männern zusammen, und denen würde ich gerne eine Freude machen.«

»Verschwinde, sonst rufe ich laut um Hilfe«, drohte ich wutentbrannt, und er nahm sofort Reißaus. Mir klopfte vor Angst noch das Herz, als ich längst wieder im Zug saß.

Der Gedanke, Connor bald wiederzusehen, munterte mich während der Rückfahrt auf. Ich sehnte mich nach seiner Berührung. Aber dann ging alles schief: Kaum hatte ich meinen Liebsten angerufen und ihn gebeten, mich am Bahnhof abzuholen, da hielt mit quietschenden Reifen ein Wagen neben der Telefonzelle. Es war mein Bruder Fadmir, der mich zufällig gesehen hatte, und mir blieb nichts anderes übrig, als in seinen Wagen zu steigen und mich nach Hause bringen zu lassen. Mutter war nicht dort, aber Fadmir holte sie sofort. Dann erzählte ich in Anwesenheit der ganzen Familie, daß mein Mann mich hinausgeworfen und Sabrije gegen meinen Willen dort behalten habe. Vater war sehr wütend auf Brahim, aber mich bedauerte er. »Du siehst krank aus«, bemerkte er mitleidig, »man merkt, daß du große Angst ausgestanden haben mußt.«

»Ich habe alles versucht, um mit Brahim und seiner Familie gut auszukommen«, log ich, »aber als ich ankündigte, daß ich nicht ewig in Jugoslawien bleiben würde, haben sie mich hinausgeworfen und mir Sabrije weggenommen.«

»Es war richtig, daß du zurückgekommen bist«, kommentierte Vater mein Verhalten. Fadmir wurde richtig zornig. So kannte ich ihn gar nicht. »Ich werde dieses Pack umbringen!«, rief er. Ich bremste ihn: »Komm auf den Teppich. Du sollst sie nicht umbringen, sondern mir helfen, meine Tochter zurückzuholen.« Vater schaltete sich wieder ein: »Das kommt nicht in Frage. Ich will nicht, daß du fremdes Fleisch und Blut großziehst, denn diese Verantwortung können wir gar nicht übernehmen. Wenn dem Kind etwas zustoßen würde, müßten wir das Brahims Familie bezahlen, und zwar nicht mit Geld, sondern mit Blut. Erst wenn jemand aus unserer Familie getötet worden wäre, hätten wir unsere Schuld beglichen.«

»Niemand wird mich davon abhalten, meine Tochter zu mir zu holen«, erklärte ich, »notfalls werde ich mit ihr alleine leben.« Doch Vater blieb hart. »Rede nicht solchen Unsinn. Du weißt genau, daß du keine Deutsche bist, sondern eine Muslime.«

»Ich weiß«, antwortete ich, »und ich hasse es inzwischen, Muslime zu sein.«

Mutter stellte sich überraschend auf meine Seite. »Ich habe das Kind großgezogen, und ich werde nicht zulassen, daß man es uns wegnimmt«, sagte sie.

Ich mußte an Connor denken, den ich telefonisch zum Bahnhof bestellt hatte. Ob er wohl immer noch dort wartete? Aber erst am folgenden Morgen fand ich eine Gelegenheit, ihn anzurufen. Zehn Minuten später stieg ich in seinen Wagen. Connor fuhr zu einem abgelegenen Parkplatz, wo wir uns in die Arme fielen. »Ich habe dich so vermißt«, flüsterte er. Er küßte mich zärtlich, und ich entschwebte sofort in den siebten Himmel. Für einen kurzen Augenblick vergaß ich sogar, daß man mir Sabrije weggenommen hatte. Später berichtete ich meinem Geliebten ausführlich, was passiert war. »Ich werde alles tun, um dir zu helfen«, versprach er. »Wenn es nötig sein sollte, werden wir die Kleine entführen.«

*

Inzwischen war Connor zu einem Freund gezogen. Beide teilten sich das Bad und die Küche, aber jeder hatte sein eigenes Zimmer. Sein Freund, er hieß Karl-Heinz, war seit Jahren mit einem Mädchen verlobt. Aber das Paar konnte sich nur an den Wochenenden sehen, weil die Braut in einer weit entfernten Großstadt studierte. Ich hätte es nicht ertragen, Connor nur samstags und sonntags zu sehen. Nach der dreiwöchigen Trennung hingen wir an diesem

Tag aneinander wie die Kletten. Als wir uns andauernd vor seinen Augen küßten, ließ uns Karl-Heinz taktvoll alleine. Endlich allein mit meinem Liebsten, überfiel mich ein unbekanntes Gefühl: Ich hatte das starke Verlangen, mit Connor zu schlafen. Aus Scham und Verwirrung wehrte ich mich gegen dieses für mich völlig neue Empfinden, aber schließlich gab ich ihm nach. Während wir uns küßten, öffnete ich Connors Hose. Das wäre mir bei Brahim im Traum nicht eingefallen. Mein Geliebter zog mir den Pullover aus, dann streifte ich ihm das T-Shirt über den Kopf. Er streichelte meine Brüste und küßte mich noch leidenschaftlicher als zuvor, dann zog er mir die Hose aus. Ich wurde verlegen. Er soll mich nicht nackt sehen, dachte ich. So faßte ich ihn an der Hand und zog ihn auf sein Bett, wo ich mich schnell unter die Decke verkroch. Connor hatte verstanden. Er lächelte und folgte mir, und wie im Rausch streichelten wir gegenseitig unsere Körper. Mein Verlangen, mit ihm zu schlafen, wurde nun unwiderstehlich. Um mich nicht noch mehr in Verlegenheit zu bringen, machte mein Liebhaber keine Anstalten, mir den BH abzustreifen. So ergriff ich zum ersten Mal in meinem Leben die Initiative und zog mir BH und Slip unter der Decke selbst aus.

Wir liebten uns immer wieder. Sex mit Connor war ein unbeschreiblich schönes Gefühl. Seine Liebe hatte nichts mit den Brutalitäten gemein, die Brahim mir angetan hatte: Sie war exakt das Gegenteil. Im Liebesrausch hatten wir beide nicht an ein Verhütungsmittel gedacht. Es fiel mir erst ein, nachdem wir uns viel später wieder angekleidet hatten. Doch ich sprach das Thema aus Furcht, die Stimmung zu zerstören, nicht an. Statt dessen flüsterte ich Connor ins Ohr, daß es ganz furchtbar schön gewesen sei, und daß ich solche Gefühle noch niemals zuvor beim Sex verspürt hätte.

Am folgenden Tag ließ ich mir bei Dr. Bredow einen Termin zum Einsetzen einer Spirale geben. Meine Putzstelle hatte ich aufgegeben, aber in der Gaststätte kellnerte ich wieder, meine Chefin hatte mich begeistert wieder aufgenommen. Sofort am nächsten Tag bemühte ich mich darum, meine Tochter wiederzubekommen. Beim Jugendamt in unserer Stadt erkundigte ich mich, ob man mir helfen könne. Dort hatte man noch niemals vorher einen vergleichbaren Fall von Kindesentziehung durch den Vater gehabt, und die Sachbearbeiterin riet mir, mein Anliegen einem Rechtsanwalt vorzutragen.

Am folgenden Vormittag schilderte ich in Connors Anwesenheit einem Anwalt namens Dr. Pfeifer meinen Fall, aber der zuckte auch nur ratlos mit den Schultern. »Da müssen Sie zum jugoslawischen Konsulat gehen«, riet er mir lediglich.

In der diplomatischen Vertretung in Bonn hatte ich mit erheblichen Sprachschwierigkeiten zu kämpfen. In unserer Familie sprach man einen albanischen Dialekt, aber im Konsulat sprachen alle nur Serbokroatisch, die offizielle Staatssprache Jugoslawiens. Schließlich fanden Connor und ich einen Mitarbeiter, der wenigstens gebrochen deutsch sprach. Er schien sich nicht ernsthaft für mein Anliegen zu interessieren. Schon auf den ersten Blick war dieser Mensch mir unsympathisch. Er erkundigte sich nur, ob Brahim im Hause seiner Eltern lebe, und als ich dies bejahte, stellte der Mann lapidar fest: »Dann haben Sie keine Möglichkeit, Ihre Tochter von dort wegzuholen. Nach jugoslawischem Recht kann Ihr Mann sie beanspruchen.« Tief enttäuscht kehrte ich mit Connor zurück in die Eifel. Den Tränen der Verzweiflung nahe, schluchzte ich: »Ich glaube, ich werde meine Tochter nie wiedersehen.« Mein Freund tröstete mich. »Es muß einen Weg geben, und gemeinsam werden wir ihn finden. Du darfst jetzt nicht aufgeben.«

Vor den Eltern und Geschwistern verheimlichte ich meine Versuche, Sabrije nach Deutschland zu holen. Papa hätte mich daran gehindert, weil auch seiner Ansicht nach das Kind zum Vater gehörte. Wenn ich mit Connor zusammen war, fühlte ich mich zwar einigermaßen gut. Aber nachts, wenn ich alleine im Bett lag, überwältigte mich die Sehnsucht nach meiner Tochter, und immer öfter mußte ich weinen. Meine kleine Schwester sah das und versuchte, mich zu trösten. Es endete meistens damit, daß ihr ebenfalls die Tränen kamen.

Die Monate vergingen, und meinem Ziel, Sabrije nach Deutschland zu holen, war ich keinen Millimeter nähergekommen. Statt dessen wurde ich immer verletzlicher, denn mit jedem Tag wuchs mein Trennungsschmerz.

Eines Tages entdeckte ich, daß mehrere Fensterscheiben an meiner Wohnung zerschlagen waren. Meine erste Vermutung war, daß Kinder ihren Unfug getrieben hatten, aber als ich durch die Zimmer lief, erschrak ich fast zu Tode: Alle Bilderrahmen waren zerschlagen, und die Fotos von Sabrije waren säuberlich nebeneinander auf das Kopfteil meines Bettes gelegt worden. Mit großer Wucht hatte jemand unsere Axt mitten in die Holzplatte des Eßzimmertisches geschlagen. Auch Connor, der mich begleitete, konnte angesichts der Verwüstung nicht glauben, daß dies Kinder gewesen sein sollten. Wir holten die Polizei, aber die Beamten nahmen nur ein kurzes Protokoll auf, dann verabschiedeten sie sich mit der Vermutung, es sei wohl doch nur ein dummer Streich gewesen. Sie gaben sich nicht einmal die Mühe, in der Nachbarschaft zu fragen, ob jemand die Täter beobachtet habe.

Nachdem ich Vater von den Zerstörungen berichtet hatte, beschloß er kurzerhand: »Am besten, wir lösen diese Wohnung auf, du brauchst sie ja sowieso nicht mehr. Die Möbel können wir bei uns im Schuppen unterstellen.« Da kam mir eine Idee, wie ich meine Eltern offiziell mit Connor bekanntmachen könnte. »Wir geben eine Anzeige in der Zeitung auf und verkaufen die Sachen«, schlug ich meinem Vater vor, »dann brauchen wir sie nicht mehr zu transportieren.« Mit Connor verabredete ich noch am selben Tag, daß er sich aufgrund des Inserates melden und sich als Kaufinteressent ausgeben sollte. So könnte Vater ihn auf unverdächtige Weise kennenlernen.

Am Tag, als die Anzeige erschien, klingelte zu Hause das Telefon, ich nahm den Hörer ab und stellte den Lautsprecher an, damit meine Mutter mithören konnte. Am anderen Ende der Leitung war Connor. »Ich suche eine komplette Wohnungseinrichtung«, sagte er, wobei wir so taten, als ob wir uns nicht kennen würden. »Die können Sie haben«, antwortete ich, »und zwar für 2.500 Mark, also fast geschenkt.« Mutter sah mich an und zeigte mir einen Vogel. Die Möbel waren bei weitem nicht soviel wert, und sie bezweifelte, daß ich diese Summe bekommen würde. Mit Connor verabredete ich, daß er mich zu Hause mit seinem Wagen abholen würde, und daß wir danach gemeinsam zu der Wohnung fahren würden. Als ich meine Adresse und den Namen nannte, mimte mein Geliebter den angenehm Überraschten: »Sie kenne ich doch. Soviel ich weiß, arbeiten Sie in der Gaststätte, in der ich öfter eine Cola trinke.« Wenig später hielt sein Wagen, in dem wir uns schon so oft geküßt hatten, vor unserem Haus.

Meine Eltern glaubten, wir besichtigten die Möbel. Statt dessen legten wir uns auf das Bett und amüsierten uns. Als wir später wieder zu Hause eintrafen, stand Vater im Hof und wusch sein Auto. »Das ist Connor, er will meine Möbel kaufen«, stellte ich ihn vor. »Dann kommen Sie ins Haus, junger Mann«, begrüßte ihn Papa freundlich. Meine Schwägerin bereitete uns einen Kaffee. »Wann möchten Sie denn die Möbel abholen?« wollte Vater wissen. »Am liebsten sofort, aber ich muß mir vorher noch einen Lieferwagen besorgen«, erwiderte Connor. »Kein Problem«, sagte Vater, »mein Ältester besitzt einen Kleintransporter, der allerdings zur Zeit nicht zugelassen ist. Sie müssen sich nur rote Nummernschilder besorgen, dann können wir Ihnen sogar beim Umzug helfen.« Vater fand den Schotten, der – wie er selbst – fern der Heimat wohnte, offensichtlich sehr sympathisch. Als Connor sich verabschieden wollte, lud Vater ihn ein, noch zum Essen zu bleiben. »Sie sind hier jederzeit willkommen«, sagte Papa zu meinem heimlichen Geliebten. Connor schien sich erfolgreich eingeführt zu haben, und das freute mich.

Am folgenden Tag halfen Vater und Mehmed Connor mit dem Lieferwagen meines Bruders beim Transport der Möbel. Später kehrten sie gemeinsam zu uns zurück, denn Mehmed hatte Connor erneut zum Essen eingeladen. Sie kannten sich beide von der Arbeit. Dann überreichte mir Connor 2.500 Mark. »Das ist doch nicht normal«, sagte mein Vater auf albanisch. »Er hat noch nicht einmal alles mitnehmen wollen, und trotzdem zahlt er für die Sperrmüll-Möbel den vollen Preis.«

»Das kann uns doch nur recht sein«, wandte ich beschwichtigend ein. Wenig später verabschiedete sich Connor mit dem Hinweis, er müsse noch einiges einkaufen. Bei seiner Rückkehr brachte er zwei Blumensträuße mit: je einen für Mutter und mich. Vater überreichte er eine Flasche Whisky, meinem Bruder einen guten Rotwein.

Später brachten wir alle gemeinsam den Lieferwagen zu meinem Bruder. Auch für ihn hatte Connor eine Flasche Whisky gekauft. Seiner Frau überreichte er ebenfalls höflich einen Strauß Blumen, und sogar an das Kind hatte er gedacht. Die Kleine bekam einen Plüschbären. »Für die ganzen Geschenke hätte er sich wohl auch neue Möbel kaufen können«, kommentierte mein Bruder später kopfschüttelnd Connors Großzügigkeit. Nachdem mein Geliebter sich verabschiedet hatte, redeten alle noch den ganzen Abend über ihn. Vater war voll des Lobes: »So einen netten Menschen habe ich lange nicht mehr kennengelernt.« Sie wunderten sich nur, als Mehmed später berichtete, daß sie alle Möbel auf den Speicher geräumt hatten und daß Connor die Wohnungseinrichtung eigentlich gar nicht benötigte. Zum Glück interessierte sich dann niemand mehr für dieses Thema.

Während der folgenden Wochen besuchte Connor uns oft. Er freundete sich mit Vater und meinen Brüdern an, und er wurde zum gerngesehenen Gast in unserem Haus, aber niemand wußte um unsere Liebe. Diese Heimlichtuerei gefiel mir nicht besonders, ich hoffte jedoch, daß Vater nach einer Phase der Gewöhnung vielleicht doch einer Hochzeit mit Connor zustimmen würde.

Eines Tages tat Connor von sich aus den nächsten überraschenden Schritt: »Wenn ich Muslim werde, könnte dein Vater uns heiraten lassen. Dann hätte er kein Argument mehr gegen unsere Ehe.«

»Du müßtest dich beschneiden lassen und zum Islam konvertieren«, gab ich zu bedenken. Ich fand es sehr lieb von ihm, daß er sich zum Übertritt bereit erklärte, aber ich selbst wäre nie so weit gegangen, das von ihm zu verlangen. Wenig später sprach er mit Vater darüber, und der riet ihm, er solle in einer Moschee nachfragen, welche Voraussetzungen erfüllt sein müßten, damit er Muslim werden könne.

»Wieso willst du das tun?« wollte Papa erstaunt wissen. »Der Islam gefällt mir besser als das Christentum«, antwortete Connor leichthin, und ich wußte nicht, ob das wirklich sein Ernst war. Ich bezweifelte es, aber Vater glaubte ihm. In Wahrheit wollte Connor nur zum Islam übertreten, um in den Augen meines Vaters als mein künftiger Gatte in Frage zu kommen.

Connor vereinbarte einen Termin beim *Hodscha* einer größeren islamischen Gemeinde im Rheinland, und der erklärte ihm genau, welche Schritte erforderlich waren, um zum Islam übertreten zu können. Das Verfahren war, abgesehen von der Beschneidung, sehr einfach. Connor mußte in Anwesenheit des *Hodscha* von einem Zettel mehrere Koranverse auf Arabisch ablesen. Natürlich beherrschte er diese Sprache nicht, aber die Suren waren phonetisch geschrieben, so daß er sie vortragen konnte. Dann bekam er eine Bescheinigung, daß er zum Islam übergetreten sei.

Schwieriger war die Beschneidung, die ein Urologe in der Eifel unter Vollnarkose vornahm. Zuvor hatte Connor sich ausführlich mit dem Arzt über mögliche Risiken unterhalten, dann ging er frohen Mutes zu der kleinen Operation.

»Soll ich nun deinen Vater fragen, ob wir heiraten dürfen?« fragte er kurze Zeit später.

»Laß uns noch ein wenig warten«, sagte ich, »wir wollen nichts überstürzen.«

*

Ich hatte Wichtigeres im Sinn, als zu heiraten. Immer noch war meine kleine Sabrije in Brahims Gewalt, und von Tag zu Tag war ich verzweifelter, wenn ich darüber nachgrübelte, wie es meinem Kind im Kosovo wohl ergehe. Ich konsultierte einen weiteren Rechtsanwalt, aber der konnte mir auch keine Hoffnungen machen. Er könne allenfalls versuchen, das Sorgerecht für meine Tochter juristisch zu erstreiten, wenn Sabrije in Deutschland wäre. Da Brahim sie nie freiwillig nach Deutschland bringen würde, war auf diesem Wege keine Hilfe zu erwarten. Connor tröstete mich unermüdlich und überaus liebevoll, aber meine Verzweiflung wuchs von Tag zu Tag. »Wir entführen sie«, schlug er vor. Aber das war völlig aussichtslos. Er hätte ebensowenig eine Chance gehabt, auch nur in die Nähe Sabrijes zu kommen, wie ich selbst.

Auch von Vater konnte ich keine Hilfe erwarten. Jedesmal wenn ich ihn auf Sabrije ansprach, ging er einfach wortlos aus dem Zimmer. Mich ärgerte ganz besonders, daß er noch nicht einmal den Versuch unternommen hatte, Brahims Vater zur Rede zu stellen. »Er denkt noch nach, was nun zu tun ist«, vertröstete Mutter mich. Aber ich glaubte nicht mehr daran, daß Vater mir helfen konnte. Ich ließ mir ein Bild meiner Tochter auf Postergröße abziehen und hängte dieses Foto über mein Bett. Mutter brach regelmäßig in Tränen aus, wenn sie das lachende Gesicht ihrer kleinen Enkelin sah. Inzwischen hatte ich meine Tochter seit vier Monaten nicht mehr gesehen, und ich litt Höllenqualen deswegen. Mein Körper rebellierte ebenfalls: Ich nahm ab und wurde anfällig für diverse Krankheiten.

Schließlich hielt ich die Tatenlosigkeit nicht mehr aus, ich mußte endlich einen Weg finden, wie ich Sabrije befreien konnte. Als letzte vage Möglichkeit betrachtete ich den Versuch, zu Brahim zu fahren, um meine Tochter mit einem Trick oder mit Gewalt aus seinem Haus zu holen. Dafür mußte ich den Rücken frei haben.

Es zerriß mir beinahe das Herz, als ich Connor mit tränenerstickter Stimme ankündigte: »Wir müssen unsere Beziehung beenden.«

»Liebst du mich nicht mehr?« fragte völlig fassungslos der Mann, den ich mehr liebte als alles auf der Welt – mit Ausnahme meiner Tochter. »Ich kann nicht mehr, ich muß zu Brahim, um Sabrije zu befreien«, versuchte ich zu erklären. »Dann laß uns gemeinsam hinfahren, ich bin bereit, für unsere Beziehung zu kämpfen«, bot Connor mir mit Nachdruck an. Aber ich hörte schon gar nicht mehr zu. »Ich will dich nicht mehr sehen«, wies ich ihn harsch zurück, während ich die Wohnung verließ. Und ich haßte mich im gleichen Augenblick dafür, daß ich ihn so vor den Kopf stieß, obwohl ich kaum etwas mehr fürchtete, als ihn nie wiederzusehen. Er lief hinter mir her wie ein geprügelter Hund und fuhr mich zu meinen Eltern, und als ich ausstieg, weinte er immer noch. »Ich liebe dich«, sagte er. Doch ich schloß die Wagentür von außen, ohne mich für meine Worte zu entschuldigen.

An diesem Abend brachte Orhan mich zu meiner Schwester, wo ich über Nacht bleiben wollte. Ich erzählte ihr, was geschehen war, und sie pflichtete mir bei: »Es wäre nie gutgegangen mit euch.« Andererseits machte ich mir große Sorgen um Connor. Ich fürchtete, daß er sich womöglich aus Verzweiflung etwas antun könnte. Deshalb rief ich in seiner Wohnung an. Sein Freund Karl-Heinz hob den Hörer ab und berichtete, daß er ihn noch nie in einem solchen Zustand gesehen habe. Mein Geliebter weinte ununterbrochen. Karl-Heinz holte Connor ans Telefon, und ich tröstete ihn: »Quäle dich nicht so.« Aber er hatte noch nicht aufgegeben. »Wir lieben uns doch. Laß uns wenigstens noch einmal in Ruhe darüber reden«, bettelte er. Nach kurzem Zögern willigte ich ein.

Connor holte mich bei meiner Schwester ab und fiel mir laut schluchzend um den Hals, als ich in seinen Wagen einstieg. Er küßte mich, und ich vergaß auf der Stelle alles, was ich ihm hatte sagen wollen. »Ich will nicht, daß wir uns trennen«, bekräftigte Connor ganz traurig, und auch ich konnte mich nicht mehr halten. »Ich liebe dich doch auch«, flüsterte ich, während ich mich in seine Arme kuschelte. Es war unsere erste ganze Nacht, die ich mit Connor in den folgenden Stunden verbrachte. Wunderbar befreiend war es, auf seiner nackten Brust zu liegen und zu träumen. Ich wollte die Zeit anhalten, doch am nächsten Morgen mußte ich ihn wieder verlassen. »Ich könnte dich glatt entführen«, versicherte er mit ernstem Unterton. »Vielleicht später«, wich ich aus. »Im Ernst«, fuhr Connor fort, »wenn dein Vater unsere Beziehung nicht zulassen will, können wir nach Schottland fliehen. Dort kann er uns nichts anhaben.« Ich vertiefte diesen Gedanken nicht, aber Connor traute ich alles zu. Er war von jener Sorte Mensch, die in die Tat umsetzen, was sie planen, auch diesen Wesenszug liebte ich an ihm.

Im nachhinein war ich glücklich, daß mein verzweifelter Trennungsversuch an seiner Beharrlichkeit gescheitert war. Nachdem wir uns unsere Liebe füreinander eingestanden hatten, verwöhnte er mich immer wieder mit seinen kleinen Aufmerksamkeiten. Mal kam Connor mit Blumen, mal schenkte er mir ein Parfüm. Er schrieb mir regelmäßig kleine Liebesbriefe und beteuerte unermüdlich, daß er mich über alles liebe und daß er nicht mehr ohne mich leben könne.

Dr. Bredow hatte mir inzwischen eine Spirale eingesetzt. Doch bald bekam ich Schmerzen und mußte sie wieder entfernen lassen. Als der Arzt fragte, ob ich ein anderes Verhütungsmittel wünsche, schüttelte ich den Kopf. Gegen Antibabypillen hatte ich seit dem Abtreibungsversuch meiner Schwiegermutter eine innere Abneigung entwickelt, und Connor hatte mir erzählt, daß er nur sehr ungern Präservative verwende. »Kein Problem«, sagte Connor später und bestärkte mich in der Ablehnung jedes Verhütungsmittels. Im nachhinein glaube ich sogar, daß er es damals darauf anlegte, ein Kind zu zeugen. »Wenn du schwanger wirst, brennen wir einfach durch«, kündigte er schmunzelnd an. Inzwischen hatte ich überhaupt keine Scham mehr in seiner Gegenwart. Es störte mich nicht, wenn er mich nackt sah, im Gegenteil: Es förderte mein Selbstbewußtsein, wenn er mir versicherte, wie schön mein Körper sei.

*

Kurz vor Weihnachten erhielt Connor einen Brief von seiner Ex-Frau. Sie teilte ihm mit, daß sie die beiden Kinder nicht mehr behalten wolle, ihr Mann möge sie gefälligst in Schottland abholen. Ängstlich schaute er mich an und fragte: »Bleibst du auch dann bei mir, wenn ich zwei Kinder im Haus habe?«

»Erstens verstehe ich überhaupt nicht, wie diese Mutter ihre Kinder freiwillig abgeben kann. Zweitens werde ich auch deine Kinder lieben, wenn ich dich doch liebe«, beruhigte ich ihn.

Sofort begann Connor mit der Suche nach einer größeren Unterkunft. Er fand eine Mansardenwohnung, und als ich mich ebenfalls von seinem neuen Domizil begeistert zeigte, unterschrieb er den Mietvertrag. Dann reiste er für eine Woche in seine Heimatstadt, um die Kinder zu holen. Mir erschienen diese sieben Tage wie eine kleine Ewigkeit. Zwischendurch erreichte ich ihn telefonisch. Seine Frau hatte sich mittlerweile wieder anders besonnen und wollte die Kinder nun doch behalten. Nachdem er allein in die Eifel zurückgekehrt war, zog er trotzdem in seine neue Wohnung um.

Meine Tochter hatte ich nun schon ein halbes Jahr nicht mehr gesehen, und ich war weiter davon entfernt, sie wiederzubekommen, als je zuvor. Zwar zermarterte ich mir fast ununterbrochen den Kopf, aber mir fiel keine Möglichkeit ein, meine Tochter zurückzuholen. Brahim hatte sich nicht mehr bei mir gemeldet, und ich hatte auch keinen Versuch unternommen, mit ihm Kontakt aufzunehmen. Meine Arbeit in der Gaststätte hatte ich dazu noch auf Befehl meines Vaters aufgeben müssen. Er hatte gesehen, wie sich betrunkene Männer stritten, und Angst um mich bekommen. »Such dir eine vernünftige Arbeit«, hatte er gefordert, und ich wußte, was er damit meinte: Ich sollte in eine Fabrik gehen. Dieser Befehl Vaters traf mich ganz besonders hart, denn die Arbeit in der Gaststätte bedeutete mir sehr viel. Es war ja damals die einzige Möglichkeit für mich, Menschen außerhalb unserer Familie zu treffen. Auch ermöglichte mir das Kellnern viele Treffen mit Connor. Doch ich fügte mich seinen Vorstellungen schweren Herzens, und wenig später hatte ich Arbeit in einer Kartonproduktion gefunden.

Schnell freundete ich mich mit meinem Vorgesetzten an. Er hieß Peter und war mit seiner schwangeren Frau gerade erst in diese Gegend gezogen. Beide besuchten mich sogar zu Hause, und sie lernten auch Connor kennen. Ich erzählte ihnen, wie es um Connor und mich stand, und beide zeigten sehr viel Verständnis für uns. Allerdings hatte die neue Arbeit den Nachteil, daß ich meinen Geliebten nicht mehr täglich treffen konnte, denn meine Arbeitszeiten waren ungünstiger als vorher. Das besserte sich erst, als ich nach einiger Zeit für die Spätschicht eingeteilt wurde. Von da an konnte Connor mich bei der Arbeit besuchen. Gelegentlich gab ich zu Hause vor, ich würde bei meiner Schwester schlafen, aber in Wahrheit verbrachte ich diese Nächte mit Connor. Natürlich mußte ich jedesmal meine Schwester einweihen, aber sie deckte verständnisvoll meine Notlügen.

Eines Tages war ich zufällig wirklich bei meiner Schwester, als Fadmir spätabends auftauchte, um mich schnell nach Hause zu holen. Mein Schwiegervater hatte angerufen, um mit mir zu reden. In einer halben Stunde wollte er erneut anrufen. Ich bebte vor Angst. Was wollte er plötzlich von mir? War Sabrije verunglückt? Furchtbar aufgeregt fuhr ich mit meinem Bruder los. Kaum war ich zu Hause, da klingelte schon das Telefon. Zunächst ging Vater an den Apparat, und bei eingeschaltetem Lautsprecher hörten wir alle Schwiegervaters heisere Stimme. »Es wird Zeit, daß wir etwas unternehmen.« Vater machte ihm zaghaft Vorwürfe: »Du hättest dich früher melden müssen.« Dann nahm ich den Hörer. Auf Schwiegervaters scheinheilige Frage, wie es mir gehe, antwortete ich bissig: »Ohne meine Tochter geht es mir schlecht.« Vater schüttelte mißbilligend den Kopf und ermahnte mich: »Sprich nicht so mit ihm!«

»Ich habe nie gewollt, daß man mich nachts auf die Straße wirft und mir mein Kind wegnimmt«, konterte ich wütend.

»Wir müssen endlich über die ganze Sache reden«, sagte Brahims Vater ruhig. Dann übernahm Vater den Hörer wieder, und beide verabredeten, daß der Schwiegervater eine Woche später zu uns kommen würde, um die strittigen Punkte zu klären. Vater reichte mir den Hörer erneut und sagte: »Deine Tochter will dich sprechen.« Zitternd ergriff ich den Hörer. Ich war kaum in der Lage, ihn am Ohr zu halten, als ich Sabrijes Stimme hörte. Meine Stimme versagte, und ich brach in Tränen aus. Als ich laut schluchzte, riß Vater mir wieder den Hörer aus der Hand. Auch Papa weinte, als er sich nach Sabrijes Wohlergehen erkundigte. Nach einigen Minuten hatte ich mich wieder so weit in der Gewalt, daß ich mit meiner Tochter sprechen konnte. Sie schluchzte: »Mama, du hast mich belogen. Hol mich wieder ab!«, und ich versuchte auf reichlich hilflose Art, sie zu trösten, obwohl es mir beinahe das Herz zerriß: »Eines Tages wird alles wieder gut.«

Bevor ich fortfahren konnte, nahm Schwiegervater ihr den Hörer aus der Hand. »Du hast die Kleine ganz verrückt gemacht«, schimpfte er. Damit war unser Gespräch beendet.

An Schlaf war in dieser Nacht überhaupt nicht zu denken. Wir saßen schweigend im Wohnzimmer, und als der Morgen anbrach, machte ich mich fertig, um zur Arbeit zu gehen. Es war Samstag, normalerweise hätte ich nicht zur Firma gehen müssen. »Wir machen Überstunden«, log ich. In Wirklichkeit wollte ich zu Connor. Er sah sofort, daß mit mir etwas nicht stimmte. Als er sich besorgt nach meinem Kummer erkundigte, sagte ich mit tränenerstickter Stimme: »Ich habe mit meiner Tochter gesprochen.« Er tröstete mich den ganzen Tag über liebevoll, nachdem ich ihm vom Anruf meines Schwiegervaters berichtet hatte. Als ich abends nach Hause kam, war ich einigermaßen gefaßt.

Am folgenden Samstag fuhr Vater nach Holland, um dort meinen Schwiegervater vom Flughafen abzuholen. Ich hoffte inständig, daß er Sabrije mitgebracht hatte. Wenn ich sie erst einmal in Deutschland hätte, würde mich niemand mehr von meiner Tochter trennen können. Meine Schwester fuhr mich schnell zu Connors Wohnung. Er war nicht da, aber ich schrieb ihm eine Notiz, daß wir uns an den folgenden Tagen voraussichtlich nicht sehen könnten. Zu Hause erwartete ich sehnsüchtig die Rückkehr meines Vaters, aber die Zeit schien stillzustehen. Als der Wagen endlich in unseren Hof bog, sah ich, daß Sabrije nicht im Auto saß. Sofort schossen mir die Tränen in die Augen. Mutter öffnete die Tür und bat die Gäste ins Wohnzimmer, und einige Zeit später holte sie mich hinzu. Ich reichte Schwiegervater die Hand, und wir tauschten einige unverbindliche Höflichkeitsfloskeln aus. Vater stellte eine Flasche Schnaps auf den Tisch, während Mutter die

Mahlzeit zubereitete. Ich hatte erwartet, daß Papa Brahims Vater scharfe Vorhaltungen machen würde, doch nichts dergleichen geschah. Er blieb freundlich und zurückhaltend, und mit jeder Minute wuchs mein Zorn über sein Verhalten. Mit rotem Kopf lief ich aus dem Zimmer. Später trafen mehrere Verwandte ein, und man rief mich zurück in die Versammlung. Brahims Vater beklagte sich, daß seinem Sohn Unrecht geschehe. Papa forderte mich auf, meine Version der Geschehnisse darzustellen, die zur Trennung geführt hatten. »Er hat mich geschlagen, obwohl ich immer versucht habe, ihm eine gute Frau zu sein«, trug ich zornig vor. »Ich habe für ihn gesorgt, er brauchte nicht zu arbeiten und bekam trotzdem alles, was er wollte. Aber er mußte ja unbedingt nach Berlin, wo er den Boden unter den Füßen völlig verloren hat.« Schwiegervater unterbrach mich: »Du hast das Leben meines Sohnes zerstört. In Berlin hätte er sich eine schöne Zukunft aufbauen können.«

»Ja«, fuhr ich dazwischen, »eine schöne Zukunft als Alkoholiker! Außerdem hat er mich nach Strich und Faden betrogen, und einmal hat er sogar irgendeine Schlampe ins Haus meines Vaters kommen lassen.«

Schwiegervater war überrascht. »Wieso hast du Brahim damals nicht geschlagen?« wollte er von meinem Vater wissen. »Das hätte ich am liebsten getan«, gab Papa zur Antwort, »aber ich wollte mir nicht vorhalten lassen, ich hätte einen Jungen verprügelt, der hier ganz alleine stand.« Die gegenseitigen Schuldzuweisungen wurden noch eine Zeitlang ausgetauscht, bevor man zu der Frage überging, wie es nun weitergehen solle. Vater und Schwiegervater stimmten darin überein, daß ich am besten nach Jugoslawien fahren sollte, um dort mit Brahim alles weitere zu klären. Ich lehnte das kategorisch ab: »Und wenn ihr mich umbringt, ich fahre nie mehr in den Kosovo!«

Mir war inzwischen völlig gleichgültig, was die anderen von mir hielten. Sollten sie doch denken, was sie wollten: Es ging um mein Leben, und da mußte ich die Entscheidungen fällen.

Bitter enttäuscht war ich über Papas Zurückhaltung. Er schien regelrecht Angst vor Schwiegervater zu haben, aber ich wußte nicht, wieso. Später erfuhr ich es. »Du bist nicht im Recht«, erklärte er mir. »Wenn ihr euch trennt, muß ich ihm eine komplette Hochzeit bezahlen, und außerdem besteht die Gefahr, daß die Familie deines Mannes ein Blutbad anrichtet.« Mein Einwand, daß ich Brahims Familie kennen würde und wüßte, daß sie vor Gewalttaten zurückscheuten, fruchtete nicht. Vater glaubte, alle Leute seien so wie er. Aber er stammte aus einem weltabgeschiedenen Dorf, wo die alten Sitten noch hochgehalten wurden, während Brahims Familie sich davon längst verabschiedet hatte. Auch sein Argument mit den Hochzeitskosten ließ ich nicht gelten: »Von welcher Hochzeit redest du? Es gab überhaupt keine Feier!« Ich wollte mir nichts mehr bieten lassen, denn ich wußte inzwischen, daß ich mir nichts vorzuwerfen hatte.

Ich hielt Papa seine Angst vor Brahims Vater vor. Er bestritt es, aber ich sah ihm seine Furcht an. Er reagierte wütend, und ich goß Öl ins Feuer: »Du bist nicht mehr der Mann, der du einmal warst. Was muß denn noch alles passieren, bis du endlich auf meiner Seite stehst? Muß ich erst tot sein? Ich bin dein Fleisch und Blut, und es ist deine Pflicht, mir zu helfen!« Diese Tirade brachte ihn auf die Palme: »Sprich nicht so mit mir! Schließlich bin ich dein Vater!« Aber ich gab nicht mehr klein bei. Diesmal wollte ich den Streit bis zum bitteren Ende austragen. »Du kannst gar nicht mein Vater sein! So einen wie dich, der mir nicht hilft, finde ich überall auf der Straße!« Ich stürmte aus dem Zimmer und warf wutentbrannt die

Tür hinter mir ins Schloß. Von nebenan hörte ich, wie er sagte, daß ich selbst an meinem Unglück schuld sei. Hätte ich den Ehemann genommen, den er für mich ausgesucht hätte, dann wüßte er jetzt, was er tun müsse. Daraufhin riß ich die Tür erneut auf. »Das stimmt doch alles nicht!« schrie ich. »Wie steht es denn mit meiner Schwester? Der hast du einen Mann besorgt, und ihr geht es nicht besser als mir. Und ihr hilfst du auch nicht!«

Schließlich verkündete ich außer mir vor Wut meinen Entschluß: »Wenn ihr mich schon nicht unterstützen wollt, dann mischt euch auch nicht mehr in meine Angelegenheiten ein. Ich werde mein Leben jetzt selbst in die Hand nehmen!«

Mutter versuchte später, mir Vaters Zwangslage zu erklären: »Er hat euch damals nach Deutschland geholt, um dich in seiner Nähe zu haben. Brahims Vater hatte er versprochen, gut auf den Jungen aufzupassen, aber tatsächlich ist er dann hier unter Vaters Aufsicht auf die schiefe Bahn geraten.« Papa hatte nach Mutters Ansicht große Angst um seine Söhne. Falls es zum offenen Streit mit Brahims Familie kommen würde, stünde Vater mit seinen Söhnen alleine da. Von der übrigen Familie sei keine Hilfe zu erwarten, und meine Brüder seien in Deutschland aufgewachsen und hätten demnach keinen blassen Schimmer, wie man sich im Falle einer traditionellen Blutfehde zu verhalten habe. Vermutlich käme es schnell zu einem Gemetzel, und die Gefahr sei groß, daß einer meiner Brüder dabei getötet würde, weil sie es nicht mehr gelernt hatten, sich angemessen zu verteidigen. Mutter sah mich bittend an. »Das willst du doch auch nicht, oder?«

Natürlich liebte ich meine Brüder, aber im Gegensatz zu meinen Eltern kannte ich Brahims Familie seit fast sechs Jahren. Ich wußte, daß sie wegen meiner Trennung von Brahim kein Gemetzel anrichten würden, dafür waren sie viel zu zivilisiert.« »Du mußt versuchen, dir selbst zu helfen«, beendete Mutter das Gespräch. »Wenn du auf eigene Faust versuchst, deine Tochter zurückzubekommen, kann Vater sagen, er habe von nichts gewußt.« Mutter konnte mir auch keinen Rat geben, wie ich meine Tochter befreien konnte. Aber sie versprach, Vater zu überreden, mit der ganzen Familie in den Kosovo zu fahren. Vielleicht würde sich dort eine Möglichkeit ergeben. Es war nur eine ganz vage Perspektive, aber für den Moment war es die einzige Chance, die ich überhaupt sah, deshalb ließ ich mich überreden.

*

Connor warnte mich sofort, als ich ihm von diesem Plan berichtete: »Dein Vater wird dich nach Jugoslawien bringen, und dich dort zurücklassen. Dann bist du wieder Brahims Familie ausgeliefert.« Ich wollte nicht glauben, daß mein eigener Vater so weit gehen würde. Schließlich sah auch mein Geliebter ein, daß ich den Versuch wagen mußte, aber seine Angst um mich blieb bestehen. Inzwischen gab es ein weiteres Problem: In Jugoslawien tobte der Bürgerkrieg. Zwar wurde im Kosovo noch nicht geschossen, aber es war damit zu rechnen, daß das große Morden bald auch dort beginnen würde. Es war schwierig geworden, überhaupt in das Land zu reisen, aber jetzt konnte mich nichts mehr zurückhalten. Ich wollte alles auf eine Karte setzen, um meine Tochter zu mir zu holen.

Vater plante, noch in der gleichen Woche mit Mutter und mir nach Jugoslawien zu fahren. Er kündigte an, daß ich dort zwei Wochen Zeit hätte, um meine Probleme zu regeln. Sollte es mir nicht gelingen, werde er wieder nach Deutschland zurückfahren, und ich könne machen, was ich wolle. Mein Chef gab mir unbezahlten Urlaub, so daß ich meine Arbeitsstelle nicht zu kündigen brauchte. Schließlich war ich erst seit drei Monaten bei ihm beschäftigt und hatte noch keinen Urlaubsanspruch. Am Tag vor der Abreise verabschiedete ich mich von Connor. »Mach dir keine Sorgen, ich werde schon alles regeln«, tröstete ich ihn. »Das ist einfacher gesagt als getan«, erwiderte er. »Ich werde erst dann ruhig schlafen können, wenn ich dich wieder in meine Arme nehmen kann.«

Orhan brachte uns nach Köln zum Bahnhof. Von dort fuhren damals Reisebusse nach Jugoslawien. Wegen der ständig wechselnden Fronten mußten die Fahrer weite Umwege über teilweise schlechte Straßen in Kauf nehmen. Als der Bus endlich losrollte, wurde mir bewußt, daß ich mich auf dem Weg zu meiner Tochter befand, und die Reise kam mir endlos lange vor. Die letzte Teilstrecke bis zum Haus meiner Eltern legten wir mit einem Taxi zurück. Dort wohnte eine Familie, die auf das Haus aufpaßte. Dafür brauchten die Leute keine Miete zu bezahlen. Für uns war noch genügend Platz, so daß wir die zwei Wochen bequem dort leben konnten.

Am Nachmittag warf Vater zufällig einen Blick auf unsere Pässe. »Das darf doch nicht wahr sein!« rief er und sah mich entsetzt an. »Jetzt hast du noch ein weiteres Problem: Dein Ausweis ist seit zwei Tagen abgelaufen.« Er warf mir das Dokument zu, und ich sah erschrocken hinein. Es stimmte, mein Paß war ungültig. Wie durch ein Wunder war das den Zollbeamten an den Grenzen nicht aufgefallen. Auf keinen Fall könnte ich riskieren, damit wieder zurückzufahren. Schon gar nicht, wenn es mir gelingen würde, meine Tochter aus Brahims Familie zu entführen. Dadurch war das Risiko, entdeckt zu werden, viel zu groß geworden.

Vater versuchte mir Mut zu machen. »Ich kenne viele Leute hier bei den Behörden. Einige sind mir noch einen

Gefallen schuldig.« Gleich am nächsten Morgen wollte er sich um die Verlängerung meines Passes kümmern. »Was willst du nun unternehmen?« fragte er. »Ich weiß es nicht«, gab ich zu, »aber zu Brahims Familie gehe ich auf keinen Fall.«

Nachdem Papa zu Bett gegangen war, erörterte ich meine Lage noch eine Weile mit Mutter. Sie reichte mir 3.000 Mark, die sie sich in Deutschland buchstäblich vom Munde abgespart hatte und sagte: »Vielleicht kannst du das Geld hier gut gebrauchen. Ich gebe es dir gerne, wenn es helfen kann, Sabrije zu befreien.« In dem Moment ahnte ich noch nicht, wofür ich das Geld eines Tages benötigen würde, aber ich nahm das großzügige Geschenk gerne an. Was mir vorerst fehlte, war ein Plan. Obwohl ich die ganze Fahrt über nachgedacht hatte, war mir nichts eingefallen. Mehr als acht Monate hatte ich meine Tochter nicht mehr gesehen, aber jetzt war ich in ihrer Nähe, und ich hoffte, daß dies meine Phantasie beflügeln würde.

*

Gegen Abend erwachte Vater wieder. Er wollte noch am selben Tag seinen Bruder besuchen, der im gleichen Dorf wohnte wie Brahims Familie. »Du kannst gerne mitkommen, um die Kleine zu besuchen«, bot er mir an. »Ich verspreche dir, daß ich auf keinen Fall versuchen werde, dich bei deinen Schwiegereltern zu lassen.« Aber ich mißtraute meinem Vater, weil es im Kosovo nicht üblich war, daß die geschiedene Mutter ihr Kind sehen durfte. Ich fürchtete, daß Vater mich bei Brahims Familie zurücklassen würde, deshalb lehnte ich es entschieden ab, ihn zu begleiten. Alles wäre außerdem nur noch schlimmer geworden, wenn Sabrije mich für einige wenige Stunden gesehen hätte und wir uns anschließend erneut hätten trennen müssen. Das wäre wohl über ihre und meine Kraft gegangen. Wenn ich zu meiner Tochter gehen würde, dann wollte ich sicher sein, sie nach Deutschland mitnehmen zu können. Deshalb weigerte ich mich, Sabrije jetzt zu besuchen. Papa zeigte für diese Haltung wenig Verständnis: »Erst setzt du Himmel und Hölle in Bewegung, um zu deiner Tochter zu kommen, und jetzt, wo du ihr schon ganz nahe bist, willst du nicht hinfahren.« Zu langen Erklärungen hatte ich keine Lust, aber ich bat Vater, bei den Eltern meines Mannes nachzuforschen, wie sie sich Sabrijes Zukunft und meine weitere Ehe mit Brahim vorstellten.

Nachdem er weggefahren war, kam ich mit der Frau ins Gespräch, die in unserem Haus wohnte. Sie war mir sofort sehr sympathisch. »Mein Mann und ich haben oft über Brahim und dich gesprochen«, erzählte sie mitfühlend. Sie war in etwa im Bilde, was mir widerfahren war. »Wir denken, daß deine Schwiegereltern viel Mitschuld an der ganzen Misere tragen. Sie genießen keinen guten Ruf hier in der Gegend.« Die Frau hatte Verständnis für meinen Wunsch, mein Kind zurückzubekommen. Beiläufig erwähnte sie, ihr Mann sei Polizist. Sie glaube zwar nicht, daß er mir bei der Befreiung Sabrijes helfen könne, aber vielleicht habe er eine gute Idee. Diesen Hinweis nahm ich dankbar auf, und als er später von der Arbeit kam, sprach ich ihren Mann sofort auf meinen sehnlichsten Wunsch an, Sabrije für immer zu mir nehmen zu können. »Ich selbst kann dir nicht helfen, weil ich die Familie deines Mannes zu gut kenne. Wir sind zwar nicht gerade eng befreundet, aber sie haben mir hin und wieder auf dem Markt Waren zum Freundschaftspreis überlassen, so daß ich ihnen zu Dank verpflichtet bin«, erklärte er nachdenklich. »Außerdem haben sie nicht gegen jugoslawische Gesetze verstoßen. Ich würde mich selbst strafbar machen, wenn ich gegen Brahim vorgehen würde.«

»Natürlich bricht seine Familie die Gesetze«, wandte ich ein. »Sie verstoßen in großem Stil gegen Devisenbestimmungen, indem sie im Ausland amerikanische Dollars aufkaufen und sie mit großem Gewinn in Jugoslawien wieder verkaufen.« Mir fiel ein, daß sie schon immer Angst davor gehabt hatten, diese dunklen Geschäfte könnten eines Tages aufgedeckt werden. Vielleicht war das jetzt der Hebel, den ich ansetzen konnte, um meine Sabrije aus ihrem Haus zu holen. Konnte ich sie vielleicht mit der Drohung erpressen, ihre Nebengeschäfte den Behörden zu verraten, wenn sie mir die Kleine nicht freiwillig mitgeben würden? Der Polizist winkte ab. »Die lachen sich tot, wenn ausgerechnet ich bei deinen Schwiegereltern auftauche und ihnen den Devisenschmuggel vorhalte. Angst werden sie jedenfalls vor mir nicht haben.«

Aber er brachte mich auf eine andere Idee: »Es gibt da einen Polizisten auf unserer Wache, vor dem sich weit und breit alle fürchten. Der kennt keine Gnade, und für Geld würde der seine Großmutter verkaufen. Biete ihm ein paar tausend harte Deutsche Mark, und er wird dir helfen.« In meinem Gehirn schwirrten die Gedanken, aber so viel Vernunft besaß ich doch noch, daß ich den Haken sofort erkannte. »Ich würde mich der Bestechung schuldig machen, und deswegen könnte ich auch in Jugoslawien schwer bestraft werden«, gab ich zu bedenken. »Deswegen mußt du dir den Kopf nicht zerbrechen«, beruhigte mich der Beamte. »Wenn er Bargeld sieht, vergißt der Kollege alles andere. Du darfst ihm aber nicht erzählen, daß Brahims Familie Devisen im Haus hat. Sonst würde er sich vermutlich nur das Geld holen, und dir wäre immer noch nicht geholfen.«

»Aber wie kann er Sabrije befreien, wenn meine

Schwiegereltern sie nicht freiwillig gehen lassen?« fragte ich mit einem Anflug von Resignation in der Stimme. »Ganz einfach«, sagte der Beamte, »mein Kollege gilt als völlig rücksichtsloser Bursche. Wenn Brahims Familie wirklich so viele Devisen im Haus versteckt hat, dann wird sie alles tun, um zu vermeiden, daß der Polizist ihr Anwesen betritt. Sie werden Angst davor haben, ins Gefängnis gesteckt und mißhandelt zu werden. Sie werden heilfroh sein, wenn sie nur Sabrije abgeben müssen, und ihnen weiter nichts geschieht.« Ich schaute ihn zweifelnd an, aber der Beamte schwor mir bei allem, was ihm heilig war, daß Folter und Mißhandlungen in jugoslawischen Gefängnissen gang und gäbe seien. Er endete mit den Worten: »Wenn dein Mann und seine Eltern an ihrem Leben hängen, werden sie Sabrije sofort freigeben, wenn dieser Polizist vor ihrer Haustür steht.«

Weit nach Mitternacht kam Papa zurück. Mutter und ich lagen noch wach, wir waren viel zu aufgeregt, um einzuschlafen. Außerdem wollte ich unbedingt sofort erfahren, wie es Sabrije ging. »Ich habe sie nicht gesehen«, sagte Vater. Man habe ihn nicht zu meinem Kind gelassen, obwohl er darum gebeten habe. Statt dessen hatte Brahims Vater ihm vorgehalten, er sei für die Trennung von Sabrije letztlich verantwortlich. Papa hatte ihnen mitgeteilt, daß ich nicht kommen wollte, und daraufhin hatte die Mutter meines Mannes unberührt erwidert: »Schukrana soll bleiben, wo sie ist, ich bin froh, wenn ich sie hier nicht mehr sehen muß. Meinen Brahim kann ich dann endlich mit einer guten Frau verheiraten.« Das brachte meinen Vater auf die Palme, und er verteidigte mich: »So eine Frau wie meine Tochter wird der Kerl nie wieder finden. Sie hat für euch sechs Jahre lang die Drecksarbeit erledigt, und so eine Schwiegertochter müßt ihr erst mal suchen. Aber ihr könnt natürlich machen, was ihr wollt.« Ergrimmt hatte Vater das Haus verlassen, und als er uns den Hergang schilderte, kochte er immer noch vor Wut. »Mit denen ist nicht zu reden. Das brauchst du gar nicht erst zu versuchen«, riet er mir. Das hatte ich auch gar nicht vor. Aber als ich ansetzte, um Vater von jenem rabiaten Polizisten zu erzählen, der mir vielleicht helfen konnte, unterbrach er mich abrupt: »Laß mich damit zufrieden. Was ich nicht weiß, kann mich später auch nicht belasten. So kann ich notfalls reinen Gewissens beschwören, du hättest alles heimlich getan. Ich gehe davon aus, daß sich irgendwann die Familienältesten versammeln werden, um zu beschließen, was in diesem Fall richtig ist, und dann werde ich ihnen Rede und Antwort stehen müssen.«

Die ganze Nacht über machte ich kein Auge zu. Ich versuchte, mir Sabrijes Gesicht vorzustellen, und ich erschrak, als ich feststellen mußte, daß ich dazu nicht in der Lage war. Ich bildete mir ein, ihren Geruch zu verspüren. Sie wird in den acht Monaten wohl ein gutes Stück gewachsen sein, dachte ich. Inständig hoffte ich, daß man die Kleine nicht mißhandelt hatte, aber ich ahnte, daß ihre Großmutter ihren abgrundtiefen Haß gegen mich auch auf mein Töchterchen übertragen hatte. Schon allein deshalb mußte ich sie aus diesem Haus holen, koste es, was es wolle.

Unser Mieter nahm mich am nächsten Morgen mit zur Polizei. Unterwegs nannte er mir den Namen jenes Beamten, der mir möglicherweise helfen konnte. Allerdings mußte ich schon einige hundert Meter vor der Wache aussteigen, denn der freundliche Polizist wollte vermeiden, daß wir zusammen gesehen wurden. Schließlich war nicht absehbar, wie mein Kampf um die Befreiung meiner Tochter enden würde. Wenn alles schiefginge, konnte er immer noch sagen, er habe nichts mit meinem Plan zu tun gehabt. Vor der Wache blieb ich einen Augenblick stehen. Ich mußte nachdenken, denn dies war immerhin mein erster Bestechungsversuch, und ich hatte keine Ahnung, wie man einen Beamten zu einer Straftat verleitete. Schließlich wollte ich ihn zu nichts Geringerem überreden als zu einer Kindesentziehung. Ich kannte den Polizisten nicht, und es war nicht auszuschließen, daß mein Bestechungsversuch mit einer Gefängnisstrafe endete. Der Mann galt immerhin als unberechenbar. Doch ich hatte keine andere Wahl, also faßte ich mir ein Herz und betrat das Polizeigebäude.

Ich erkannte ihn auf den ersten Blick. Er sah haargenau so aus, wie unser Mieter ihn beschrieben hatte: brutale Gesichtszüge, bullige Statur und einige Zahnlücken, die wohl von wüsten Schlägereien herrührten. Innerlich zitterte ich vor Angst, und meine Knie wurden weich. Aber ich sprach den Polizisten entschlossen an: »Ich bin Schukrana, und ich lebe in Deutschland. Ich bin gekommen, um meine Tochter zu holen.« Er sah mich erstaunt, aber nicht unfreundlich an und fragte: »Was habe ich damit zu schaffen?«

»Ich will mich von meinem Mann trennen, aber er will mir mein Kind nicht geben. Er ist Alkoholiker und wird gewalttätig, wenn er betrunken ist. Deshalb will ich meine Tochter aus seinem Elternhaus befreien. Vielleicht können Sie mir als Polizist helfen«, erklärte ich schüchtern.

»Ihr Mann ist nach den Gebräuchen dieses Landes im Recht. Da kann ich nichts machen«, antwortete er schulterzuckend. Der Polizist wollte wissen, wer mich ausgerechnet zu ihm geschickt hatte. Ich log: »Niemand. Nur zufällig bin ich bei Ihnen vorbeigekommen.« Schließlich gab ich mir einen Ruck. »Ich bin bereit, für Ihre Hilfe zu bezahlen«, flüsterte ich ihm über den Tresen zu. Das war der entscheidende Punkt: Entweder würde er mich jetzt voller Entrüstung verhaften, oder er würde mir helfen, andere Möglichkeiten gab es eigentlich nicht. Er blieb ganz ruhig. »Wieviel Geld zahlen Sie?« raunte er. »Was verlangen Sie?« fragte ich, durch sein Einlenken ermutigt, und die Antwort kam prompt: »Fünftausend Mark.« Ich schluckte. Das war mehr Geld, als ich besaß. Ich hatte selbst 1.000 Mark im Portemonnaie, mit den 3.000 Mark meiner Mutter fehlte mir immer noch ein Tausender, um Sabrije befreien zu können.

»Das ist verdammt viel Geld«, wandte ich ein.

»Wenn dir deine Tochter diesen Preis nicht wert ist, dann mußt du sie eben im Kosovo lassen«, sagte der Polizist gleichgültig.

»Ich muß mir das überlegen, und morgen werden Sie meine Antwort hören«, erwiderte ich. Er nickte und wandte sich wieder seiner alten Schreibmaschine zu.

Zu Hause schilderte ich Mutter, wie mein Bestechungsversuch abgelaufen war. Auch unser Mieter hörte zu. »Du hättest ihm nicht verraten sollen, daß du in Deutschland lebst«, kritisierte er, »jetzt glaubt er, du hättest viel Geld. Unter diesen Umständen wird er sich nicht herunterhandeln lassen.«

»Gib ihm das Geld, und du bekommst deine Tochter wieder«, riet Mutter sanft. Da mir 1.000 Mark fehlten, blieb mir nichts anderes übrig, als den verzweifelten Versuch zu starten, den Preis nach Balkanart herunterzuhandeln. Vater konnte ich nicht um Rat fragen, weil er nichts über mein Vorgehen wissen wollte. Er wäre mit diesem Weg vermutlich auch nicht einverstanden gewesen.

Vater hatte weitere schlechte Nachrichten für mich. Seit Ausbruch des Bürgerkrieges sei es den Behörden im Kosovo verboten, Reisepässe auszustellen oder zu verlängern, da nützten selbst seine guten Beziehungen nichts.

Er werde versuchen, meinen Paß in Deutschland verlängern zu lassen und mir danach das Dokument auf dem Postweg zuzuschicken, kündigte er an. Ich ließ Vater in dem Irrglauben, daß ich inzwischen noch einmal versuchen würde, mit Brahim eine gütliche Einigung zu finden. Er bot mir an, mich zu begleiten, aber das lehnte ich ab. Mir war klar, daß er ein anderes Ziel anstrebte als ich: Vater hoffte, daß Brahim mit mir zusammen nach Deutschland kommen würde. So könnte ich meine Tochter wiederbekommen, und ich müßte nicht dauerhaft bei meinen Eltern wohnen. Ohnehin war es in Vaters Augen schwierig, für mich einen neuen Mann zu finden. Welcher Kosovo-Albaner hätte schon eine Frau mit Kind geheiratet? Vaters Problemlösung aber wollte ich unter allen Umständen verhindern. Mein Ziel war schließlich, Sabrije nach Deutschland zu bringen und danach mit ihr und Connor glücklich zu werden. Also beschloß ich, mit der Aktion zu warten, bis meine Eltern wieder nach Deutschland zurückgekehrt waren. So konnte ihnen niemand etwas anhaben, wenn mein Versuch scheitern sollte.

Ich hätte alles gegeben, um mit Connor telefonieren zu können. Doch das war nicht möglich, ohne daß meine Eltern Verdacht geschöpft hätten. Dadurch ergaben sich weitere Probleme: Connor ging verabredungsgemäß davon aus, daß ich nach spätestens zwei Wochen wieder in Deutschland sein würde. Doch nun zeichnete sich ab, daß mein Aufenthalt in Jugoslawien weitaus länger dauerte. Immerhin fiel mir eine List ein, wie ich ihm doch noch eine kurze Nachricht zukommen lassen konnte. »Ich schreibe meinem Chef Peter einen Brief, um ihm mitzuteilen, daß mein unbezahlter Urlaub länger dauern wird als geplant«, sagte ich Vater, und bat ihn, das Schreiben für mich zu überbringen. In Wahrheit enthielt der Brief auch eine versteckte Nachricht an Connor, die Peter an ihn weiterleiten sollte.

»Ich habe nur viertausend Mark«, erklärte ich am folgenden Tag voller Spannung dem bulligen Polizisten, den ich bestechen wollte. »Mehr Geld kann ich auf gar keinen Fall auftreiben.« Ich weiß nicht, was den Mann letztlich umstimmte. Jedenfalls sagte er zu, Sabrije für mich aus dem Haus meiner Schwiegereltern zu holen. »Wann soll die Aktion beginnen?« wollte er wissen.

»Wir müssen zwei Wochen warten, bis meine Eltern abgereist sind.«

»Wann bekomme ich das Geld?« hakte der Polizist nach, und ich antwortete sehr bestimmt: »Sobald ich Sabrije habe.«

Inzwischen hatte ich meine Angst vor diesem Mann verloren. Ich wußte so gut wie er, daß er sich mit meinen 4.000 Mark für jugoslawische Verhältnisse ein kleines Vermögen verschaffte. Insofern war davon auszugehen, daß er alles tun würde, um sich den Schatz zu verdienen.

Ich konnte es kaum abwarten, bis meine Eltern abreisten. Die Tage bis zu ihrer Rückfahrt verbrachten wir meistens mit Verwandtenbesuchen. Zufällig lief uns eines Morgens Brahim in der Stadt über den Weg. Vater grüßte ihn nur kurz und setzte dann seinen Weg fort, aber ich blieb stehen und betrachtete meinen Ex-Mann. Er war noch genauso fett wie bei unserem letzten Zusammentreffen. Seine rotunterlaufenen Augen machten auf mich den Eindruck, daß es um seine unmäßige Sauferei noch übler bestellt war als früher. »Willst du wieder zu mir zurückkehren?« fragte er spöttisch. »Das kannst du vergessen«, fuhr ich ihn an. »Denkst du denn überhaupt nicht an deine Tochter?« stichelte Brahim, aber ich ließ mich nicht beirren. Zu viel hatte mir dieser Mann angetan, als daß ich auch nur einen Gedanken darauf verschwendet hätte, einen weiteren Eheversuch mit ihm zu unternehmen. »Daß ich an meine Tochter denke, wirst du schon noch sehen«, sagte ich vieldeutig. »Was soll das heißen?« fragte Brahim neugierig. »Das wirst du bald merken. Paß auf, daß du nicht ganz schnell im Gefängnis landest, denn ich weiß zuviel über eure dreckigen Geschäfte.« Dann ließ ich ihn stehen und folgte Vater.

Bevor meine Eltern nach Deutschland zurückkehrten, baten sie eine Schwester meiner Mutter, mich für die kommenden Wochen aufzunehmen, damit ich nicht alleine leben mußte. Die Tante war froh über die Abwechslung und sagte mit Freuden zu. Am Tag seiner Heimreise drückte Vater mir 400 Mark in die Hand. »Ich will sehen, ob ich dich selbst abhole, oder ob ein Verwandter dich nach Deutschland mitbringen wird. Notfalls mußt du mit diesem Geld die Rückfahrt bezahlen.« Meinen Paß wollte er so schnell wie möglich verlängern lassen. Beim Abschied wünschte Mutter mir viel Glück, denn sie wußte, daß die Befreiung Sabrijes riskant werden würde. Als sie weg waren, nahm ich meine Reisetasche und ging zur Tante. Mit ihr verstand ich mich so gut, daß ich ihr mein Vorhaben offenbarte.

*

»Es ist soweit, heute können wir Sabrije holen«, erklärte ich dem Polizisten, der versprochen hatte, mir zu helfen. »Was soll ich tun?« wollte er wissen. »Wir fahren zur Schwiegermutter und holen die Kleine aus dem Haus«, sagte ich kämpferisch. Er zögerte keine Sekunde. Beim Anblick dieses Mannes fiel mir ein, daß in Deutschland Polizisten oft als »Bullen« beschimpft wurden. Auf meinen Kampfgenossen hätte zumindest optisch diese Beschreibung gepaßt, er machte auf mich den Eindruck wilder Entschlossenheit. »Nach Feierabend hole ich dich bei deiner Tante ab«, versprach er. Die Stunden bis dahin kamen mir endlos vor. Aufgeregt lief ich auf und ab, und lähmende Angst befiel mich. Wie würde Brahim reagieren, wenn ich mit einem Polizisten in der Tür stünde? Was würde sein Vater unternehmen? Gesetzt, wir könnten Sabrije befreien: Käme es zu einem Rachefeldzug? Würden sie mich vielleicht gar bis nach Deutschland verfolgen? Es gab mehr offene Fragen als solche, die ich beantworten konnte.

Entsprechend mulmig war mir zumute, als ich am späten Nachmittag in den Streifenwagen kletterte. Der »Bulle« hatte sein Versprechen gehalten und war pünktlich gekommen. Auf der Rückbank des Autos lag eine Maschinenpistole, und bei deren Anblick übermannte mich wieder die Angst. Ich zitterte und weinte, doch der Polizist beruhigte mich. »Fürchte dich nicht. Ich bin Manns genug, um mit dieser Sippschaft alleine fertig zu werden, und notfalls habe ich ja noch meine Waffe. Aber du mußt ihnen gegenüber einen sehr entschlossenen Eindruck machen. Sie müssen glauben, daß sie es mit mir zu tun bekommen, wenn sie dich angreifen.«

Ich riß mich zusammen, denn er hatte offensichtlich recht. Wenn Brahims Familie sah, daß ich vor Angst fast verging, konnte ich allenfalls einen Pyrrhussieg erringen. Schon bald würde dann neuer Ärger mit Brahim bevorstehen. Als wir endlich am Ziel eintrafen, war ich tatsächlich sehr viel gefaßter. Der Polizist sprang energisch aus dem Wagen, nahm seine Maschinenpistole vom Rücksitz und stapfte zur Hoftüre, die er mit Schwung aufstieß, so daß Schwiegermutter sofort aufmerksam wurde. Sie hängte Wäsche auf die Leine, als wir auftauchten. Ein Handtuch fiel in den Dreck, und aus weit aufgerissenen Augen sah sie uns entsetzt an. Da kam Brahim aus dem Haus.

Der Polizist richtete den kurzen Lauf seiner Waffe auf meinen Mann, der sofort wie versteinert stehenblieb. Ich stand neben dem Uniformierten und schrie: »Ich will meine Tochter wiederhaben, sofort!« Als Brahim sich nicht rührte, brüllte ich: »Ich habe dich gewarnt! Jetzt hast du keine Chance mehr, mir zu entkommen! Die Polizei steht hinter mir!«

Schwiegermutter mischte sich ein. »Laß uns darüber reden«, säuselte sie im freundlichsten Ton, den ich je bei ihr gehört hatte. Und auch Brahim hatte wieder Mut gefaßt. »Du wirst bereuen, was du hier anrichtest.« Doch entschlossen sagte der Polizist mit tiefer Stimme: »Wenn du nicht ganz schnell das Kind holst, wirst du bereuen, daß deine Mutter dich geboren hat. Und wage es nicht, in Schukranas Nähe zu kommen!« Dabei schwenkte er drohend seine Maschinenpistole. Schwiegermutter war angesichts der auf sie gerichteten Gewehrmündung realistisch genug, zu erkennen, daß sie auf verlorenem Posten stand. Sie schickte Brahim ins Haus, um die kleine Sabrije zu holen.

»Braucht sie ihre Reisepapiere?« fragte der Polizist mich leise. Das hatte ich beinahe vergessen. Natürlich benötigte sie ihren Kinderausweis, sonst würde ich vermutlich an den Grenzen großen Ärger bekommen. Ich nickte, und der Polizist brüllte Brahim hinterher, daß er nur ja den Ausweis und Sabrijes Sachen nicht vergessen solle. Von Schwiegervater war nichts zu sehen. Vielleicht war er nicht zu Hause, vielleicht traute er sich angesichts des bewaffneten Polizisten auch nicht auf den Hof. Aber mehrere Nachbarn hingen an den Fenstern und beobachteten neugierig, was vor sich ging. Auch Brahims Onkel stand auf dem Balkon und sah herüber. Wenig später brachte Brahim eine Reisetasche aus dem Haus, ihm folgte Schwiegermutter mit meiner kleinen Sabrije auf dem Arm.

Sie schien sehr verschlafen zu sein, vermutlich hatte sie schon im Bett gelegen. Sie sehen und losrennen waren eins. Ich riß mein Kind aus den Armen ihrer Großmutter und drückte es fest an mich. Sabrije schaute mich aus großen blauen Augen erschrocken an. »Nehmen Sie die Tasche«, forderte ich den Polizisten auf, »dann verschwinden wir.« Während er Brahim energisch den Beutel entriß, fragte der Bewaffnete: »Kerl, wieso hast du eigentlich solche Angst?« Ich traute meinen Ohren nicht, was hatte er vor? Brahim zitterte tatsächlich derart heftig, daß ich glaubte, er werde in Ohnmacht fallen vor lauter Angst. Er war weiß wie die gekalkte Wand seines Hauses, dann stotterte er irgend etwas Unverständliches. Schwiegermutter mischte sich ein: »Wir haben Angst, weil in letzter Zeit so viele junge Männer abgeholt werden, um für die Serben im Bürgerkrieg zu kämpfen.«

Der Polizist marschierte zu seinem Streifenwagen, und als er die Tür öffnete, wandte er sich noch einmal an Brahim: »Gib acht, daß du dich in Zukunft benimmst, sonst klopfe ich dir deinen Hintern so weich wie deinen Bierbauch. Wenn mir zu Ohren kommt, daß du dich Schukrana näherst, komme ich zurück, und dann wird es dir schlecht ergehen.«

Im Wagen konnte ich meine Tränen nicht mehr zurückhalten. Während ich haltlos vor mich hinschluchzte, legte Sabrije ihre Ärmchen um meinen Hals und drückte mich fest an ihr Gesicht. »Ich bin froh, daß du gekommen bist, nun wollen wir uns nie mehr trennen, Mama«, sagte sie, bevor sie ebenfalls in Tränen ausbrach. »Du darfst mich nie wieder zu diesen Leuten bringen«, flehte meine Tochter, und ich schwor es ihr bei allem, was mir heilig war.

Der Polizist schwieg während der Rückfahrt. Ich dankte ihm, immer noch mit Tränen des Glücks und der Erleichterung in den Augen. Meine Tante stand bereits an der

Haustür, als der Streifenwagen stoppte. Sie riß sofort die Tür auf, und auch sie weinte vor Glück, als sie Sabrije auf meinem Schoß erkannte. Die Kleine hatte sich die ganze Fahrt über an mich geklammert.

Ich bat den Polizisten, mit ins Haus zu kommen. Während die Tante Kaffee bereitete, reichte ich ihm die versprochenen 4.000 Mark. »Soviel will ich gar nicht. Es reicht, wenn du mir einen Tausender gibst«, sagte er. Aber ich war so glücklich, daß ich das nicht zuließ. »Sie bekommen Ihr Geld auf jeden Fall, wie es vereinbart war.« Schließlich nahm er die Scheine und sagte zu, daß er mir bei künftigem Ärger mit Brahim kostenlos helfen würde. Ich müsse es ihm nur sagen, wenn mein Ex-Mann Sabrije und mir zu nahe komme. Schließlich drückte er Sabrije einen Kuß auf jede Wange und verließ das Haus.

Meine Tochter ließ mich überhaupt nicht mehr los. Sie klammerte sich den ganzen Abend so an mich, daß ich sie nicht ins Bett bringen konnte, bevor ich mich selbst hinlegte. Offensichtlich hatte sie mich sehr vermißt. Ich wollte sie auch so nah wie möglich bei mir haben. Während ich sie streichelte, stellte ich fest, daß ihre Kopfhaut von Läusen übersät war. Wieder wurde ich wütend: Das war also die angeblich so gute Betreuung meiner Tochter durch die Schwiegermutter. Sie behauptete immer, eine sehr saubere Frau zu sein, aber sie hatte vermutlich noch nicht einmal bemerkt, daß ihre Enkelin verdreckt und verlaust war. Die Tante besorgte mir ein Mittel, mit dem die Haare gewaschen wurden. Außerdem mußte ich der Kleinen einige Wochen lang mit einem speziellen Kamm durch das Haar fahren, um die letzten Läuse und deren Nachkommen zu entfernen.

In den nächsten Tagen hatte ich Angst, das Haus zu verlassen. Ich fürchtete, daß Brahim Rache nehmen würde, und so hielt ich mich verborgen. Aber die Tante war optimistisch: »Er kann es sich gar nicht leisten, dir nachzustellen.«

Zwei Wochen später kam ein Bekannter meiner Tante und brachte mir meinen Paß. Es war Vater tatsächlich gelungen, ihn verlängern zu lassen, und somit war der Weg frei für die Rückfahrt nach Deutschland. Zwei Tage darauf fuhr der Bus in Richtung Köln. Ich konnte es kaum erwarten, Jugoslawien zu verlassen. Erst wenn ich Sabrije nach Deutschland gebracht hatte, war sie endgültig in Sicherheit.

Wir mußten zunächst mit einem Regionalbus eine Stunde fahren, um die Überland-Verbindung nach Deutschland zu erreichen. Bis zur letzten Sekunde stand ich Todesängste aus, daß Brahim noch versuchen würde, mir Sabrije wegzunehmen, doch nichts geschah. Offensichtlich hatte der Auftritt des Polizisten nachhaltigen Eindruck hinterlassen. Von der Tante verabschiedete ich mich sehr herzlich. Dadurch daß sie Sabrije und mich beherbergt hatte, war sie ein recht großes Risiko eingegangen. Das war nicht selbstverständlich, und ich war ihr sehr dankbar dafür.

Als der Bus endlich losfuhr, fiel die Angst allmählich von mir ab. Die Erleichterung breitete sich in meinem Körper wohlig aus, und die Anspannung wich einem lange nicht erlebten Glücksgefühl. Ich nahm Sabrije in die Arme und schaute ihr fest in die Augen. »Nun fahren wir endlich zur Oma«, sagte die Kleine lächelnd. Ich nickte und küßte sie. Bei einem Zwischenstopp in Frankfurt rief ich meine Eltern an und teilte ihnen mit, wann sie mich in Köln abholen konnten.

*

Von Frankfurt aus rief ich auch Connor an. Leider besaß ich zuwenig Münzgeld, so daß das Gespräch nach einigen Sekunden unterbrochen wurde. Aber die wenigen Worte, die mein Geliebter sprechen konnte, reichten aus, um meine Gefühle aufzuwühlen. »Deine Eltern wissen alles über uns«, gestand er, bevor die Leitung zusammenbrach. Während der Weiterfahrt zermarterte ich mir den Kopf, was zu Hause wohl passiert sein konnte. Wieso wußten meine Eltern von der Affäre mit Connor? Wer hatte mich verraten? Hatte meine Eltern die Entdeckung sehr aufgebracht? Obwohl ich angestrengt die verschiedensten Möglichkeiten erwog, kam ich zu keinem Ergebnis, und deshalb stieg meine Unruhe mit jedem Kilometer. In Köln erwartete mein jüngster Bruder Mehmed uns. Er jubelte, als er Sabrije sah. Mir gegenüber verhielt Mehmed sich jedoch merkwürdig distanziert, was ich von ihm nicht gewohnt war. Offenkundig war während meiner Abwesenheit etwas sehr Ernstes vorgefallen. Unterwegs erfuhr ich beiläufig, daß Connor ebenfalls angeboten hatte, mich in Köln abzuholen, aber ich wagte nicht, weitere Fragen zu stellen.

Zu Hause empfing mich eine eisige Atmosphäre. Außer Vater waren auch alle Brüder zugegen, als ich das Haus betrat. Statt der erwarteten freudigen Begrüßung schwiegen alle, bis Vater lospolterte: »Was muß ich da von dir hören? Der Schotte war hier und hat behauptet, ihr hättet seit neun Monaten ein Verhältnis. Er wollte dir sogar nach Jugoslawien nachreisen. Was sagst du dazu?« Ich war wie vom Donner gerührt. Mit allem hatte ich gerechnet, aber nicht damit, daß mein Geliebter mich auf diese Weise bloßstellen würde. Er wußte doch, was er mir damit antat.

Verzweifelt versuchte ich, mich durch Notlügen aus der mißlichen Lage zu befreien. »Alles andere hatte ich in dieser Zeit im Sinn, aber nicht ein Verhältnis mit Connor«, hörte ich mich sagen. Daß ich log, war meinem Gesicht abzulesen. Vater erkannte das natürlich deutlich. »Warum sollte der Schotte wohl hierherkommen und grundlos behaupten, daß ihr euch seit einem Dreivierteljahr liebt?«

Bei mir brannten alle Sicherungen durch. Ich schrie hysterisch, sie sollten mich alle in Ruhe lassen. »Ihr wollt mich nur fertigmachen, und ihr wollt, daß ich wieder nach Jugoslawien verschwinde!« Schließlich kam ich wieder zu Verstand und verwandelte meine vorherige Lüge in eine milde Erklärung um: »Connor hat mir vor einiger Zeit einen Heiratsantrag gemacht. Ich habe ihn abgelehnt, weil ich damals noch hoffte, mit Brahim wieder ins reine zu kommen. Vermutlich hat Connor jetzt in meiner Abwesenheit behauptet, wir hätten eine Affäre gehabt, damit ihr mich zwingt, seine Frau zu werden.« Auch diese Geschichte war nicht sonderlich überzeugend, aber sie hatte den Vorteil, daß niemand sie auf Anhieb widerlegen konnte. So hatte ich erst einmal Ruhe.

Ich hatte erwartet, daß meine Mutter Sabrije sofort in die Arme schließen würde. Erst auf Nachfrage erfuhr ich, daß sie im Krankenhaus lag. »Es ist nichts Ernstes«, beruhigte mich Orhan, »aber du solltest sie sofort besuchen, denn sie freut sich sehr auf ein Wiedersehen mit ihrer Enkelin. Das wird ihre Genesung beschleunigen.«

Mutter brach in Tränen aus, als sie Sabrije umarmte.

»Wie hast du es geschafft, daß du die Kleine mit nach Deutschland nehmen durftest?«

»Ich berichte es dir später, wenn du wieder gesund bist«, vertröstete ich sie, um ihr nicht zusätzlichen Kummer zu machen. Mama erzählte mir ausführlicher, wie die Geschichte mit Connor abgelaufen war. Bei seinem ersten Besuch habe er sich erkundigt, wann ich aus Jugoslawien zurückkehren würde, darauf habe Vater behauptet, daß ich für immer bei Brahim im Kosovo bliebe. Das hatte der Schotte wohl nicht geglaubt und sich beim Ausländeramt erkundigt, wo er erfuhr, daß mein Paß abgelaufen war. Er war sofort zu Vater zurückgekehrt und hatte unser Verhältnis gebeichtet. Er wollte alles wagen, um mich zurückzugewinnen, doch Vater warf ihn hinaus.

Mutter und ich vertieften dieses Thema nicht weiter. Statt dessen erkundigte ich mich nach der Ursache ihres Krankenhausaufenthaltes. Sie hatte starke Verdauungsprobleme. Mama sah auf den ersten Blick überhaupt nicht krank aus, und sie war guter Dinge, weil sie davon ausging, in wenigen Tagen wieder entlassen zu werden.

Abends fand ich endlich Zeit, um in Ruhe über Connors Verhalten nachzudenken. Mit seiner Offenheit meinem Vater gegenüber hatte er unsere Beziehung zerstört. Jetzt stand fest, daß Vater mir nie wieder eine Gelegenheit geben würde, meinen Geliebten zu treffen. Mich befiel eine unendliche Traurigkeit, denn der Glückstraum, den ich in den letzten Monaten geträumt hatte, zerplatzte wie eine Seifenblase. Vorbei war die Hoffnung, irgendwann doch einmal meinen Vater behutsam umzustimmen, damit wir heiraten und eine neue Familie gründen könnten. Seine Umarmungen, seine Liebe waren für immer verloren. Vater verbot mir, wieder zur Pappenfabrik arbeiten zu gehen. Der Grund lag auf der Hand: Er wollte mir keine Gelegenheit geben, heimlich mit Connor Verbindung aufzunehmen. Diese Gefahr bestand allerdings nicht, denn ich war so enttäuscht über sein unvorsichtiges Verhalten, daß ich ihn überhaupt nicht sehen wollte.

Da ich nicht zur Arbeit mußte, besuchte ich am nächsten Tag meine Schwester Mevlyde. Unter vier Augen machte ich aus meinem Ärger über Connor keinen Hehl: »Er ist ein Idiot!« schimpfte ich. »Du bist selbst ein Einfaltspinsel«, entgegnete Mevlyde. »Du hast keinen Schimmer von den Ängsten, die er in den letzten Wochen ausgestanden hat. Deinetwegen hat er sogar eine gefährliche Fahrt durch das Bürgerkriegsgebiet in Jugoslawien unternommen.« Mir verschlug es die Sprache. Meine Schwester packte mich an den Schultern und schüttelte mich. »Der Junge liebt dich so, wie dich noch nie ein Mensch geliebt hat. Komm zur Besinnung! Er hat immer nur das Beste für dich gewollt.«

Mir dämmerte, daß ich einen furchtbaren Fehler machte. Alles, was Connor während meiner Abwesenheit getan hatte, hatte er um meinetwillen getan. Es war sein verzweifelter Versuch gewesen, unserer Liebe auch vor meiner Familie Bestand zu geben und sich um meine Sicherheit zu kümmern. Und ich blöde Kuh hatte an ihm gezweifelt, als ob er mir nicht über Monate hinweg beständig seine Liebe und Treue unter Beweis gestellt hätte. Ich hätte mich selbst ohrfeigen können für meine Dummheit. Da befreite ich mit Waffengewalt und Bestechung meine Tochter auf dem Balkan, und zu Hause ließ ich mich durch zwei Sätze meines Vaters schon wieder von dem abbringen, was ich wirklich wollte. »Ich muß ihn sehen, und zwar möglichst schnell!« rief ich aufgewühlt.

So ohne weiteres ging das jedoch nicht. Sobald ich das Haus verließ, hatte ich einen meiner Brüder als Bewacher auf den Fersen. Sie beobachteten mich auf Schritt und Tritt, und ich fand keine Möglichkeit, mit meinem Geliebten Kontakt aufzunehmen.

Nach einer Woche besuchte uns Monika, eine Jugoslawin, die in einem Nachbarort mit einem Deutschen verheiratet war. Sie schilderte wortreich, daß sie ein paar sperrige Gegenstände aus ihrem Keller holen müßte, und fragte an, ob ich ihr vielleicht helfen würde. Papa kannte und vertraute der jungen Frau: »Natürlich geht Schukrana sofort mit dir«, bestimmte er, und ich folgte Monika. Sabrije ließ ich zu Hause, als wir mit Monikas Wagen losfuhren. Ich wunderte mich, als sie an der Einfahrt zu ihrem Haus vorbeifuhr. »Was soll das denn werden?« wollte ich wissen. »Das ist ein Trick«, erwiderte sie. »Ich fahre dich bei Connor vorbei, er erwartet uns. Er hat sehr viel durchgemacht in den letzten Wochen, und er hat es verdient, daß ich dich zu ihm bringe. Er ist mit den Nerven völlig am Ende, weil er nicht weiß, was mit dir los ist.«

Ich hätte jubeln mögen vor Glück. Seit sieben Wochen hatten wir uns nicht gesehen, und nun, wo ich gar nicht damit rechnete, wartete er auf mich. Kaum hatte ich den Klingelknopf berührt, als er auch schon die Haustür aufriß. Connor zog mich in den Flur, und wir lagen uns in den Armen, er hob mich hoch, drehte mich im Kreis und küßte mich ununterbrochen. Ich spürte, daß er nur noch aus Haut und Knochen bestand. Der Ärmste mußte furchtbar gelitten haben. Später, bei einer Tasse Kaffee, erzählte einer dem anderen in kurzen Zügen, was ihm widerfahren war. Dabei stellte sich heraus, daß Connor meinem Bruder Mehmed, seinem Arbeitskollegen, im Vertrauen auf dessen Verschwiegenheit von unserer Beziehung erzählt hatte. Doch Mehmed hatte nichts Eiligeres zu tun, als meinem Vater alles zu beichten. Immer noch wütend auf Mehmed schnaubte Connor ärgerlich: »Der Kerl hat mich hereingelegt!«

Nachdem Vater ohnehin über unsere Affäre im Bilde war, machte es aus Connors Sicht keinen Sinn mehr, sie weiterhin zu leugnen. In der Hoffnung, mit meinem Vater vernünftig reden zu können, war er zu ihm gegangen und hatte angeboten, ihm dabei behilflich zu sein, mich wieder nach Deutschland zu holen. Vaters Behauptung, ich sei freiwillig zu Brahim zurückgekehrt, habe er keine Sekunde Glauben geschenkt. So beschloß er, mir nach Jugoslawien zu folgen, um sich meiner Liebe zu vergewissern. Bis nach Zagreb war er gekommen, dann stoppten ihn kroatische Truppen: Er war bereits unmittelbar vor der Front. Connor hatte nur noch mich im Kopf gehabt und dabei völlig übersehen, daß er ins Kriegsgebiet geraten war. Er hörte bereits Schüsse, als er sich plötzlich seiner bedrängten Lage bewußt wurde. Von Zagreb aus gab es allerdings wegen des Bürgerkrieges keine Aussicht, in den Kosovo fahren zu können, und Connor mußte unverrichteter Dinge wieder umkehren. In Deutschland erfuhr er von meiner Schwester, daß Vater mir den Paß zugeschickt hatte, und daß jeden Dienstag und Freitag die Busse aus Jugoslawien in Köln eintrafen. Er konnte jedoch nicht in Erfahrung bringen, ob ich alleine kommen würde oder mit Brahim. So fuhr er immer freitags und dienstags nach Köln, um zu beobachten, wer aus den Bussen ausstieg. Er war auch an dem Tag dort, als ich mit Sabrije ankam, allerdings hatte Connor vorher meinen Bruder getroffen, der ebenfalls auf mich wartete. Um keinen unnötigen Streit zu provozieren, hatte er sich zurückgezogen, um mich aus einiger Entfernung zu beobachten. So erfuhr er, daß ich ohne Brahim gekommen war. Aber er hatte keine Ahnung, was mir im Haus meiner Schwiegereltern widerfahren war und wie mein Vater nun reagieren würde. Ich gestand Connor, daß ich ihn als Lügner hingestellt hatte, nur um dem Zorn meines Vaters zu entgehen. Mein Geliebter zeigte Verständnis für diese Ausflucht, auch wenn ihm jede Art von Unaufrichtigkeit im Innersten widerstrebte. Ich machte ihm klar, daß wir uns in der nächsten Zeit kaum sehen konnten. Ich mußte zunächst wieder das Vertrauen meines Vaters gewinnen, erst dann konnten wir weitersehen.

Auf dem Heimweg meldete meine Freundin Bedenken an: »Ich glaube nicht, daß Connor diese Warterei lange mitmachen wird. Diese Ungewißheit hält er nicht aus.

Warum flieht ihr nicht nach Schottland? Dort wird euch niemand finden.«

Über diese Möglichkeit hatte ich insgeheim auch schon nachgedacht, aber noch schien es mir erfolgversprechender, meinen Vater davon zu überzeugen, daß er seinen Segen zu einer Ehe mit Connor gab.

Obwohl alle Erfahrung dagegen sprach, hatte ich die Hoffnung noch nicht aufgegeben, daß dies gelingen könnte.

Einige Tage später rief Peter, mein früherer Chef, an und erzählte, daß er inzwischen stolzer Vater eines Sohnes geworden sei. Er lud mich ein, ihn und seine Frau zu besuchen, und mein Vater erlaubte es. Vorher kaufte ich ein Babyjäckchen und schrieb ein Gratulationskärtchen zur Geburt. Ich unterschrieb mit »Schukrana und Connor«. Leider scheiterten meine Versuche, meinen Geliebten unterwegs telefonisch zu erreichen. Ich hatte ihn bitten wollen, ebenfalls zu Peter zu kommen. Um so erstaunter war ich, als ich ihn dort schon vorfand. Alle lachten, als sich herausstellte, daß auch Connor ein Kärtchen mit »Connor und Schukrana« unterschrieben hatte. Wir schmusten so heftig miteinander, daß Peter uns zwischendurch amüsiert fragte, ob wir lieber alleine sein wollten. Das lehnten wir lachend ab, aber die Trennung von meinem Liebsten fiel mir anschließend doch wieder sehr schwer.

An diesem Tag bekam Vater heftige Rückenschmerzen, und als er die Qualen nicht mehr aushielt, bat er mich, ihn ins Krankenhaus zu fahren. Er wurde stationär aufgenommen. Nun lagen beide Eltern im Krankenhaus, allerdings in verschiedenen Orten, weil Mutter wegen ihrer Darmprobleme ins weiter entfernte Kreiskrankenhaus gebracht worden war. Die nächsten Tage wurden für uns sehr hektisch, weil wir unsere Patienten ständig in verschiedenen

Hospitälern besuchen mußten. Nach einiger Zeit gelang es uns, Mutter in das andere Krankenhaus verlegen zu lassen, wo sie sogar ein Bett in Vaters Zimmer bekam. Es war schon eigenartig, plötzlich beide krank zu wissen. Die Ärzte schienen die Ursache der Beschwerden meiner Mutter nicht zu finden, aber ihre Bauchschmerzen wurden von Tag zu Tag schlimmer, und ihre Verdauung versagte völlig. Eines Tages konnte ich es nicht mehr mit ansehen und forderte Orhan auf, einen Darmspezialisten zu konsultieren. »Sprich selbst mit den Ärzten«, forderte er mich auf, was ich sofort tat. Der Stationsarzt verwies auf seine Schweigepflicht, aber er sagte mir, daß mein Bruder sehr wohl wisse, wie es um Mama stehe. So stellte ich Orhan zur Rede, und er erklärte mir zögernd: »Unsere Mutter hat Krebs, sie ist unheilbar krank. Aber das darfst du keinem sagen, denn weder Vater noch Mutter wissen, wie ernst es wirklich ist.« Mir schossen die Tränen in die Augen, und ich kehrte sofort wieder ins Krankenhaus zurück. Dort bestätigte mir der Arzt auf erneute Nachfrage Orhans Angaben. »Gibt es wirklich keinen Weg, meiner Mutter zu helfen?« fragte ich verzweifelt. Doch er schüttelte nur den Kopf. »Es ist aussichtslos, ihre Lebenserwartung beträgt höchstens noch ein halbes Jahr. Wir könnten sie natürlich in eine Krebsklinik verlegen, aber dort müßte sie durch Bestrahlungen und andere Therapien nur noch mehr leiden, ohne daß sie letztlich zu retten wäre. Ich würde sie an Ihrer Stelle hier in Frieden sterben lassen.« Ich war völlig vor den Kopf gestoßen, pflichtete ihm aber bei.

Fortan verbrachte ich jede freie Minute bei Mutter im Krankenhaus. Einige Zeit später, nachdem mein Vater wieder entlassen worden war, wurden ihre Schmerzen schlimmer, und man verabreichte ihr starke Medikamente. Sie war nur noch zeitweise bei vollem Bewußtsein. Wir wachten jetzt rund um die Uhr an Mamas Krankenbett, denn wenn sie zwischendurch aus ihrer völligen Abwesenheit erwachte, sollte immer jemand von der Familie in ihrer Nähe sein. Ich war meistens von 6.00 Uhr bis zum späten Nachmittag im Krankenhaus, danach lösten meine Brüder mich ab. In Mamas Zimmer konnte ich nur mühsam die Tränen zurückhalten, aber sobald ich auf dem Flur war, weinte ich regelmäßig bitterlich.

Daß Mutters Zustand sich rapide verschlechterte, hatte Vater bemerkt. Als er mich immer dringender bat, mit den Ärzten zu reden, hielt ich es nicht mehr aus und klärte ihn über die ausweglose Situation auf: »Mutter wird sterben, sie hat Krebs.« Vater brach völlig zusammen. Auch am folgenden Tag war er so niedergeschlagen, daß er sich weigerte, seine todkranke Frau zu besuchen. Ich zündete täglich in der Krankenhauskapelle eine Kerze an und betete. Als Muslime hätte ich natürlich eher in einer Moschee beten sollen, aber ich dachte, daß Gott mein Flehen wohl überall erhören würde.

Mutter begann zu phantasieren, sie sah tote Verwandte und führte mit ihnen Gespräche. Im Endstadium bekam sie keine Luft mehr, und man schloß sie an ein Beatmungsgerät an. Dann versagte Mutters Blase, und die Ärzte legten ihr einen Katheter. Morgens um 4.00 Uhr riß mich das Telefon aus dem Schlaf. Es war Fadmir: »Mama geht es nicht gut. Wecke Orhan auf, er soll ins Krankenhaus kommen.« Wir waren seit Wochen auf Mutters Tod vorbereitet, aber als sie schließlich wirklich im Sterben lag, war es doch ein Schock. Als alle anderen ins Krankenhaus eilten, blieb ich zu Hause und beschäftigte mich dumpf wie ein Automat mit allerlei Hausarbeiten, die ich genausogut später hätte erledigen können. Etwas hielt mich davon ab, ins Hospital zu gehen.

Am frühen Nachmittag kam ein Vetter und kündigte mit

gepreßter Stimme an, ich müsse mich nun zusammenreißen, und da wußte ich, daß Mutter gestorben war. Im Krankenhaus kam mir Mevlyde entgegen. Sie hatte ihr Kopftuch als deutliches Zeichen ihrer Trauer tief ins Gesicht gezogen, und sie nahm mich weinend in die Arme. Als ich das Zimmer betrat, fand ich Mutter im Krankenbett liegend. Man hatte ihr Sterbebett so in den Raum geschoben, daß ihr Kopf in Richtung Mekka gerichtet war. Das Bettuch war bis zum Hals hochgezogen, und sie sah aus, als würde sie friedlich schlafen. Sie hatte die Hände gefaltet, und ihre Wangen waren leicht gerötet. Schweigend schaute ich ihr ins Gesicht. Die Tränen unterdrückte ich, denn im Kosovo glaubt man, daß Tränen den Frieden der Toten stören. Still drückte ich Mama einen Kuß auf die Wange und nahm Abschied. Vater saß die ganze Zeit wie erstarrt neben der Leiche seiner Frau, sein Blick ging ins Leere.

Erst zu Hause konnte ich der Trauer über Mutters Tod nicht länger standhalten. Ich weinte und schluchzte bei dem Gedanken, daß Mutter nie mehr diese Räume betreten würde. Im Lauf des Tages erschienen zahllose Verwandte, um uns ihr Beileid auszusprechen. Als Vater nach Hause kam, weinte er laut und hemmungslos. Ich schloß ihn in die Arme, während ich meine eigenen Tränen zurückhielt. Vater machte sich selbst Vorwürfe: »Ich hätte sie früher zum Arzt schicken sollen. Vielleicht hätte man ihr dann noch helfen können.« Mein Onkel forderte Papa auf, stark zu sein, denn schließlich sei er ein Mann. »Ich bin anders als du«, schluchzte Vater. »Wo du einen Stein hast, sitzt bei mir das Herz.«

Später kam mein Bruder und berichtete, daß alles erledigt sei. Zunächst verstand ich nicht, was er damit meinte, doch dann fiel es mir ein: Natürlich mußte jemand aus der engsten Familie Mutters Leichnam waschen und ihn in ein weißes Tuch wickeln. Vorher durfte man sie nicht einsargen. Da Vater festgelegt hatte, daß Mutter in Jugoslawien begraben werden sollte, wurde sie für die Überführung in einen verschweißten Zinksarg gebettet.

Abends rief Vater die weiter entfernt lebenden Verwandten an, um sie über den Todesfall in Kenntnis zu setzen. Dabei erfuhr er von einem in Süddeutschland wohnenden Verwandten, daß Brahim sich dort aufhielt. Vater zögerte keinen Augenblick und bat meinen Ex-Mann zu kommen, und der sagte sofort zu. Trotz meiner Trauer erschrak ich: Was hatte Brahim in Deutschland zu suchen? Die Polizei fahndete doch nach ihm. Und wieso bat Vater diesen Menschen zu sich ins Haus? »Jetzt muß dein Mann an deiner Seite sein«, verkündete Vater. Als ich leisen Protest anmeldete, verbot er mir zornig weiterzusprechen. Ich gehorchte widerstrebend, denn es war nicht der Augenblick, um zu streiten.

Am folgenden Morgen bat Brahim am Telefon darum, an der Bahnstation abgeholt zu werden, und Vater schickte mich mit seinem Wagen. Mein Ex-Mann lächelte, als er mich sah, und machte Anstalten, mich zu umarmen. »Faß mich bloß nicht an«, fauchte ich. »Es tut mir leid um deine Mutter«, sagte er, aber ich glaubte ihm kein Wort. Vater begrüßte ihn auffallend herzlich. In den ersten drei Tagen nach Mutters Tod kamen sehr viele Verwandte, um mit uns zu trauern. Jeder Besucher ließ uns Geld da als äußeres Zeichen seines Mitgefühls. Das war insofern sinnvoll, als Vater mit diesem Geld die Überführung des Körpers nach Jugoslawien bezahlen konnte. Viele Trauergäste schliefen irgendwo im Haus. Manche lagen auf dem Fußboden, andere auf der Treppe, bis endlich am dritten Tag die Trauergesellschaft gemeinsam zum Begräbnis in den Kosovo flog.

Sabrije hielt sich die ganze Zeit möglichst in meiner Nähe auf. Zwar hatte ich ihr gesagt, daß die Großmutter nun nie wiederkommen würde, aber sie verstand ihren Tod nicht. Nachdem Vater und meine Geschwister nach Jugoslawien geflogen waren, blieb Brahim in unserem Haus zurück. Trotzdem gelang es mir, mich mit Connor zu treffen. Ich schilderte ihm, was vorgefallen war, und er zeigte mir sein Mitgefühl wegen Mutters Tod. Als ich ihm von Brahims Erscheinen berichtete, zuckte er zusammen. »Du mußt schnellstens etwas unternehmen, damit er wieder verschwindet.« Das sah ich auch so, und ich hatte mir bereits einen Plan zurechtgelegt: »Wenn er wieder nach Süddeutschland zurückkehrt, werde ich mitfahren. Dort werde ich eine Gelegenheit finden, ihn bei der Polizei anzuschwärzen. Schließlich wird er ja noch per Haftbefehl gesucht.« Connor blieb skeptisch. »Das dauert mir alles viel zu lange«, sagte er.

Noch vor dem Ende der siebentägigen Trauerzeit lauerte mein Ex-Mann mir im Schlafzimmer auf. »Zieh dich aus!« forderte er ganz so, als ob wir noch eine funktionierende Ehe führten. »Du hast wohl nicht mehr alle Tassen im Schrank«, fuhr ich ihn an. Da schlug er mich ins Gesicht, womit ich diesmal nicht gerechnet hatte. Sofort blutete ich aus der Nase. Er verließ umgehend wie jeden Tag das Haus, um in einem nahegelegenen Lokal Billard zu spielen. Sein Versuch, mich ins Bett zu zwingen, hatte mich nun endgültig davon überzeugt, daß ich Brahim der Polizei unverzüglich ausliefern mußte. Ein weiteres Gespräch mit Connor bestätigte mich in meinem Entschluß, und unmittelbar nach Ende der Trauerzeit ging ich zur Polizeiwache. Den Beamten berichtete ich, daß mein Ex-Mann ein gesuchter Verbrecher sei und sich zur Zeit in der Stadt aufhalte. Die Polizisten spürten, daß ich Angst hatte, also erklärte ich ihnen, warum ich mich fürchtete, und sie versprachen, meinen Verrat zu decken. Niemand würde erfahren, daß ich ihnen einen Hinweis gegeben hätte.

Sie wollten behaupten, man habe Brahim beim Billardspielen beobachtet. Die Beamten gaben mir eine halbe Stunde Zeit, damit ich unauffällig wieder meine Hausarbeit aufnehmen konnte. Als es wenig später an der Haustür klingelte, kam meine kleine Schwester ganz aufgeregt ins Zimmer gelaufen und rief: »Die Polizei ist da, man sucht Brahim!« Der sprang mit einem Schwung auf, den ich ihm aufgrund seiner Korpulenz gar nicht mehr zugetraut hätte, und verschwand durch den Hintereingang in den Garten. Ich ging zur Haustür, wo ein Polizist nach meinem Ex-Mann fragte. »Den habe ich seit Monaten nicht mehr gesehen!« rief ich so laut, daß alle anderen im Haus es hören konnten. Mein Onkel bat die Beamten ins Haus: »Sehen Sie sich ruhig um. Er ist nicht hier. Aber bitte, verhalten Sie sich taktvoll, denn in diesem Haus ist gerade die Mutter gestorben.« Die Polizisten drückten uns ihr Beileid aus, sahen sich kurz um und verabschiedeten sich dann wieder. Nur mich wollten sie mitnehmen. »Es tut mir leid«, bedauerte einer der Beamten, »aber Sie müssen mitkommen.« Im Streifenwagen berichtete ich hastig, wie Brahim in den Garten entkommen war. Gemeinsam mit den Polizisten fuhr ich zu mehreren Gaststätten und zu Verwandten, wo sie vergeblich nach Brahim fahndeten.

Alle Verwandten waren sich schließlich einig in ihrer Einschätzung, Brahim sei ein unverbesserlicher Lump. Nur durch ihn war ich schließlich in die peinliche Lage geraten, in einem Streifenwagen durch die Stadt fahren zu müssen, wo mich jeder kannte.

Mein Schwager setzte mich davon in Kenntnis, daß Brahim sich zu Verwandten in einen Nachbarort geflüchtet habe. Wir fuhren gemeinsam dorthin. Ich hoffte inständig, ihn nun endgültig aus Deutschland zu vertreiben. Jetzt hatte er selbst erlebt, daß die Polizei ihm wegen seiner Diebstähle auf den Fersen war. Kaum sah ich ihn, schimpfte ich schon los: »Wir haben dich gebeten, nicht aus dem Haus zu gehen, weil dich draußen jemand erkennen könnte. Aber du Trottel läßt dir ja nichts sagen, du weißt ja immer alles besser. Ich habe die Nase jetzt endgültig voll von dir. Sieh zu, wie du alleine aus diesem Schlamassel herauskommst.« Brahim schwieg und blickte betreten zu Boden. Schließlich schaute er mich hilfesuchend an. »Was soll ich nun tun?«

»Du mußt dich der Polizei stellen!« schrie ich, wohl wissend, daß er niemals freiwillig ins Gefängnis gehen würde. Ich selbst wies ihm daher den Weg, der mir der liebste war: »Eine andere Möglichkeit ist, daß du dich auf den Heimweg nach Jugoslawien machst.« Mein Ex-Mann lenkte erstaunlicherweise sofort ein. »Kommst du mit?« wollte er wissen, aber seine Hoffnung zerstörte ich umgehend. »Mehrmals bin ich auf deine Versprechungen hereingefallen, und jedesmal mußte ich das bitter bereuen. Diesmal wirst du mich nicht in den Kosovo locken. Ich bleibe auf jeden Fall hier, und damit du es ein für allemal weißt: Ich will die Scheidung!« Damit hatte ich meinem Mann gegenüber erstmals ausgesprochen, was ich wirklich wollte. Ich war von einer großen Last befreit und holte mehrmals tief Luft. Im Hinausgehen bellte ich, scheinbar aufgebracht, in Brahims Richtung: »Für mich bist du schon lange gestorben. Sieh zu, daß du deine Haut rettest.«

Mein Schwager mischte sich ein. »So kannst du doch nicht mit deinem Mann reden!« rief er entgeistert. Aber ich ließ mich nicht mehr beirren. »Kümmere dich um deinen eigenen Kram!« Dann stiegen wir in den Wagen und fuhren heim.

Am gleichen Tag kehrte die Trauergesellschaft aus Jugoslawien zurück. Vater machte einen furchtbar elenden

Eindruck auf mich. Er war derartig abgemagert, daß seine Wangenknochen hervortraten, seine Gesichtshaut wirkte durchsichtig. In einem ähnlichen Zustand fand ich meine Schwester. Orhan umarmte mich, und wir ließen beide unserem Schmerz und unseren Tränen freien Lauf. Vater berichtete, daß viele Verwandte und Bekannte zu Mutters Begräbnis gekommen seien. Nachdem wir uns alle ein wenig beruhigt hatten, entdeckte Vater, daß Brahim nicht zugegen war. Mein Schwager schilderte ihm, was vorgefallen war, und Papa befahl meinen Brüdern und mir, auf der Stelle mit ihm zu meinem Mann zu fahren.

Vater warf Brahim vor, sich leichtfertig verhalten zu haben, als er zum Billardspielen gegangen sei. Wieder einmal zeigte der Vater meines Kindes scheinbar Reue. Doch Orhan schimpfte: »Dafür ist es jetzt zu spät.« Vater schaltete sich wieder ein: »Was gedenkst du nun zu tun?« Brahim war ratlos: »Ich würde ins Gefängnis gehen, wenn ihr mir garantieren könntet, daß ich anschließend in Deutschland bleiben dürfte«, bettelte er weinerlich. »Ich bin nicht Helmut Kohl«, erwiderte Vater bissig, »das habe ich nicht zu bestimmen.« Ob ich denn eventuell mit nach Jugoslawien käme, wollte Brahim wissen, aber ich schüttelte energisch den Kopf. »Ich habe dir schon mal gesagt, daß ich mich von dir trennen werde, und es ist mir vollkommen gleichgültig, was mein Vater oder sonst jemand davon hält!« Als Papa sich entrüsten wollte, fiel ich ihm ins Wort: »Ihr haltet euch aus meinen Angelegenheiten in Zukunft heraus. Ich werde ganz alleine entscheiden, was ich tun werde, und auf gar keinen Fall fahre ich mit diesem Jammerlappen zurück in den Kosovo. Dort wird er mich wieder behandeln wie eine Puppe, mit der man spielt, wenn man Lust hat, und die man wegwirft, wenn man keine Lust mehr zum Spielen hat.«

Brahim spielte seinen letzten Trumpf aus. »Wenn du mich verläßt, nehme ich meine Tochter mit.« Meine Antwort traf ihn an seiner empfindlichsten Stelle. »Woher weißt du so genau, daß sie von dir ist? Fahr zur Hölle, aber meine Tochter bleibt bei mir! Sei froh, wenn du ungeschoren wieder nach Jugoslawien verschwinden kannst, denn wenn du nicht ganz artig bist, werde ich persönlich dafür sorgen, daß du im Knast verschwindest!«

Ich machte auf dem Absatz kehrt und marschierte aus dem Haus. Brahim gab sich geschlagen. Niedergeschlagen bestätigte er Orhan, daß ich Sabrije behalten dürfe. Er bat nur noch darum, über die grüne Grenze nach Holland gefahren zu werden, von dort würde er per Flugzeug zurück nach Jugoslawien reisen. Als er in Orhans Auto stieg, sah ich ihn zum letzten Mal. Das Kapitel Brahim war beendet und mit ihm die dunkelste Phase meines bisherigen Lebens. Erst langsam begriff ich, daß ich einen großen Sieg errungen hatte. Brahim hatte zugestimmt, daß ich meine Tochter behalten könne. Damit war der Weg frei, um mir mit Connor zusammen eine neue Existenz aufzubauen.

Vater verkraftete den Tod von Mutter ebensowenig wie mein Bruder Mehmed. Beide verließen in den folgenden Wochen sehr oft das Haus: Mehmed, um sich irgendeine Ablenkung bei Freunden zu verschaffen, und Vater, um alleine zu sein. So war niemand mehr daheim, der mich beobachten und daran hindern konnte, mich mit meinem Liebsten zu treffen. Connor und ich sahen uns fast jeden Tag. Als ich ihm erzählte, daß ich Brahim endgültig den Laufpaß gegeben hätte, jubelte er, packte mich an den Hüften und wirbelte mich begeistert im Kreis herum.

Alles war noch zu frisch, um schon Pläne für eine gemeinsame Zukunft zu schmieden, aber wir waren optimistisch und genossen unbeschwert unsere gemeinsamen Stunden.

*

Daß ich schwanger war, merkte ich etwa zwei Monate später. Anhaltende leichte Schmerzen im Unterleib und Übelkeit waren ziemlich sichere Indizien dafür, daß ich ein Kind erwartete. Wann ich zuletzt meine Periode bekommen hatte, wußte ich nicht mehr genau. Meine diesbezügliche »Buchführung« war durch die Aufregungen um Mutters Tod durcheinandergeraten. Da ich allerdings meine Monatsblutungen schon immer sehr unregelmäßig bekommen hatte, machte ich mir zunächst über das Ausbleiben der Regel keine Gedanken. Aber als nach zwei Wochen die Bauchschmerzen einsetzten, wurde aus meiner Ahnung Gewißheit. Connor blieb gelassen. »Geh zum Arzt und laß einen Schwangerschaftstest machen«, riet er. Statt dessen besorgte ich mir auf der Stelle ein entsprechendes Testset in der Apotheke. Damit ging ich in Connors Badezimmer, und bald hatte ich das Ergebnis vor Augen: Ich war schwanger.

In meinem Kopf schwirrten die Gedanken durcheinander: Einerseits freute ich mich riesig darüber, mit Connor gemeinsam ein Kind zu haben. Andererseits kam die Schwangerschaft viel zu früh, denn noch hatte ich meine Angelegenheiten nicht endgültig geregelt. Die Scheidung von Brahim stand noch aus, und Vater versuchte immer noch, mich den Sitten gemäß zu bevormunden. Eine Ehe mit einem Schotten würde er nicht erlauben. Ich hatte gehofft, in den kommenden Monaten mit Vater ins reine zu kommen, um den Weg für eine Ehe mit Connor zu ebnen. Durch meine Schwangerschaft lösten sich diese Pläne in Luft auf. Ich erwartete das Kind zum falschen Zeitpunkt.

Der Gedanke, was meine Familie zu meinem Zustand sagen würde, jagte mir eiskalte Schauer über den Rücken. Da das Kind nicht von Brahim sein konnte, wurde nun offenbar, daß ich noch während meiner Ehe mit einem anderen Mann eine Affäre gehabt hatte. Das wäre für Vater und einige andere Familienmitglieder Grund genug, mich umzubringen, denn untreue Ehefrauen hatten in ihren Augen den Tod verdient.

Connor klopfte ungeduldig gegen die Badezimmertüre und wollte wissen, was ich dort so lange trieb. Ich öffnete und schaute ihm tief in die Augen. »Ist es wahr?« fragte mein Liebster gespannt, und als ich nickte, veranstaltete er im Wohnzimmer einen wahren Freudentanz. »Ich werde Vater, ich werde Vater!« rief er immer wieder und konnte gar nicht aufhören zu lachen. Er nahm mich zärtlich in die Arme und küßte mich liebevoll auf den Mund. Ich wußte nicht, ob ich mitlachen oder weinen sollte. Nachdem er sich einigermaßen beruhigt hatte, spürte Connor, daß mich die Neuigkeit bedrückte. »Ich freue mich auf unser Kind, aber ich habe auch Angst vor meiner Familie«, erklärte ich ihm. Mein Geliebter zeigte sich zum Äußersten entschlossen. »Jetzt machen wir Nägel mit Köpfen. Wir brennen durch nach Schottland!« rief er und sprang ausgelassen durch die Wohnung. Mein Entschluß, ihm zu folgen, war schnell gefaßt. Welche Alternative hätte ich auch gehabt? Ich konnte den endgültigen Bruch mit meiner Familie nicht länger hinauszögern. Die Trennung mußte jetzt passieren, wenn ich mein Glück mit Connor finden wollte.

Wir nahmen eine Flasche Sekt aus seinem Kühlschrank und fuhren zur Wohnung meines früheren Chefs. Schon an der Haustür riefen wir: »Holt Schampus-Gläser, wir haben was zu feiern!« Wir gaben uns zunächst geheimnisvoll. »Ratet mal, was wir begießen«, sagte Connor. »Nun spannt uns nicht so auf die Folter. Heraus mit der Neuigkeit!«, forderte Peter ungeduldig. Als die Gläser gefüllt waren, stießen wir an. »Prost auf unser Baby!« Später überraschten wir auch noch Connors Schwester mit der freudigen Nachricht.

In dieser Nacht machte ich kein Auge zu. Sicher würde ich mit Connor durchbrennen, eine andere Möglichkeit gab es nicht. Aber noch war es zu früh. Ich hatte bestimmt noch vier Monate Zeit, bis man mir die Schwangerschaft ansehen würde. So hatte ich die Möglichkeit, an der nächsten vorgeschriebenen Trauerfeier für meine verstorbene Mutter teilzunehmen. Sie fand, gemäß unseren Traditionen, 52 Tage nach ihrem Tod statt. Bei diesem *Mevlyd* genannten Zeremoniell beteten Frauen und Männer getrennt.

Durch diesen Aufschub konnte ich noch etwas Zeit gewinnen, um mich um Vater zu kümmern. Nachdem der Gynäkologe die Schwangerschaft am nächsten Tag bestätigt hatte, gab er mir ein Ultraschallbild des Kindes mit nach Hause. Nachmittags zeigte ich Connor das Foto, und er war hingerissen, als er sein Kind zum ersten Mal sah. Er nahm den Computerausdruck und zeigte ihn später mit stolzgeschwellter Brust seinen Arbeitskollegen. Meiner Schwester gestand ich am Abend ebenfalls, daß ich ein Kind erwartete. Sie war auch der Meinung, daß es nur einen Ausweg vor dem Zorn der Familie gebe: zu fliehen.

Die folgenden Tage nutzten mein Geliebter und ich, um Zukunftspläne zu schmieden. Unsere Flucht mußte gut vorbereitet werden, schließlich würden wir für unbestimmte Zeit aus der Eifel verschwinden müssen. Zumindest bis sich die Wogen etwas geglättet hätten, würden wir in Schottland leben müssen, wo uns die Rache meines Vaters nicht erreichen konnte. Wenn die Schwangerschaft weiter fortgeschritten wäre, würde die Familie wohl akzeptieren müssen, daß mein Geliebter und ich zusammengehörten. Connor informierte seine Eltern telefonisch darüber, daß wir kommen würden. Auch den Grund für unsere überraschende Schottland-Reise nannte er ihnen, und sie freuten sich schon darauf, mich kennenzulernen.

Die Trauerfeier für Mutter brachte noch einmal einige Aufregung ins Haus, danach flog Papa nach Jugoslawien, um das Grab seiner Frau zu besuchen. Dadurch fanden sich für mich viele Gelegenheiten, nach und nach unauffällig meine Kleidungsstücke und viele persönliche Dinge in Connors Wohnung zu bringen. Für den 13. September 1993 buchten wir den einfachen Hinflug nach Schottland. Mit jedem Tag wuchs meine Angst davor, daß meine Familie frühzeitig von unserem Plan erfahren könnte. Inzwischen waren nämlich viele Freunde eingeweiht, und durch ein unbedachtes Wort hätte alles auffliegen können. Am 12. September brachte ich mit Monika zusammen mein restliches Gepäck zu Connor. In der Nacht konnte ich vor Aufregung kein Auge zumachen.

Mein Geliebter holte mich am nächsten Tag an einem bestimmten Parkplatz ab, um von dort aus mit Sabrije und mir loszufahren. Monika war ebenfalls gekommen, um uns zum Abschied viel Glück zu wünschen. Sabrije hatte ich gesagt, daß wir in die Ferien zu ihrer neuen Großmutter fahren würden, und sie freute sich darauf. Connors Wagen stellten wir bei seiner Schwester unter, die uns mit ihrem Auto weiter nach Düsseldorf brachte. Während der ganzen Fahrt sah ich in den Rückspiegel, um mich zu vergewissern, daß uns niemand folgte. Vor lauter Angst, unser Plan könnte im letzten Moment scheitern, schlug mir das Herz bis zum Hals. Erst als wir ins Flugzeug stiegen, beruhigte ich mich. Nachdem wir auf unseren Plätzen saßen, spielten sich vor meinem inneren Auge Szenen meines bisherigen Lebens ab, und mir wurde schlagartig bewußt, daß dies der Beginn eines neuen Lebens für mich war. Endlich verließ ich die Welt meiner Eltern mit ihrem strengen und mir wesensfremden Sittenkodex und betrat nun ein für allemal die Welt des Westens, wie ich es mir schon lange gewünscht hatte.

*

Der Flug nach Schottland brachte die Wende zum Guten. Connors Eltern nahmen Sabrije und mich auf wie ihre eigenen Kinder. Bei ihnen konnten wir in Ruhe unsere weiteren gemeinsamen Lebensschritte planen. Monate später kehrten wir nach Deutschland zurück. Erwartungsgemäß hatte meine Familie zunächst kein Verständnis für mein Verhalten. Sie mißbilligte, daß ich mir selbst meinen künftigen Ehemann ausgewählt und durch die Schwangerschaft vollendete Tatsachen geschaffen hatte. Aber die Familie hatte begriffen, daß ich mich durch nichts mehr von meinem mühsam errungenen Weg abbringen lassen würde.

Besonders Vater verweigerte anfangs jeden Kontakt mit Connor und mir. Sein Stolz war so gekränkt, daß er nicht über seinen Schatten springen und mir die Hand zur Versöhnung reichen wollte. Meine Geschwister lenkten allerdings bald ein: Als erste besuchten meine Schwestern uns, dann kamen bald auch meine Brüder. Am 5. April 1993 wurde unser Sohn Cameron geboren, und einige Zeit später weichte auch Vaters verhärtetes Herz auf. Erst zögerlich, später immer intensiver führten wir Gespräche und statteten uns gegenseitig Besuche ab, und heute hat sich das Verhältnis zwischen Vater und meinen Geschwistern einerseits und Connor und mir andererseits weitgehend normalisiert.

Die Schatten der Vergangenheit lasten bis heute auf unserer Familie. Sabrije beispielsweise leidet manchmal noch unter Angstzuständen, die Psychologen auf ihre traumatischen Erfahrungen in den ersten Lebensjahren zurückführen. Connor und ich hoffen, daß diese seelischen Verletzungen mit der Zeit heilen werden. Sabrije ist jetzt zehn Jahre alt und ein hübsches, aufgewecktes Kind. Wir legen Wert darauf, daß sie genauso aufwächst wie ihre deutschen Freundinnen. Sie verfügt über eine auffallende musische Begabung und tanzt gerne. Lernprobleme kennt sie nicht. Ihr jetziger Berufswunsch ist Lehrerin.

Unser Kleiner, Cameron, entwickelt sich prächtig. Ich genieße es, mit ihm zu spielen und zu sehen, wie glücklich und unbeschwert er aufwächst.

Bis Connor und ich heiraten konnten, verging noch geraume Zeit. Zwar wurden wir nach einigem Ärger mit den Behörden endlich von unseren früheren Partnern geschieden, aber eine Hochzeit in Deutschland wäre problematisch geworden, weil ich wegen der Bürgerkriegsunruhen in Jugoslawien nicht alle erforderlichen Dokumente beibringen konnte, die meine inzwischen vollzogene standesamtliche Scheidung belegten. So flogen Connor und ich im Herbst 1995 noch einmal nach Schottland, um dort am 27. Oktober endlich zu heiraten.

Wir wohnen jetzt wieder in einem kleinen Ort in der Eifel, in der Region, in der auch meine Familie lebt.

Connor hat in seinem Beruf Erfolg. Inzwischen ist er Angestellter und leitet eine Autohandlung. Ich besorge den Haushalt und genieße immer noch in vollen Zügen meine selbsterkämpfte Freiheit. Manchmal brechen allerdings die alten Wunden wieder auf, wenn ich an die dunklen

Zeiten erinnert werde, in denen ich geschlagen und gedemütigt wurde.

Nachdem sich meine familiäre Situation normalisiert hatte, begann ich damit, meine Lebensgeschichte niederzuschreiben. Diese Art der Aufarbeitung meiner Erfahrungen verschaffte mir spürbare Erleichterung. Die ursprünglich nicht zur Veröffentlichung gedachten Erinnerungen bilden die Grundlage für dieses Buch.

Die Handlung wurde wahrheitsgetreu wiedergegeben. Aus juristischen Gründen sind Ortsnamen und die Namen der handelnden Personen geändert worden.

Band 61130

Betty Mahmoody
Nicht ohne meine Tochter

Im Sommer 1984 fliegt Betty Mahmoody zusammen mit ihrer kleinen Tochter und ihrem persischen Ehemann zu einem zweiwöchigen Ferienaufenthalt in den Iran. Bereits nach kurzer Zeit muß sie feststellen, daß ihr Mann sich immer mehr verändert. Er schlägt sie und das Kind und sperrt sie ein. Der Urlaub wird auf unbestimmte Zeit verlängert, und bald gibt es keine Hoffnung mehr auf Rückkehr in die USA, es sei denn, sie ließe ihre Tochter zurück. Es gelingt Betty, Kontakt zur Schweizer Botschaft aufzunehmen; dort rät man ihr, das Land ohne ihre Tochter zu verlassen. Das aber will sie unter keinen Umständen...
Ein mitreißendes Buch, das zugleich die Probleme deutlich macht, die bei Partnern aus verschiedenen Kulturkreisen auftreten können.

Band 61402

Béatrice Saubin

**Die Mauern
der Freiheit**

> Erfahrungen
>
> Béatrice Saubin
>
> **DIE MAUERN
> DER FREIHEIT**
>
> Nach 10 Jahren Haft in malaiischen Gefängnissen kehrt Béatrice nach Frankreich zurück. Doch sie weiß mit ihrer Freiheit nichts anzufangen – sie hat verlernt zu leben. Erst allmählich schafft sie es, die Mauern in ihrem Kopf und in ihrem Herzen niederzureißen ...
>
> BASTEI LÜBBE

Zehn lange Jahre verbringt Béatrice in malaiischer Haft, bevor sie im Oktober 1990 nach Frankreich zurückkehren darf. Doch im Gefängnis hat sie verlernt, was es heißt, in Freiheit zu leben. Angesichts ihrer Freilassung empfindet sie kein Glücksgefühl, so wie es von ihr allgemein erwartet wird. Alles ist ihr fremd geworden: ihre Heimat, ihre Freunde, ihre Verwandten, ja sogar ihr eigener Körper.

Erst als sie den Entschluß faßt, ihre Erlebnisse aufzuschreiben, beginnt auch ihre Seele zu heilen, eine Seele, die fast zerbrochen wäre. Béatrice erkennt, daß es die Mauern in ihrem Kopf und in ihrem Herzen sind, die sie niederreißen muß, bevor sie wirklich frei sein kann, bevor sie ihren Platz im ganz normalen Alltag finden wird ...

Band 61403

Marina Picasso
Die vergessenen Kinder

Marina, die Enkelin von Pablo Picasso, hat in ihrer Kindheit schrecklich unter ihrem tyrannischen Großvater gelitten. Als sich ihr Bruder Pablito das Leben nimmt, erleidet Marina einen Schock, von dem sie sich nie ganz erholen kann.
Als sie Jahre später ein Kind adoptieren möchte und auf unüberwindbare Schwierigkeiten stößt, reist sie nach Asien. Angewidert vom Kinderhandel in Thailand und entsetzt über das Elend der Kriegswaisen in Vietnam, brechen ihre eigenen traurigen Erinnerungen wieder auf. Marina spürt, daß sie den von der Welt vergessenen Kindern helfen muß: Sie beschließt, ihr Vermögen aus dem Erbe Picassos für den Aufbau von Kinderdörfern zu verwenden. Doch letztlich ist es die Adoption von drei Waisenkindern, die Marina hilft, wieder ins Leben zurückzukehren.

Band 61407

Gertraud Sander

**Neun Strahlen
hat die Sonne**

> Gertraud Sander
>
> **Neun Strahlen
> hat die Sonne**
>
> Als die fünfjährige Sabine plötzlich umfällt, läßt ihre Mutter sie sofort gründlich untersuchen. Doch zunächst finden die Ärzte nichts ungewöhnliches. Erst die Kinderkardiologin stellt eine niederschmetternde Diagnose: Sabine hat eine angeborene Herz-Lungen-Krankheit, die immer tödlich endet ...

Schon immer hat Sabine in ihren Zeichnungen die Sonne mit neun Strahlen gemalt – in dem intuitiven Wissen, daß sie ihren neunten Geburtstag nicht mehr würde feiern können.

Begonnen hat alles damit, daß die Fünfjährige des öfteren – meist ohne erkennbare Ursache – stürzt. Zutiefst besorgt, läßt ihre Mutter sie deswegen vom Kinderarzt untersuchen. Dieser findet aber nichts Ungewöhnliches, und auch die Untersuchung der Kinderneurologin führt zu einer falschen Diagnose.

Doch als Sabine einige Zeit später in der Kinderkardiologischen Abteilung der Universitätsklinik noch einmal gründlich untersucht wird, bricht für die Familie eine Welt zusammen, denn die Ärzte stellen eine sehr seltene Herz-Lungen-Krankheit fest und geben dem kleinen Mädchen nur noch zwei Tage ...